Urheberrecht im Kaiserreich

Rechtshistorische Reihe

Band 308

Peter Lang
Frankfurt am Main · Berlin · Bern · Bruxelles · New York · Oxford · Wien

Kai Bandilla

Urheberrecht im Kaiserreich

Der Weg zum Gesetz betreffend das Urheberrecht an Werken der Literatur und Tonkunst vom 19. Juni 1901

Peter Lang
Europäischer Verlag der Wissenschaften

Bibliografische Information Der Deutschen Bibliothek
Die Deutsche Bibliothek verzeichnet diese Publikation in der Deutschen Nationalbibliografie; detaillierte bibliografische Daten sind im Internet über <http://dnb.ddb.de> abrufbar.

Zugl.: Saarbrücken, Univ., Diss., 2004

Diese Arbeit wurde von Herrn Professor Dr. Elmar Wadle
zur Aufnahme in diese Reihe empfohlen.

D 291
ISSN 0344-290X
ISBN 3-631-53091-9

www.peterlang.de

Vorwort

Die vorliegende Arbeit wurde im Sommersemester 2004 von der Rechts- und wirtschaftswissenschaftlichen Fakultät der Universität des Saarlandes als Dissertation angenommen. Das Manuskript habe ich zuletzt im Januar 2004 aktualisiert.
Mein Dank gilt meinem Doktorvater Prof. Dr. Elmar Wadle, der meine Begeisterung für die Geschichte des Urheberrechts geweckt und diese Arbeit betreut hat. Prof. Dr. Günther Hönn danke ich für die Erstellung des Zweitgutachtens.
Für die Unterstützung bei der Erstellung dieser Arbeit habe ich vielfach Dank zu sagen. Meinen Eltern danke ich besonders für ihre finanzielle Unterstützung. Meiner Mutter danke ich noch einmal herzlich für ihre Korrekturarbeit.
Mein besonderer Dank gebührt meiner lieben Ehefrau Dr. Constanze Bandilla-Dany, die mir in jedem Stadium dieser Arbeit den nötigen Zuspruch gab.

Hamburg, im September 2004 Kai Bandilla

Inhaltsverzeichnis

Einführung

Diese Arbeit untersucht die Urheberrechtsgeschichte im Deutschen Reich bis 1901. Sie stellt die Wirkungszusammenhänge dar, die zum Erlaß des Gesetzes zum Schutz von Werken der Literatur und Tonkunst von 1901 („LUG“) geführt haben.

Der in dieser Arbeit behandelte Zeitraum von 1876 bis 1901 hat bis heute wenig Beachtung in der Urheberrechtsgeschichte gefunden. Die bisher erschienenen eingehenden Werke zur Geschichte des Urheberrechts enden entweder in der Mitte des 19. Jahrhunderts[1] oder behandeln Einzelaspekte[2]. Wadle berichtet in „Neuere Forschungen zur Geschichte des Urheber- und Verlagsrechts“ über jüngere Veröffentlichungen zur Urheberrechtsgeschichte[3]. Neuere Beiträge zur ausgesuchten Fragen der Entwicklung des Urheberrechts und der gewerblichen Schutzrechte mit Schwerpunkt auf dem 19. Jahrhundert sind in „Geistiges Eigentum: Bausteine zur Rechtsgeschichte II“ zusammengefasst[4]. Band 1 der „Geschichte des deutschen Buchhandels im 19. und 20 Jahrhundert“ untersucht umfassend die Entwicklung des Buch- und Musikalienhandels im Kaiserreich und stellt rechtliche Rahmenbedingungen dar[5].

Einen Überblick und gleichzeitig die Anregung, den Zeitraum zwischen 1870 und 1918 näher zu untersuchen, gibt Vogel in „Die Geschichte des Urheberrechts im Kaiserreich“.[6]

Das LUG regelt, wie jedes Gesetz, Sachverhalte auf Basis der wirtschaftlichen, sozialen und politischen Gegebenheiten. Eng verzahnt ist die Entwicklung des Gesetzes mit der im Fluß befindlichen Diskussion über Wesen und Inhalt des Urheberrechts. Durch die Auswertung von für die wirtschaftlichen, sozialen und politischen Fragestellungen wichtigem Quellenmaterial wie der Rechtsprechung, den Parlamentsprotokollen, den Akten des Reichsjustizamts und den Stellungnahmen der zahlreichen Interessengruppen verfolgt diese Arbeit die Entstehung des LUG.

Dabei steht nicht die kritische Auseinandersetzung mit den dogmatischen Ansätzen im Vordergrund. Auch untersucht die Arbeit nicht die Regelungen des LUG nach dem heutigen Stand der Rechtslehre. Vielmehr soll der Entstehungsprozeß des Gesetzes transparent werden, um die Gründe für den Erlaß des LUG in seiner

---

[1] Bappert, Wege zum Urheberrecht; Gieseke, Vom Privileg zum Urheberrecht; Vogel, Deutsche Urheber- und Verlagsrechtsgeschichte.

[2] Wadle, Die Abrundung des deutschen Urheberrechts im Jahre 1876; Vogel, Urheberpersönlichkeits- und Verlagsrecht; Jäger, Geschichte des deutschen Buchhandels im 19. und 20. Jahrhundert, Band 1, Das Kaiserreich 1870-1918, 1. Teil; siehe auch die noch nicht erschienene Dissertation von Manuela Maria Schmidt, Die Anfänge der musikalischen Tantiemenbewegung in Deutschland.

[3] Wadle, Neuere Forschungen zur Geschichte des Urheber- und Verlagsrechts.

[4] Wadle, Geistiges Eigentum II.

[5] Jäger (Hg.) Geschichte des deutschen Buchhandels im 19. und 20. Jahrhundert. Band 1: Das Kaiserreich 1871-1918.

[6] Vogel, Die Geschichte des Urheberrechts im Kaiserreich, S. 873 ff.

konkreten Form zu erklären und das Gesetz in Zusammenhang mit der allgemeinen Entwicklung des Urheberrechts in Lehre und Rechtsprechung im ausgehenden 19. Jahrhundert zu setzen. Abschließend erfolgt ein Ausblick auf die Entwicklung des LUG bis 1965.

Kapitel 1 - Der Weg zum Urheberrechtsgesetz vom 11. Juni 1870

A. Einleitung

Das Gesetz zum Schutz von Werken der Literatur und Tonkunst von 1901 markiert nicht den Anfang einer neuen Epoche urheberrechtlichen Denkens im Deutschen Reich. 1901 hat keine urheberrechtliche Zäsur stattgefunden, die der der Reichsgründung 1871 mit dem Fortschritt einer ersten reichseinheitlichen Regelung des literarisch-musikalischen Urheberrechts entspricht[7]. Vielmehr ist das LUG das Ergebnis der Bemühungen, das Urheberrecht an die rasche Entwicklung der Rechtsprechung, der Gesetzgebung, der Lehre, internationalen Verträgen sowie an wirtschaftliche Notwendigkeiten anzupassen.
Motor der Anpassung war ein wirtschaftlich liberales Deutsches Reich, das in der zweiten Hälfte des 19. Jahrhunderts in fast allen Bereichen zunehmend von der Industrialisierung geprägt wurde[8]. Liberalismus und Industrialisierung waren schon die treibenden Kräfte für die Kodifikation des Urheberrechtsgesetzes von 1870, des Gesetzes über den Markenschutz von 1874, des Geschmacksmustergesetzes, der Gesetze betreffend den Schutz von Werken der Kunst und Photographie und des Gebrauchsmustergesetzes von 1876, der Patentgesetze von 1877 und 1891 und des Warenzeichengesetzes von 1894. Der Schutz immaterieller Güter sollte gewährleistet werden, um ihre wirtschaftliche Verwertung bei fortschreitender Industrialisierung, das heißt der Güterproduktion in großen Mengen unter Einsatz von Technik, zu ermöglichen[9].
Um die Qualität des LUG zu erkennen und die Wirkungszusammenhänge zu verstehen, die zwischen 1871 und 1900 die Arbeit am Entwurf geprägt haben, ist eine Betrachtung der Urheberrechtsgeschichte bis zur Reichsgründung 1871 und des Urheberrechtsgesetzes von 1870 unerläßlich.

B. Urheberrechtsgeschichte bis 1870

I. Urheberrechtliche Frühgeschichte

Schon im Altertum bestand ein weit entwickeltes Schriftwesen. Wie der vielzitierte Ausspruch des M. Valerius Martialis, der einen Fidentinus, der Gedichte des Martialis als eigene ausgegeben hatte, mit einem „plagiarius", verglich, also mit einem Menschenräuber, zeigt, wurde die Bedeutung eines Gedichtes als Geisteswerk bereits erkannt. Dennoch fehlte es an einer rechtlichen Anerkennung des Geisteswerks als selbständiges, vom Manuskriptmaterial unabhängiges Rechtsob-

---

[7] So Vogel, Die Geschichte des Urheberrechts im Kaiserreich, S. 873 f.
[8] Coing, Europäisches Privatrecht, Band II, 19. Jahrhundert, S. 70, 80 f.
[9] Wieacker, Privatrechtsgeschichte der Neuzeit, S. 544; Dölemeyer, Urheber- und Verlagsrecht, S. 3955 ff., 3957.

jekt[10]. Dies änderte sich erst mit der Kommerzialisierung des Handels mit Büchern. Mit der Erfindung des Buchdrucks um 1440 begann eine rasche Entwicklung des Buchhandels. Die Edition eines Buches stellte jedoch ein erhebliches finanzielles Risiko dar. Auf der einen Seite standen hohe Kosten für Druck und Gestaltung des Buches. Auf der anderen Seite drohte Konkurrenz durch einen billigen Nachdruck des Werkes, der den eigenen Absatz gefährden konnte[11]. Um dieser Bedrohung zu begegnen, reagierte der feudale Staat mit den ihm eigenen Mitteln. Er erließ Privilegien, die jedem mit Ausnahme des Begünstigten den Nachdruck des privilegierten Werkes für eine gewisse Zeitspanne untersagten[12]. Zunächst stand nicht der Schutz des Autors im Vordergrund. Vielmehr diente die Erteilung von Privilegien der Wirtschaftspolitik und damit dem Allgemeinwohl. Verknüpft mit der Zensur diente die Erteilung zwischen Ende des 18. und Anfang des 19. Jahrhunderts auch polizeilichen Zwecken[13]. Das Privileg sollte für die folgenden 300 Jahre das wichtigste Mittel zum Schutz gegen den Nachdruck werden. Seine Natur als Verbotsrecht sollte die Sicht des Wesens des Urheberrechts und die Gesetzgebung lange beeinflussen. Erst mit Beginn des 20. Jahrhunderts konnte das Urheberrecht den ihm hier aufgedrückten Schein eines bloßen Verbotsrechts vollends abschütteln.

II. Urheberrechtliche Theorien bis ins letzte Drittel des 19. Jahrhunderts

Gegen Ende des 18. Jahrhunderts setzte sich die Auffassung durch, daß Nachdruck an sich als moralisch verwerflich zu verurteilen war[14]. Diese Erkenntnis kann nicht als Resultat einer Diskussion über die Eigenart des Urheberrechts gesehen werden. Vielmehr war die Anfang des 18. Jahrhunderts einsetzende Diskussion über das Wesen des Urheberrechtes geprägt durch eine Vielzahl von Veröffentlichungen, aus denen sich jedoch keine allgemein akzeptierte Auffassung herausbildete. Mit unterschiedlichen dogmatischen Ansätzen wurde das Recht am Werk als ein naturrechtlich hergeleitetes geistiges Eigentum ausgestaltet[15].
Wie Kawohl nachweist, änderte sich parallel zu dieser Entwicklung die Bedeutung des Wortes „Individualität" im Sprachgebrauch. Sie bewegt sich weg von der Bezeichnung jeglicher eigenen sprachlichen Äußerung hin zur Bezeichnung einer

---

[10] Gieseke, Vom Privileg zum Urheberrecht, S. 2.
[11] Vogel, Deutsche Urheber- und Verlagsrechtsgeschichte, S. 10.
[12] Vogel, Deutsche Urheber- und Verlagsrechtsgeschichte, S. 12.
[13] Dölemeyer/Klippel, Der Beitrag der deutschen Rechtswissenschaft zur Theorie des gewerblichen Rechtsschutzes und Urheberrechts, S. 193 f.; Gieseke, Zensur und Nachdruckschutz nach 1800, S. 21 ff.
[14] Gieseke, Vom Privileg zum Urheberrecht, S. 181.
[15] Vogel, Deutsche Urheber- und Verlagsrechtsgeschichte, Sp. 45 ff., 63 ff.; Gieseke, Vom Privileg zum Urheberrecht, S. 115 ff., 157 ff.; Dölemeyer/Klippel, Der Beitrag der deutschen Rechtswissenschaft zur Theorie des gewerblichen Rechtsschutzes und Urheberrechts, S. 185 ff., 198 f.; Klippel, Die Idee des geistigen Eigentums, S. 121 ff.

eigenen Kategorie, die die Abgrenzung gegenüber anderen vorbekannten Werken erlaubt und Rückschluß auf den Autor nimmt[16].
Bei der Entwicklung urheberrechtlicher Theorien stand zunächst die Begründung einer Rechtsstellung des Verlegers zum Schutz gegen Nachdruck im Vordergrund. Der Verleger sollte kraft Erwerbs des Werkes vom Autor eine Rechtsstellung erlangen, die es ihm ermöglichte, gegen Nachdruck vorzugehen.
Erst gegen Ende des Jahrhunderts entwickelte sich eine Zuordnung der Rechte hin zum Autor selber[17]. Der Rückgriff auf das Modell des geistigen Eigentums diente nun dazu, das originäre Recht des Urhebers auf das Produkt seiner geistigen Tätigkeit zu legitimieren. Die Bedeutung der personalen Eigentumstheorie um 1800 bestand darin, die von merkantilistischen, an Privilegien und Zensur orientierte Staatssicht vom Urheberrecht zugunsten einer an den Rechten des Einzelnen orientierten Auffassung aufzubrechen[18].
Noch bis zur Mitte des 19. Jahrhunderts wurden Verlagsrecht und Urheberrecht häufig gleichbedeutend verwendet. Erst die sich entfaltende Diskussion über die Lehre vom geistigen Eigentum führte zu einer Trennung der Rechte des Schöpfers, der Befugnisse des Verlegers und dem Eigentumsrecht des Käufers des Werksstücks und legte die Grundlage für das Verlagsrecht[19].
Auch zu Beginn des 19. Jahrhunderts lag der Schwerpunkt der urheberrechtlichen Diskussion auf dem Nachweis der Schutzbedürftigkeit geistiger Schöpfungen und der Integration in die Rechtsordnung[20]. Bis in die zweite Hälfte des 19. Jahrhunderts finden sich eine Vielzahl diffuser Auffassungen zu Legitimation und Inhalt des Urheberrechts. Eine tiefere dogmatische Durchdringung des Wesens des Urheberrechts wurde durch die begriffliche Nähe des geistigen Eigentums zum römisch-rechtlich geprägten körperlichen Eigentumsbegriff erschwert, so daß sich dieses Modell als nicht wirklich entwicklungsfähig herausstellte[21]. Die Theorien lieferten zwar die Legitimation des geistigen Eigentums, sie boten jedoch keine überzeugende Konstruktion für Art und Umfang des juristischen Schutzes[22]. Gleichzeitig verlor das Privileg als Schutzmittel mit dem Vordringen des politischen und wirtschaftlichen Liberalismus seine Legitimation.
Die ideellen Interessen des Urhebers sollten erst mit der Ausbildung der Lehre vom Urheberrecht als Persönlichkeitsrecht die notwendige Anerkennung finden. Die Ausbildung der Theorie der Persönlichkeitsrechte gehört im wesentlichen in

---

[16] Kawohl, Originalität, Charakteristik und Eigentümlichkeit, S. 1 ff.
[17] Dölemeyer, Klippel, Der Beitrag der deutschen Rechtswissenschaft zur Theorie des gewerblichen Rechtsschutzes und Urheberrechts, S. 199 f.
[18] Klippel, Die Idee des geistigen Eigentums, S. 121 ff., 128.
[19] Vogel, Die Entwicklung des Verlagsrechts, S.151 ff.
[20] Dölemeyer, Klippel, Der Beitrag der deutschen Rechtswissenschaft zur Theorie des gewerblichen Rechtsschutzes und Urheberrechts, S. 200.
[21] Vogel, Deutsche Urheber- und Verlagsrechtsgeschichte, Sp. 141 ff.
[22] Klippel, Die Idee des geistigen Eigentums, S. 128, 132 ff.

die zweite Hälfte des 19. Jahrhunderts[23]. Personalistische Ansätze finden sich bei Kant[24] und dann wieder 1824 bei dem Strafrechtler Leopold Josef Neustetel, der den Nachdruck einzig als Angriff auf die Persönlichkeit des Autors bewertete[25]. Johann Kaspar Bluntschli sollte jedoch als erster 1853/1854 ausformulieren, daß das Urheberrecht ein persönliches Recht eigener Kategorie wäre[26]. Er stellte die ideellen Befugnisse des Urhebers in den Vordergrund und maß den Vermögenswerten nur sekundäre Bedeutung bei. Gleichzeitig leitete er aus dem persönlichen Charakter des Urheberrechts die Forderung nach vorwiegend zivilrechtlichem Schutz ab. Auch bei Georg Beseler findet sich 1866 eine persönlichkeitsrechtliche Deutung des Urheberrechts[27]. Er stellte ohne besondere Herleitung fest, das Urheberrecht wäre „...ein Recht der Persönlichkeit, welches gegen jeden Dritten geübt werden kann" und würde teilweise zugleich ein Vermögensrecht darstellen. Felix Dahn befand 1871, daß einzelne Rechte vermögensrechtlicher Natur wären. Diese wären jedoch nur Ausfluß eines an sich persönlichen Urheberrechts[28]. Es fehlt auch hier eine dogmatisch befriedigende Begründung für die Einordnung des Urheberrechts als persönliches Recht[29]. Unklar bleibt auch die Abgrenzung zwischen Rechtsfähigkeit und dem häufig synonym verstandenen Persönlichkeitsrecht. Die persönlichkeitsrechtliche Deutung des Urheberrechtes mündete schließlich in Karl Gareis und Otto von Gierkes Lehre der Persönlichkeitsrechte[30].
Der große Fortschritt der deutschen Rechtswissenschaft zur Ausbildung der Theorie des Urheberrechts wird deutlich, wenn man die noch zur Mitte des 19. Jahrhunderts bestehenden gegensätzlichen Positionen betrachtet. Im Gegensatz zu der Theorie vom geistigen Eigentum und der sich gerade herausbildenden persönlichkeitsrechtlichen Theorie sprachen Reflex-, Monopol- und Verlagsrechtstheorie dem Urheber jedes subjektive Recht generell ab[31]. Nach der Reflextheorie wurde das Urheberrecht als bloßer Reflex der Verbotsnormen angesehen. Die Monopol- oder Privilegientheorie verstand Urheberrecht ebenfalls als bloßes Verbotsrecht mit dem Ziel einer konkurrenzlosen Gewerbeberechtigung. Wächter formulierte als herausragender Vertreter der Verlagsrechtstheorie 1857, daß sich die Befugnis-

---

23 Klingenberg, Vom persönlichen Recht zum Persönlichkeitsrecht.

24 Zu Kant: Klingenberg, Vom persönlichen Recht zum Persönlichkeitsrecht, S. 186 ff.

25 Wadle, Nachdruck als Injurie, S. 229 ff.; Neustetel, Der Büchernachdruck, nach römischem Recht betrachtet, S. 1 ff.

26 Rehbinder, Johann Caspar Bluntschlis Beitrag zur Theorie des Urheberrechts, S. 29-51.

27 Beseler, System des gemeinen deutschen Privatrechts, 2. Aufl., S. 323; dazu Klingenberg, Vom persönlichen Recht zum Persönlichkeitsrecht, S. 201 f.

28 Dahn, Zur neuesten Deutschen Gesetzgebung über Urheberrecht, S. 7.

29 Klingenberg, Vom persönlichen Recht zum Persönlichkeitsrecht, S. 201.

30 Siehe dazu Kap. 2 F. II.

31 Bappert, Wege zum Urheberrecht, S. 281 ff.; Maurenbrecher, Lehrbuch des gesamten deutschen Privatrechts, S. 182 f.; Jolly, Die Lehre vom Nachdruck, nach den Beschlüssen des Deutschen Bundes dargestellt, S. 146 ff.; Gerber, System des deutschen Privatrechts, Jena 1848, S. 134 f.; Walter, System des gemeinen deutschen Privatrechts, S. 361 ff, 363.

se des Autors im wesentlichen auf das Vermögensrecht beschränken würden, dem Verleger das Verwertungsrecht zu übertragen[32].

III. Gesetzlicher Schutz bis zur Gründung des Deutschen Reichs

Die Ausweitung der Buchproduktion im 18. Jahrhundert machte den Mangel des Schutzes durch Privilegien offensichtlich[33]. Aufgrund der fehlenden reichseinheitlichen Gesetzgebung und der territorialen Zersplitterung des Deutschen Reichs war der Wirkungskreis der Privilegien räumlich beschränkt, so daß es keinen wirksamen Schutz gegen Nachdruck im ganzen Verbreitungsgebiet gab. Auch die bis zum Ende des Heiligen Römischen Reichs Deutscher Nationen 1806 noch erteilten kaiserlichen Privilegien schlossen aufgrund der schwierigen Durchsetzung und des komplizierten Verhältnisses zu den Privilegien der einzelnen Staaten diese Lücke nicht[34]. Daneben betrieben Länder wie Österreich, Bamberg, Baden und Württemberg teilweise bis ins 19. Jahrhundert gezielt Nachdruck[35].

Erste Nachdruckverbote wurden in Preußen 1766 und in Kursachsen 1773 unter rein gewerberechtlichen Gesichtspunkten erlassen und dienten, wie auch die Privilegien, der Sicherung der Rechte der Verleger[36]. Der rechtliche Schutz gegen Ende des Heiligen Römischen Reichs wird in zwei Fällen exemplarisch dargestellt. Im Fall Artaria contra Götz ging die Wiener Kunsthandlung Artaria aufgrund eines kaiserlichen Schutzbriefes gegen den Mannheimer Konkurrenten Johann Michael Götz vor, da dieser bei Artaria erschienene Werke im Notenstichverfahren selber druckte[37]. Götz hatte seinen Verlag jedoch seinerseits durch ein kurpfälzisches Privileg abgesichert. Zwar verlief die Streitigkeit im Sande, behandelt wurde in diesem 1785 beginnenden Rechtsstreit jedoch die Zuständigkeit des Reichshofrats für Klagen aus einem kaiserlichen Privileg, die Wirksamkeit des Artariaschen Privilegs als eine Art Generalprivileg für alle in diesem Haus herausgegebenen Stiche und der Tatbestand des Nachdrucks[38].

Anders gelagert war die Klage der Weidmann'schen Buchhandlung gegen den Verleger Göschen[39]. Anlaß des Streites war die Edition der gesammelten Werke des Schriftstellers Christoph Martin Wieland. Wieland wollte die Gesamtausgabe seiner Werke nicht von seinem bisherigen Verlagshaus, der Weidmann'schen Buchhandlung, sondern von Göschen verlegen lassen. Dagegen wandte sich die

---

[32] Bappert, Wege zum Urheberrecht, S. 288 f.

[33] Gieseke, Vom Privileg zum Urheberrecht, S. 145 f.; Vogel, Deutsche Urheber- und Verlagsrechtsgeschichte, Sp. 75 ff.; ders., Die Entwicklung des Urheberrechts, S. 122-128.

[34] Gieseke, Vom Privileg zum Urheberrecht, S. 147 f..

[35] Vogel, Deutsche Urheber- und Verlagsrechtsgeschichte, Sp. 77; Gieseke, Vom Privileg zum Urheberrecht, S. 184 f.; Wadle, Der langsame Abschied vom Privileg, S. 101 ff.; zur Privilegienvergabe in Württemberg: Wadle, Württembergische Nachdruckprivilegien, S. 207 ff.

[36] Gieseke, Vom Privileg zum Urheberrecht, S. 153 f.

[37] Wadle, Privilegienschutz gegen Nachdruck um 1800, S. 145 ff.

[38] Wadle, Privilegienschutz gegen Nachdruck um 1800, S. 160 ff.

[39] Vogel, Deutsche Urheber- und Verlagsrechtsgeschichte, Sp. 98 ff.

Weidmann'sche Buchhandlung mit dem Argument, Wieland hätte ihr schon die einzelnen Werke unbedingt überlassen. Das Gericht entschied 1793 zugunsten Göschens, da die Überlassung zum Verlag in der Regel nur für eine Auflage erfolgen würde. Die Entscheidung wurde 1795 letztinstanzlich vom sächsischen Oberappellationsgericht bestätigt mit der Begründung, daß sich das Verlagsrecht, wenn nicht etwas anderes ausbedungen war, nur auf die erste Ausgabe eines Werkes erstrecken würde[40]. Dieses weitgehende Verständnis für die Rechte des Autors bestätigte die Tendenz, verstärkt Autorenrechte anzuerkennen und nahm eine entsprechende Regelung des Allgemeinen Landrechts für die Preußischen Staaten auf. In den §§ 996-1036 und §§ 1294-1297 stellte das Allgemeine Landrecht („ALR") für die Preußischen Staaten die Rechte des Verlegers von den Modalitäten für den Erwerb des Verlagsrecht durch schriftlichen Vertrag mit dem Verfasser bis zum ausschließlichen Vervielfältigungs- und Verbreitungsrecht dar. Anknüpfungspunkt des Schutzes war nicht der Schöpfer und sein Werk, sondern der Verleger und seine ausschließliche Befugnis, ein erworbenes Werk durch Druck zu vervielfältigen und abzusetzen. Der Schöpfer selber erschien daher nicht unmittelbar als Träger eigener Rechte im Gesetz[41]. Parallel zum gesetzlichen Schutz durch das ALR vergab Preußen weiterhin Privilegien an Ausländer, beziehungsweise Autoren, deren Werke im Ausland verlegt wurden, und an Antragsteller, denen der gesetzlich gewährte Schutz nicht weit genug ging[42]

Nach dem Zusammenbruch des Heiligen Römischen Reichs erließen eine Reihe deutscher Staaten Bestimmungen gegen den Nachdruck. Obwohl die Regelungen große Unterschiede aufwiesen, zeigt sich doch eine Tendenz, beim Schutz weniger an den Verleger und vermehrt an den Autoren anzuknüpfen[43].

Das gesamtdeutsche Schutzniveau wurde jedoch erst erhöht, als sich 1814 „die Deputierten der teutschen Buchhändler" nach Zusammentritt des Wiener Kongresses an die in Wien versammelten Gesandten mit der Bitte wandten, ein in ganz Deutschland gültiges Gesetz gegen den Büchernachdruck zu erlassen[44]. Deutsche Buchhändler sahen den rechtmäßigen Buchhandel gefährdet, da in Österreich und Süddeutschland weiterhin der Nachdruck blühte. In der Bundesakte erfolgte 1815 das Versprechen, die Bundesversammlung würde sich mit der Abfassung gleichförmiger Verfügungen über die Sicherstellung der Rechte der Schriftsteller und Verleger beschäftigen. Ein entsprechender Gesetzesentwurf wurde 1819 in die Bundesversammlung eingebracht[45]. Die Beratungen über eine bundeseinheitliche Nachdruckregelung wurden von Fürst Metternich gebremst, da dieser mit einer

---

[40] Vogel, Deutsche Urheber- und Verlagsrechtsgeschichte, Sp. 101 ff.

[41] Gieseke, Vom Privileg zum Urheberrecht, S. 188 f.

[42] Zur Privilegienvergabe in Preußen, Wadle, Privilegienpraxis in Preußen, S. 165 ff.; ders., Preußische Privilegien für Werke der Musik, S. 185 ff.

[43] Zu den einzelnen Regelungen siehe Gieseke, Vom Privileg zum Urheberrecht, S. 191 ff.

[44] Gieseke, Vom Privileg zum Urheberrecht, S. 203 ff.

[45] Gieseke, Vom Privileg zum Urheberrecht, S. 206 ff.

Zunahme des Buchhandels auch das ungehinderte Eindringen moderner „freiheitlicher“ Gedanken nach Österreich befürchtete. Diesem gedachte er mit einer Verbindung von Nachdruckschutz und Zensur zu begegnen[46]. Da aufgrund der Haltung Metternichs eine bundeseinheitliche Regelung zunächst nicht möglich war, schloß Preußen ab 1827 insgesamt 32 Einzelvereinbarungen mit anderen Bundesstaaten, um jeweils gegenseitigen Schutz der Untertanen zu erreichen. Auf Antrag Preußens beschloß die Bundesversammlung 1832 die bundesweite Gleichstellung eigener und fremder Untertanen bezüglich der Autorenrechte[47]. Erst die Bundesbeschlüsse von 1835 brachten jedoch ein allgemeines deutsches Nachdruckverbot[48]. Weitergehenden Schutz bot das Preußische Urheberrechtsgesetz von 1837[49]. Im Gegensatz zum ALR wurde der Schöpfer in den Mittelpunkt des Gesetzes gestellt. Geschützt wurden 30 Jahre über den Tod des Autors hinaus nicht mehr nur Schriftwerke, sondern auch musikalische Kompositionen und Kunstwerke[50]. Inhalt war nicht mehr nur der Schutz des Schöpfers vor Nachdruck. Vielmehr wurden Verletzungen des Veröffentlichungsrechts, des Bearbeitungsrechts und als weitestgehende Neuerung auch des Rechts der öffentlichen Wiedergabe von musikalischen und dramatischen Werken dem Nachdruck gleichgestellt[51]. Das Gesetz sah die Bildung von Sachverständigenvereinen vor, die von den Richtern bei Zweifel über urheberrechtliche Fragen herangezogen werden konnten. Diese Sachverständigenvereine sollten die Weiterentwicklung des Urheberrechts bis zum Ende des 19. Jahrhunderts beeinflussen. Der Königlich Preußische literarische Sachverständigenverein war alleine bis 1870 in 140 Verfahren eingebunden. In vielen Fällen leisteten die Gerichte seinen Empfehlungen Folge[52]. Er bemühte sich um die Aufstellung gleichförmiger Prinzipien im Urheberrecht, traf Feststellungen zur Berechtigung des Klägers, zur Schutzwürdigkeit der nachgedruckten Werke und zur Bemessung der Entschädigung. Der Verein wirkte darüber hinaus als Berater in rechtspolitischen Fragen und sicherte durch seine Besetzung den Einfluß von Händlern und Verlegern auf die Rechtsprechung[53].
Die bundesweite Ausbildung des Urheberrechts und die Weiterentwicklung des Schutzes in den einzelnen Staaten des Deutschen Bundes vollzogen sich in wech-

---

[46] Dölemeyer, Urheber- und Verlagsrecht, S. 4037 ff.; Wadle, Das Scheitern des Frankfurter Urheberrechtsentwurfs von 1819, S. 153 ff.; zum Zusammenwirken von Zensur und Nachdruckschutz: Wadle, das Junktim zwischen Zensur und Nachdruckschutz, S. 241 ff.

[47] Klostermann, Das geistige Eigentum an Schriften, Kunstwerken und Erfindungen nach preußischem und internationalem Recht, S. 51 ff.

[48] Gieseke, Vom Privileg zum Urheberrecht, S. 231 ff.

[49] Gieseke, Vom Privileg zum Urheberrecht, S. 237 ff.; zum Urheberrecht in Preußen siehe Kawohl, Urheberrecht der Musik, S. 7 ff.

[50] Zum abgeschwächten Schutz für Werke der bildenden Künste: Wadle, Sonderrechte für Werke der bildenden Künste, S. 295 ff.

[51] Vertiefend dazu: Kawohl, Music Copyright and the Prussian Copyright Act of 1837, S. 1 ff.

[52] Nomine, Der Königlich Preußische literarische Sachverständigen-Verein, S. 347; zum Musikalischen Sachverständigenverein siehe Kawohl, Urheberrecht der Musik, S. 197 ff.

[53] Nomine, Der Königlich Preußische literarische Sachverständigen-Verein, S. 307 ff.

selseitigen Schritten[54]. Dem Beispiel Preußens folgend, erließen zahlreiche Mitgliedsstaaten eigene Gesetze[55]. Dies erleichterte Preußen wiederum die Durchsetzung eines bundesweiten höheren Schutzniveaus, die Erweiterung um Aufführungsrechte 1841 und die 30-jährige Schutzfrist ab dem Tod des Schöpfers 1845[56]. Andere Staaten nahmen die Grundsätze der Bundesbeschlüsse in die eigene Gesetzgebung auf. 1857 wurde der Bundesbeschluß bezüglich der Aufführungsrechte dahingehend erweitert, daß auch bereits durch Druck veröffentlichte Werke, auf die sich entsprechend der preußischen Regelung der Schutz bisher nicht erstreckte, geschützt werden sollten, wenn sich der Autor das Aufführungsrecht schriftlich auf dem Werkexemplar vorbehielt[57].

Internationale Verträge gewährleisteten zunehmend auch einen über die Grenzen des Deutschen Bundes hinausgehenden Schutz der Urheberrechte[58]. Der erste Vertrag zum gegenseitigen Schutz der Autorenrechte wurde 1846 zwischen Preußen und Großbritannien abgeschlossen. Bis 1866 traten zahlreiche deutsche Staaten dem Vertrag bei. Neue Verträge wurden unter anderem mit Belgien und Frankreich geschlossen, so daß zum letzten Drittel des 19. Jahrhunderts im größten Teil Europas wechselseitiger Rechtsschutz für Autorenrechte bestand[59].

Die weite Anerkennung des Urheberrechts konnte die Schwächen der deutschen Partikulargesetze nicht überdecken[60]. Zahlreiche Detailbestimmungen der Länder unterschieden sich beträchtlich. Die gesetzlichen Bestimmungen waren insbesondere beim Kunsturheberrecht lückenhaft[61]. Die Entwicklung neuer Reproduktionstechniken und die Internationalisierung des Urheberrechts warfen neue Probleme auf. So erklärten die württembergischen Behörden die Vervielfältigung eines gegen Nachdruck geschützten Kunstblattes durch Photographie in verkleinertem Format für erlaubt, während das preußische Obertribunal und der Sachverständigenverein die Vervielfältigung als Nachdruck und damit als strafbar erachteten[62]. In einem weiteren Fall wurde eine lithographische Abbildung eines Gemäldes in Bayern als Kunstwerk anerkannt, während das sächsische Oberappelationsgericht

---

[54] Dölemeyer, Urheber- und Verlagsrecht, S. 4015 f.

[55] Übersicht bei Klostermann, Das geistige Eigentum an Schriften, Kunstwerken und Erfindungen nach preußischem und internationalem Recht, S. 55, S. 90 ff.

[56] Gieseke, Vom Privileg zum Urheberrecht, S. 245 ff.; Wadle, Die Anfänge des Aufführungsrechts, S. 277 ff.

[57] Klostermann, Das geistige Eigentum an Schriften, Kunstwerken und Erfindungen nach preußischem und internationalem Recht, S. 54 f.

[58] Übersicht der internationalen Verträge bis 1866 bei Klostermann, Das geistige Eigentum an Schriften, Kunstwerken und Erfindungen nach preußischem und internationalem Recht, S. 58 ff., 86 ff.

[59] Klostermann, Das geistige Eigentum an Schriften, Kunstwerken und Erfindungen nach preußischem und internationalem Recht, S. 58.

[60] Dölemeyer, Urheber- und Verlagsrecht, S. 4015 f.

[61] Mit Bezug auf die folgenden Fälle Klostermann, Das geistige Eigentum an Schriften, Kunstwerken und Erfindungen nach preußischem und internationalem Recht, S. 61 ff.

[62] Goltdammer, Archiv für Preußisches Strafrecht, S. 618 ff., 626 f.

der lithographischen Reproduktion den Werkcharakter absprach mit der Folge, daß der Nachdruck straflos blieb[63]. Unsicherheit beim Umgang mit dem Entstehen des Urheberrechtes zeigt ebenfalls eine 1857 ergangene Entscheidung des Obertribunals[64]. Eine in Preußen erschienene Sammlung von Musterzeichnungen wurde später in England mit Bewilligung des Herausgebers veröffentlicht. Dem Herausgeber blieb der Schutz gegen einen in Deutschland erschienenen Nachdruck versagt, da dessen Vorlage nicht die deutsche, sondern die englische Ausgabe war und diese nicht erneut in Preußen durch Einregistrierung nach dem Vertrag zwischen Großbritannien und Deutschland vom 13. Mai 1846 gegen Nachdruck geschützt worden war.

Einzelne Regierungen, aber auch die Fachkreise, Verleger, Autoren, Händler, Musiker und Komponisten regten ein einheitliches deutsches Urheberrecht an[65]. Den ersten Entwurf eines bundeseinheitlichen Gesetzes legte 1834 der Börsenverein der Deutschen Buchhändler vor. Die 1825 gegründete Interessenvertretung der deutschen Buchhändler und Verleger sollte die Entwicklung des Urheberrechts im Deutschen Bund und später im Deutschen Reich eng begleiten. Den Entwurf des Börsenvereins ließ die Bundesversammlung jedoch zunächst unverwertet liegen[66]. 1855 veranlaßte die sächsische Regierung den Börsenverein zur Einsetzung einer Sachverständigenkommission. Der Entwurf der aus drei Juristen bestehenden Sachverständigenkommission bildete die Grundlage für eine Beratung des Börsenvereins. Der überarbeitete Entwurf wurde 1857 der sächsischen Regierung präsentiert und von dieser 1862 in die Bundesversammlung eingebracht[67]. Während Preußen den Vorschlag nicht unterstützte, da es allen Rechtsvereinheitlichungsbestrebungen als politische Stärkung des Deutschen Bundes ablehnend gegenüberstand, unterstützte Österreich die Bemühungen und brachte einen eigenen bereits 1860 fertiggestellten Entwurf ein[68]. Eine von der Bundesversammlung 1862 eingesetzte Kommission erarbeitete aus den Eingaben den sogenannten Frankfurter Entwurf und stellte diesen 1864 der Bundesversammlung vor. Mit der Auflösung des Deutschen Bundes 1866 fand der Entwurf seine Erledigung. Der Frankfurter Entwurf wurde jedoch mit wenigen Änderungen von Bayern als „Gesetz zum Schutze der Urheberrechte an literarischen Erzeugnissen und Werken der Kunst“

---

[63] Klostermann, Das geistige Eigentum an Schriften, Kunstwerken und Erfindungen nach preußischem und internationalem Recht, S. 62, 182 ff.

[64] Goltdammer, Archiv für Preußisches Strafrecht, Band 5, S. 628 ff.; dazu Klostermann, Das geistige Eigentum an Schriften, Kunstwerken und Erfindungen nach preußischem und internationalem Recht, S. 62, 260 f.

[65] Klostermann, Das geistige Eigentum an Schriften, Kunstwerken und Erfindungen nach preußischem und internationalem Recht, S. 56.

[66] Börsenverein der Deutschen Buchhändler (Hg.), Beschlüsse des außerordentlichen Ausschusses, S. 18.

[67] Wadle, Der Frankfurter Entwurf eines deutschen Urheberrechtsgesetzes von 1864, S. 312 ff.

[68] Wadle, Der Frankfurter Entwurf eines deutschen Urheberrechtsgesetzes von 1864, S. 313 ff.

1865 verabschiedet[69]. Der Entwurf des Börsenvereins von 1857 und einige der Änderungen des Frankfurter Entwurfs bildeten die Grundlage für den Entwurf des Urheberrechtsgesetzes von 1870/1871[70].

C. Die Urheberrechtsgesetzgebung im Deutschen Reich von 1870/1871

I. Die Verhandlungen des Reichstags des Norddeutschen Bundes

Die Auflösung des Deutschen Bundes und die daraufhin 1866 erfolgte Gründung des Norddeutschen Bundes unterbrachen die Bestrebungen auf ein einheitliches deutsches Urheberrechtsgesetz nur unwesentlich. Zwar mußte man sich von dem Gedanken verabschieden, ein Gesetz zu schaffen, welches für ganz Deutschland und Österreich Gültigkeit hatte, aber zumindest in den 22 Staaten des Norddeutschen Bundes rückte ein einheitliches Urheberrechtsgesetz in greifbare Nähe. Artikel 4 Nr. 6 der Verfassung des Norddeutschen Bundes stellte die Bundeskompetenz für die Gesetze zum Schutz des geistigen Eigentums her[71].

Unmittelbar nach Inkrafttreten der Verfassung ersuchte der Bundeskanzler das Preußische Ministerium der geistlichen, Unterrichts- und Medizinalangelegenheiten, einen Gesetzesentwurf auszuarbeiten[72]. Dieser von Professor Dr. Friedrich Kühns verfaßte Entwurf wurde 1868 dem Bundesrat vorgelegt. Der Entwurf entsprach in großen Teilen dem Entwurf des Börsenvereins von 1857 und berücksichtigte teilweise die Abänderungen durch den Frankfurter Entwurf von 1864. Als Neuheit behandelte der Entwurf in einem gesonderten Abschnitt den Schutz von photographischen Aufnahmen. Der Entwurf wurde aufgrund eines 1868 gefaßten Bundesratsbeschlusses nicht nur den Regierungen mitgeteilt. Auch Sachverständige aus allen von der Urheberrechtsgesetzgebung betroffenen Kreisen wurden vom Bundesrat zur Begutachtung nach Berlin eingeladen. Unter den Sachverständigen waren Vertreter der Berliner Akademie der Wissenschaften, des Börsenvereins der Deutschen Buchhändler, Vertreter der preußischen Sachverständigenvereine, des deutschen Schriftstellervereins, des deutschen Journalisten-Tages, der deutschen Kunstgenossenschaft sowie ein Photograph[73]. Nach dem Tod Kühns verfaßte Professor Dr. Otto Dambach im Auftrag des Bundesrates einen zweiten Entwurf, der die Gutachten der Sachverständigen berücksichtigte. Der Entwurf wurde 1869 noch einmal von einem kleineren Kreis von Sachverständigen besprochen und am 14. Februar 1870 nach Besprechung im Bundesrat dem

---

69 Wadle, Der Frankfurter Entwurf eines deutschen Urheberrechtsgesetzes von 1864, S. 325 f.

70 Dambach, Urheberrecht, S. 2 ff.

71 BGBl. 1867, S. 1-23.

72 Zur Entstehungsgeschichte des Gesetzes: Dambach, Urheberrecht, S. 2 ff.; Klostermann, Das Urheberrecht an Schrift- und Kunstwerken, Abbildungen, Compositionen, Photographien, Mustern und Modellen nach deutschem und internationalem Rechte, S. 15 f.; Dölemeyer, Urheber- und Verlagsrecht, S. 4017 ff.; Wächter, Autorrecht, S. 32 ff.

73 Dambach, Urheberrecht, S. 5.

Reichstag zur Beschlußfassung vorgelegt[74]. Photographien wurden in diesem Entwurf nicht mehr geschützt, denn „...dieser Entwurf behandelt ausschließlich den Schutz solcher Werke, welche aus einer eigenen individuellen geistigen Tätigkeit des Autors hervorgegangen sind, und zu diesen gehören die Photographien, welche ihre Entstehung der Wirkung des Lichtes verdanken, nicht."[75] Hierzu sollte ein gesonderter Gesetzesentwurf vorgelegt werden.
In der ersten Beratung am 21. Februar 1870 zeigte sich, daß die Ansichten über Wesen und Inhalt des Urheberrechts noch sehr weit auseinandergingen[76]. In der Generaldebatte wurde der Entwurf von Vertretern der Freihandelsschule bereits in seinen Grundzügen lebhaft angegriffen. Ein Abgeordneter führte aus, die Bezeichnung „Geistiges Eigentum" könne wohl kaum darüber hinweg täuschen, daß das hier zu kodifizierende Urheberrecht seiner Natur nach ein reines Verbietungsrecht darstelle, gestützt auf Utilitätsgründe[77]. Als Monopol würde es hauptsächlich den Verlegern dienen, auf deren Börsenvereinsentwurf schließlich auch der vorliegende Entwurf zurückgehen würde[78]. Es würde den freien Handel behindern und führe zu einer Preissteigerung, verbunden mit einer Überproduktion[79]. Dennoch konnte der Reichstag in der zweiten Beratung am 22. und 24. März 1870 die §§ 1, 3, 8 des Entwurfs genehmigen und so die Prinzipien eines Autorenrechts im Gesetz verankern[80]. Nach den §§ 1 und 3 hatte der Autor das ausschließliche, übertragbare und vererbliche Recht der mechanischen Vervielfältigung. Das Recht war auf 30 Jahre nach dem Tod des Autors befristet (§ 8). Im Gegensatz dazu standen Vorschläge aus der Mitte des Reichstages, die dem Autor im Sinne der Reflextheorie lediglich ein 10-jähriges Verbotsrecht und darauf folgend Ansprüche aus einer Zwangslizenz zubilligen wollten[81]. Der übrige Teil des Gesetzes wurde einer Kommission zur Vorberatung übertragen. Am 10., 12. und 13. Mai 1870 wurde die zweite Beratung fortgeführt[82]. Im Laufe der zweiten Beratung beschloß der Reichstag, den Abschnitt über den Schutz von Werken der bildenden Kunst, die §§ 59 ff. des Entwurfs der Kommission, aus dem Gesetz zu streichen und gesondert zu regeln[83]. Am 19. Mai folgte die dritte Beratung und am 20. Mai die Schlußabstimmung[84]. Das Gesetz wurde am 11. Juni verkündet und trat am 1. Januar 1871 als „Gesetz, betreffend das Urheberrecht an Schriftwerken, Abbildungen,

---

[74] Aktenstücke des Reichstags des Norddeutschen Bundes 1870 Nr. 7, S. 125 ff.
[75] Aktenstücke des Reichstags des Norddeutschen Bundes 1870 Nr. 7, S. 131.
[76] Sten. Ber. d. Verhandlungen des Reichstags des Norddeutschen Bundes, 1870, S. 27 ff.
[77] Sten. Ber. d. Verhandlungen des Reichstags des Norddeutschen Bundes 1870, S. 28 ff.
[78] Sten. Ber. d. Verhandlungen des Reichstags des Norddeutschen Bundes, 1870, S. 31 f.
[79] Sten. Ber. d. Verhandlungen des Reichstags des Norddeutschen Bundes, 1870, S. 30.
[80] Sten. Ber. d. Verhandlungen des Reichstags des Norddeutschen Bundes, 1870, S. 492 ff., 419.
[81] Sten. Ber. d. Verhandlungen des Reichstags des Norddeutschen Bundes, 1870, S. 508.
[82] Sten. Ber. d. Verhandlungen des Reichstags des Norddeutschen Bundes, 1870, S. 812 ff.
[83] Sten. Ber. d. Verhandlungen des Reichstags des Norddeutschen Bundes, 1870, S. 883 ff.; näheres dazu unter II.
[84] Sten. Ber. d. Verhandlungen des Reichstags des Norddeutschen Bundes, 1870, S. 1039 ff.

musikalischen Kompositionen und dramatischen Werken" in Kraft[85]. Durch die Gründung des Deutschen Reichs 1871 wurde das Urhebergesetz gemäß Art. 20 Nr. 25 der Reichsverfassung Reichsgesetz. In Bayern trat das Gesetz erst 1872 und in Elsaß-Lothringen 1873 in Kraft[86].

II. Die Ausgliederung der Werke der bildenden Künste und der Photographie

Die Diskussion über den Gesetzesentwurf führte zu zwei weitreichenden Änderungen[87]. Schon der von Dambach verfaßte zweite Entwurf enthielt keinen Schutz von Werken der Photographie mehr. Deren Schutz sollte in einem separaten Gesetz gewährleistet werden[88]. Der Gesetzesentwurf betreffend den Schutz von Photographien gegen unbefugte Nachbildung wurde im Anschluß an das Urheberrechtsschutzgesetz beraten[89]. In der ersten Beratung im Reichstag führte Dambach die Gründe der Trennung aus. Da die Herstellung eines photographischen Werkes auf der Wirkung des Lichtes beruhte, hätte die Photographie Elemente des Handwerks. Gleichzeitig zeigte aber ein Blick auf neuere photographische Leistungen, daß hier eine kunstähnliche Tätigkeit vorläge. Gesetzlich entschieden war diese Frage in Norddeutschland noch nicht. Lediglich in Bayern wurde die Photographie als Kunstverfahren anerkannt. Entsprechend ihrer Zwitterstellung würde der Photographie ein den Werken der bildenden Kunst ähnlicher, jedoch abgeschwächter Schutz gebühren[90].

Auch die um den Schutz der Photographie bereinigte Vorlage fand nur zum Teil die Zustimmung des Reichstags. Der fünfte Abschnitt, „Werke der bildenden Künste", sollte neugefaßt und in einem eigenen Gesetz geregelt werden. Stein des Anstoßes war § 60 Nr. 4 des Entwurfs. Danach sollte es auch als verbotene Nachbildung gelten, „wenn die Nachbildung eines Werkes der bildenden Künste sich an Werken der Industrie, der Fabriken, Handwerke oder Manufakturen befindet, dagegen ist die Benutzung von Werken der bildenden Künste als Muster zu den Erzeugnissen der Industrie, der Fabriken, Handwerke oder Manufakturen gestattet."[91] Die Regelung sollte einerseits dem Künstler Schutz gegen Nachbildung gewähren und andererseits der Industrie die Möglichkeit der Nutzung des Werkes als Muster ermöglichen. Die Abgrenzung zwischen unzulässiger Nachbildung und zulässiger Nutzung als Muster konnte auch im nach der ersten Sitzung einberufe-

[85] BGBl. 1870, S. 339 ff.
[86] Dölemeyer, Urheber- und Verlagsrecht, S. 4018.
[87] Wadle, Die Abrundung des deutschen Urheberrechtsgesetzes im Jahre 1876, S. 327 ff.
[88] Zum Schutz der Photographie siehe Wadle, Photographie und Urheberrecht im 19. Jahrhundert, S. 343 ff.
[89] Aktenstücke des Reichstags des Norddeutschen Bundes, 1870, Nr. 8, S. 145 ff.
[90] Sten. Ber. d. Verhandlungen des Reichstags des Norddeutschen Bundes, 1870, S. 35 ff.
[91] Aktenstücke des Reichstags des Norddeutschen Bundes, 1870, Nr. 7, S. 129 f.

nen Ausschuß nicht geklärt werden[92]. Der Referent der Kommission kritisierte, daß diese Regelung wohl kaum einen Kompromiß zwischen Interessen der Kunst und der Industrie, sondern vielmehr einen offenen Widerspruch darstellen würde[93]. Um die Verabschiedung des Gesetzes nicht zu gefährden, wurde der Abschnitt aus der Vorlage entfernt und beschlossen, den Bundesrat zu ersuchen, ...“ dem nächsten Reichstag ein Gesetz vorzulegen, das den Abschnitt V selbständig und dergestalt regelt, daß dabei zugleich die berechtigten Interessen der Kunstindustrie entsprechende Berücksichtigung finden.“[94]

Bei der Verhandlung zum Schutz von Werken der Photographie ergab sich dieselbe Problematik. Hier verlangte der Reichstag jedoch einen komplett neuen Gesetzesentwurf[95].

Die Trennung der Gesetze zum Schutz der Photographien und zum Schutz von Werken der bildenden Kunst wurde mit dem Gesetz, betreffend das Urheberrecht an Werken der bildenden Künste und der Photographie von 1907 aufgehoben. Erst das Urheberrechtsgesetz vom 9. September 1965 verband den Schutz von Werken der Literatur und Tonkunst mit Werken der bildenden Kunst.

III. Der Inhalt des Urheberrechtsgesetzes von 11. Juni 1870

Der Kommissar des Bundesrates, Dambach, stellte dem Reichstag den Entwurf mit den folgenden Worten vor: „Was den materiellen Inhalt des Entwurfs betrifft, so konnte es selbstverständlich nicht darauf ankommen, das Nachdruckgesetz auf ganz neuen legislativen Grundlagen zu erbauen. Es haben sich in den letzten 30 Jahren in dieser Materie über die allgemeinen Prinzipien feste Grundlagen gebildet und es muß selbstverständlich dieses mühsam erworbene Recht aufrecht gehalten und gepflegt werden. Es konnte daher nur darauf ankommen, dieses Recht zu kodifizieren und diejenigen Fragen, die sich in den letzten 30 Jahren als kontrovers herausgestellt haben, legislativ zu entscheiden.“[96] Vordringlichstes Ziel des Entwurfs war die Herstellung einer einheitlichen deutschen Nachdrucksgesetzgebung[97]. Das Gesetz sollte nicht die theoretische Neuorientierung bringen, sondern mit der Sicherung gewonnener Erkenntnisse und der Entscheidung von Streitfragen eher praktische Regelungen treffen. Dementsprechend betonten die Motive die Kontinuität zu bestehenden Regelungen und zu den Entwürfen von 1857 und 1864[98].

Das Gesetz, betreffend das Urheberrecht an Schriftwerken, Abbildungen, musikalischen Kompositionen und dramatischen Werken vom 11. Juni 1870, ab 1871

---

[92] Wadle, Die Abrundung des deutschen Urheberrechtsgesetzes im Jahre 1876, S. 334 f.
[93] Sten. Ber. d. Verhandlungen des Reichstags des Norddeutschen Bundes, 1870, S. 887 f.
[94] Sten. Ber. d. Verhandlungen des Reichstags des Norddeutschen Bundes, 1870, S. 888.
[95] Sten. Ber. d. Verhandlungen des Reichstags des Norddeutschen Bundes, 1870, S. 893.
[96] Sten. Ber. d. Verhandlungen des Reichstags des Norddeutschen Bundes, 1870, S. 28.
[97] Aktenstücke des Reichstags des Norddeutschen Bundes, 1870, Nr. 7, S. 131.
[98] Sten. Ber. d. Verhandlungen des Reichstags des Norddeutschen Bundes, 1870, S. 28.

Reichsgesetz, gliederte sich in fünf Abschnitte[99]. Der erste Abschnitt schützte Schriftwerke (§§ 1-42). Diese Regelungen wurden mit Modifikationen auf geographische, topographische, naturwissenschaftliche, architektonische, technische und ähnliche Abbildungen für anwendbar erklärt (§§ 43, 44). Der folgende Abschnitt regelte den Schutz musikalischer Kompositionen mit zahlreichen Rückverweisen auf den ersten Abschnitt (§§ 45-49). Das Recht der öffentlichen Aufführung war im vierten Abschnitt mit zahlreichen Verweisen separat geregelt (§§ 50-56). Es folgten allgemeine Bestimmungen (§§ 56-61).
Aus dem Gesetz ergaben sich lediglich zwei positiv normierte Rechte des Urhebers. §§ 1, 3 gewährten dem Urheber das ausschließliche, vererbbare und übertragbare Recht der mechanischen Vervielfältigung eines Schriftwerks. Dies galt auch für Zeichnungen und Abbildungen, die ihrem Zweck nach keine Kunstwerke waren (§ 43) sowie für musikalische Kompositionen (§ 45). § 50 Abs. 1 gewährte dem Urheber das ausschließliche Recht, ein dramatisches, musikalisches oder dramatisch-musikalisches Werk öffentlich aufzuführen.
Umfang und Dauer der ausschließlichen Befugnisse des Autors wurden in den §§ 4-39 geregelt. § 4 verbot jede mechanische Vervielfältigung eines Schriftwerkes ohne Genehmigung des Berechtigten und nannte dies Nachdruck. Dem Nachdruck gleichgestellt wurden in §§ 5 ff. andere, dem Urheber vorbehaltene Nutzungen. Bereits hier zeigt sich, daß der Begriff „Nachdruck" vom bloßen Tatbestandsmerkmal zu einem Synonym für urheberrechtliche Befugnisse weiterentwickelt worden war[100]. Die Darstellung der Rechte des Urhebers als Verletzung des Nachdruckverbotes durch Dritte zwang den Gesetzgeber dazu, Schranken des Urheberrechts als Ausnahme des Nachdruckverbotes zu behandeln (§ 7). § 7 b-d nahm Zeitungsartikel, öffentliche Aktenstücke und öffentliche Reden vom Schutz aus.
Das Verbreitungsrecht des Urhebers wurde in § 25 rein strafrechtlich geschützt.
Neben den aufgezählten Verwertungsrechten gewährte das Gesetz auch einzelne Urheberpersönlichkeitsrechte, das Recht zur Veröffentlichung in § 5a und das Recht zur Urheberbenennung (§§ 7a, 44, 47).
In einzelnen Fällen war der gesetzliche Schutz noch von Förmlichkeiten abhängig. So mußte sich der Urheber gemäß § 6c das ohnehin nur kurz bestehende Übersetzungsrecht vorbehalten. Bei reinen Werken der Tonkunst mußte sich der Urheber das Recht der öffentlichen Aufführung schriftlich auf dem Werkstück vorbehalten (§ 50 Abs. 2). Gleiches galt für den Schutz vor Nachdruck für „größere Mitteilungen" in Zeitungen oder Zeitschriften, die nicht wissenschaftlicher oder novellistischer Art waren (§ 7b). § 11 knüpfte die nachträgliche Erlangung der 30-jährigen Schutzfrist für bereits veröffentlichte Werke an die Nennung des Autors. Bei anonymen Werken mußte dafür der Name des Urhebers zur Eintragung in die Eintragungsrolle angemeldet werden (§§ 39 ff.).

---

[99] BGBl. 1870, S. 339 ff.

[100] Wadle, Die Entfaltung des Urheberrechts als Antwort auf technische Neuerungen, S. 74.

Entsprechend dem Vorbild des preußischen Urheberrechtsgesetzes waren gemäß § 31 Sachverständigenvereinigung einzurichten. Das Institut hatte sich bewährt. Die Position der Sachverständigenvereine wurde jedoch in einzelnen Punkten geschwächt. So stand es nunmehr den Richtern frei, sich überhaupt an die Vereine zu wenden, oder auch nur rein technische Ausführungen zu erbitten. Seiner Bedeutung sollte dies jedoch keinen Abbruch tun[101].
Werke inländischer Urheber wurden unabhängig vom Erscheinungsort geschützt (§ 61 Abs. 1). Werke ausländische Urheber waren nur geschützt, wenn sie bei Verlegern erschienen, die eine inländische Handelsniederlassung hatten oder wenn Staatsverträge bestanden.
Das Gesetz brachte wenige Neuerungen. Jedoch entschied es eine Anzahl von Streitfragen, die in früheren Gesetzen unerledigt blieben[102]. Diese betrafen insbesondere das Verbot des Abschreibens, wenn es dazu bestimmt war, den Druck zu vertreten und die Ausnahme vom Autorenschutz von für die Öffentlichkeit bestimmte Schriftstücke und Reden wie Zeitungsartikel, Gesetze, öffentliche Reden und Verhandlungen (§§ 4, 7). Neu waren ebenfalls die Regelungen für die Dauer des Autorenschutzes, 30 Jahre ab dem Tod für posthum erschienene Werke (§ 12), fünf Jahre für den Schutz von und vor Übersetzungen (§ 15) und 30 Jahre nach dem Tod des Autors für öffentliche Aufführungen (§ 52 i.V.m. §§ 8 ff). § 7a enthielt als Neuerung die Pflicht zur Quellenangabe beim Zitat. Gemäß § 18 konnte dem durch unbefugten Nachdruck Verletzten im Strafverfahren Entschädigung durch eine vom Richter festzusetzende Buße gewährt werden[103]. Daneben stand dem Verletzten der Zivilrechtsweg offen. Diese Regel ersetzte das Adhäsionsverfahren, wie es zum Beispiel in § 16 des Preußischen Urheberrechtsgesetzes vom 11. Juni 1837 geregelt war, und sollte zu einer stärkeren Trennung von strafrechtlicher Verfolgung und der zivilrechtlichen Entschädigungsklage führen[104]. Nach § 28 sollte derjenige bis zum Gegenbeweis als Urheber gelten, der auf dem Titelblatt des veröffentlichten Werkes als Urheber genannt war. § 32 regelte die Zuständigkeit des Bundes-Oberhandelsgerichts sowohl für strafrechtliche als auch für zivilrechtliche Streitigkeiten.
Das Gesetz erkannte das Urheberrecht weiterhin nicht als einheitliches Recht, sondern normierte lediglich einzelne Befugnisse des Autors mit rein vermögensrechtlichem Inhalt. Urheberpersönlichkeitsrechte erschienen nur bruchstückhaft. Der Aufbau des Gesetzes um das generelle Nachdruckverbot mit der Folge, daß Schranken als Ausnahmen vom Verbot im Gesetz erschienen, wirkt im Gegensatz zu dem näher liegenden Aufbau eines positiv normierten Rechts mit Schranken etwas umständlich. Nach Wadle lag der Aufbau auch darin begründet, daß als Schutzmittel lediglich die strafrechtliche Verfolgung und der Entschädigungsan-

[101] Nomine, Der Königlich Preußische literarische Sachverständigen-Verein, S. 350 f.
[102] Klostermann, Das Urheberrecht und das Verlagsrecht, Anhang S. 4 ff.
[103] Dazu Wadle, Die Geldbuße im Urheberrecht, S. 319 ff.
[104] Klostermann, Das Urheberrecht und das Verlagsrecht, S. 436 f.

spruch in Betracht kamen (§§ 18 ff.)[105]. Für einen Schutz durch Beseitigungs- und Unterlassungsansprüche fehlte zum Zeitpunkt der Kodifikation noch das Verständnis dieser Befugnisse als Ausfluß jeden subjektiven Privatrechts und die Einordnung des Autorrechts in eben diese Rechtsnatur.
Das Gesetz, betreffend das Urheberrecht an Werken der bildenden Künste vom 9. Januar 1876, das Gesetz, betreffend den Schutz der Photographien gegen unbefugte Nachbildung vom 10 Januar 1876 sowie das Gesetz, betreffend das Urheberrecht an Mustern und Modellen vom 11. Januar 1876 vervollständigten den urheberrechtlichen Schutz im Deutschen Reich[106]. Durch die Einführung des Musterschutzes verlor die Auseinandersetzung zwischen Künstlern und Kunstindustriellen ihre Schärfe[107]. Das Kunsturhebergesetz und das Gesetz zum Schutz der Photographie lehnten sich im Aufbau an das Urheberrechtsgesetz von 1870 an. Die Frage nach der Zulässigkeit von Nachbildungen auf Produkten der Industrie und des Gewerbes wurde im Kunsturhebergesetz zugunsten der Künstler entschieden (§ 5 Nr. 3).

---

[105] Wadle, Die Abrundung des deutschen Urheberrechtsgesetzes im Jahre 1876, S. 333 f.

[106] RGBl. 1876, S. 4 ff., 8 ff., 11 ff.

[107] Zum Erlaß der Gesetze: Wadle, Die Abrundung des deutschen Urheberrechtsgesetzes im Jahre 1876, S. 327 ff.; ders., Photographie und Urheberrecht im 19. Jahrhundert, S. 343 ff.; Wächter, Urheberrecht, S. 4 ff.

Kapitel 2 - Reformbedarf

A. Einleitung

Das Urheberrechtsgesetz von 1870 erschien schon wenige Jahre nach seiner Verabschiedung veraltet. Die fortschreitende Industrialisierung erlaubte die Massenproduktion von Büchern, Notenmaterial und neu erfundenen mechanischen Musikinstrumenten. Sie steigerte die wirtschaftliche Relevanz des Gesetzes und stellte die Rechtsprechung mit der Eingliederung mechanischer Musikinstrumente in das urheberrechtliche Schutzsystem vor neue Probleme. Die Internationalisierung des Urheberrechts führte mit der Gründung der Berner Union zur Verabschiedung eines internationalen Schutzniveaus, das über dem des Deutschen Reichs lag. Die Rechtsprechung verdeutlichte mit der Ausweitung des Nachdruckbegriffs und der zunehmenden Anerkennung persönlicher Interessen des Urhebers Schutzlücken des Gesetzes und bereitete einer nicht rein vermögensrechtlichen Sicht des Urheberrechts mit den Weg. Die zunehmende dogmatische Durchdringung des Urheberrechts durch die Rechtslehre ließ die Mängel des Urheberrechtsgesetzes erkennen.
Industrialisierung, Internationalisierung, Rechtsprechung und Rechtslehre waren die Gründe für die Reform und gaben gleichsam ihren Rahmen vor. Dabei ist der Blick auf das letzte Drittel des 19. Jahrhunderts nur ein Ausschnitt aus dem gegen Ende des 18. Jahrhunderts einsetzenden Prozess, das Urheberrecht auf die Reihe der technischen Neuerungen und die Ausweitung der Produktion anzupassen[108].

B. Die Industrialisierung

I. Die Entwicklung des Buchhandels

Die Betrachtung der Produktionszahlen des Buchmarktes gibt Aufschluß über eine 1868 einsetzende und bis zum ersten Weltkrieg ungebremst ansteigende Entwicklung des Büchermarktes. Die Buch- und Kartenproduktion im Deutschen Reich wuchs von 10.669 verlegten Titeln im Jahr 1871 über 16.305 Titel im Jahr 1885 auf 24.792 Titel im Jahr 1900[109]. Die Zahl der Buch- und Notenhändler stieg von 3.506 im Jahr 1869 auf 6.304 im Jahr 1885 und betrug 1890 7.474[110]. Parallel wuchs die Zahl mittlerer und großer Druckereien von 1.461 im Jahr 1875 auf 4.609 im Jahr 1907. Die Zahl der im Druckgewerbe Beschäftigten stieg im selben Zeitraum von 46.204 auf 134.208[111].

---

[108] Wadle, Das Urheberrecht als Antwort auf technische Neuerungen, S. 63 ff.
[109] Die Zahlen geben die Gesamtzahl der jährlich verlegten Titel nach der Börsenblatt-Statistik an. Eine Übersicht befindet sich in: Rarisch, Industrialisierung und Literatur, Anhang II.
[110] Goldfriedrich, Geschichte des Deutschen Buchhandels, S. 491.
[111] Neumann, Herstellungstechnik und Buchgestaltung, S. 171.

Möglich wurde diese Entwicklung durch eine Vielzahl ineinandergreifender Gründe. Allen voran schaffte die Industrialisierung die Voraussetzungen für die Massenproduktion von Büchern. Vom Gießen des Druckletters über den Druck bis hin zum Einband des Buches erfaßte die Industrialisierung jeden Herstellungsschritt eines Druckwerkes. Zwischen 1800 und 1820 ersetzte die dampfbetriebene Schnellpresse die eiserne Stanhopepresse und ermöglichte so die beschleunigte Herstellung hoher Auflagen[112]. 1870 führte die Schriftgießerei von Schelter und Gieseke als erste die dampfbetriebene Gießmaschine für Setzletter ein[113]. Die Arbeit der Setzer wurde ab 1872 mit der Kastenbein'schen Setzmaschine wesentlich beschleunigt[114]. Ab 1873 wurde die Druckpapierqualität durch ein neues Verfahren mit der Beimischung von Zellulose erheblich verbessert und die industrielle Herstellung solchen Papiers ermöglicht[115]. Bereits ab den fünfziger Jahren wurden auch Bucheinbände maschinell hergestellt. Ab 1883 kamen maschinelle Falzmaschinen auf den Markt. 1879 wurde die Drahtheftmaschine eingeführt. Diese wurde gegen Ende des Jahrhunderts jedoch von der bereits 1884 entwickelten und 1898 verbesserten Fadenheftmaschine abgelöst, da selbst verzinnte Eisendrähte rosteten und das Papier schädigten[116].
Die industrielle und preisgünstige Produktion ermöglichte die Erschließung neuer Leserkreise. Die Alphabetisierung stieg von etwa 30% im Jahr 1830 um 10% pro Dekade, so daß gegen Ende des Jahrhunderts das Deutsche Reich nahezu vollständig alphabetisiert war[117]. Der Buchhandel wandte sich mit einem breitgestreuten Sortiment an nahezu jede Käuferschicht[118].
Der Vertrieb von Büchern und Zeitschriften innerhalb des Norddeutschen Bundes wurde durch den Übergang der Lehnspost von Thurn und Taxis an Preußen 1867 erleichtert. Bereits 1868 hatte der Norddeutsche Bund einen einheitlichen Posttarif. 1874 gründeten 22 Staaten den Allgemeinen Postverein. Nur 5 Jahre später wurde der Weltpostverein gegründet. Besonders die 1874 eingeführte Einheitstaxe von 50 Pf. für das Fünfkilo-Postpaket bedeutete für den Buchhandel „eine erhebliche Erleichterung des Verkehrs."[119]
Die Gesetzgebung im Norddeutschen Bund und im Deutschen Reich gab richtungsweisende Impulse für den Buchhandel. 1867 lief die 30-jährige Schutzfrist für alle vor 1837 gestorbenen Autoren aus, so daß es zunächst auf dem Buchmarkt

---

[112] Rarisch, Industrialisierung und Literatur, S. 27.
[113] Goldfriedrich, Geschichte des Deutschen Buchhandels, S. 485 f.
[114] Goldfriedrich, Geschichte des Deutschen Buchhandels, S. 486.
[115] Rarisch, Industrialisierung und Literatur, S. 61; Neumann, Herstellungstechnik und Buchgestaltung, S. 179 f.
[116] Neumann, Herstellungstechnik und Buchgestaltung, S. 177 f.
[117] Erstermann/Jäger, Geschichtliche Grundlagen und Entwicklung des Buchandels im Deutschen Reich, S. 21 f.
[118] Zur Entwicklung einzelner Sachgruppen der Titelstatistik Rarisch, Industrialisierung und Literatur, S. 66 ff.
[119] Goldfriedrich, Geschichte des Deutschen Buchhandels, S. 485.

zu einer Massenproduktion billiger Klassikerautoren kam. Schließlich boten das Urheberrechtsgesetz von 1871 sowie die internationalen Verträge einen Rahmen, in dem sich der Buchmarkt weitgehend frei von Nachdruck entwickeln konnte. Die Abschaffung des Konzessionszwangs für Buchdrucker und -händler sowie der Erlaß des neuen Reichspressegesetzes von 1874, in dem die Präventivzensur abgeschafft und die Repressivzensur eingeführt wurde, ermöglichten ebenfalls eine Ausweitung des Handels[120].

II. Der Musikalienhandel

Der Musikalienhandel entwickelte sich in vielen Punkten parallel zum Buchhandel[121]. 1863 wurde die erste Notendruckschnellpresse in Betrieb genommen und erlaubte so die Massenproduktion. Im Klassikerjahr 1867 wurden unter anderem die Werke von Ludwig van Beethoven, Franz Schubert und Carl Maria von Weber frei und zahlreiche Verleger drängten mit günstigen Klassikerausgaben auf den Markt. Im selben Jahr begründete der Musikalienverleger Peters die „Edition Peters", in der ab 1867 alle wichtigen Werke der Klassiker veröffentlicht wurden. Erster Titel der Edition war am 9. November 1867 eine vollständige Ausgabe der Klaviersonaten Beethovens zum Preis von 4.50 Mark[122]. Litollf's Verlag begann bereits 1864 in der „Collection Litolff" mit der Herausgabe günstiger klassischer Werke in Kleinformat[123].
Im Jahr 1870 gab es 87 Verlage, die den Musikverlag als Hauptgeschäft betrieben und 104 Sortimentshändler. 30 Jahre später waren es bereits 364 Verlage und 390 Sortimentshändler[124]. Die Geschäftszentren waren Leipzig und Berlin. Aus den Bereichen Vokal-, Instrumentalmusik und musikalische Schriften erschienen 1871 insgesamt 5016 Werke, im Jahr 1885 6336 und zur Jahrhundertwende 12.272. Zu der Steigerung der Titelzahlen trugen im wesentlichen das Klassikerjahr 1867 sowie Arrangements, Auszüge, Bearbeitungen und Einrichtungen für die unterschiedlichsten Besetzungen verschiedener Stücke bei.
Zunehmende Bedeutung dürfte für den Musikalienverlag auch die unkörperliche Werknutzung gewonnen haben. Das Urheberrechtsgesetz von 1871 gewährte dem Urheber das ausschließliche Recht der öffentlichen Wiedergabe musikalischer und dramatisch-musikalischer Werke. In der Regel wurde dieses Recht zusammen mit dem Vervielfältigungs- Verbreitungs und Bearbeitungsrecht zur Veranstaltung von Auszügen gegen ein einmaliges Honorar an den Musikverleger übertragen[125].

---

[120] Rarisch, Industrialisierung und Literatur, S. 65 f.; zur Entwicklung einzelner Bereiche des Buchhandels siehe Jäger (Hg.), Geschichte des deutschen Buchhandels, Bd. 1 Teil 2.
[121] Jäger, Der Musikalienverlag, S. 7 ff.
[122] Peters, Katalog der Edition Peters, S. 4.
[123] Jäger, Der Musikalienverlag, S. 43 f.; siehe auch: Peters, Katalog der Edition Peters, S. 4.
[124] Jäger, Der Musikalienverlag, S. 10; siehe auch die Übersichten in: Goldfriedrich, Geschichte des Deutschen Buchhandels, S. 491; Börsenblatt für den deutschen Buchhandel, 1899, S. 9707.
[125] Jäger, Der Musikalienverlag, S. 50.

Die Wahrnehmung der Aufführungsrechte unterlag jedoch im Deutschen Reich großen Schwierigkeiten, da es hier im Gegensatz zu Frankreich an einer Wahrnehmungsgesellschaft fehlte. Die Geltendmachung der Aufführungsrechte auf einer breiten Basis war daher nicht möglich, da es selbst für jeden gewillten Künstler mit erheblichen Schwierigkeiten verbunden war, für jedes von ihm vorgetragene Stück den Urheber beziehungsweise den Inhaber des Aufführungsrechts zu ermitteln und sich von diesem ein einfaches Nutzungsrecht übertragen zu lassen. Zudem fehlte es noch an breit angelegten Kontrollmechanismen, um Verletzungen des ausschließlichen Aufführungsrechts aufzudecken und zu verfolgen.

III. Die Entwicklung mechanischer Musikinstrumente

Ariston, Herophon und Clariophon waren nur einige der Namen der mechanischen Musikinstrumente, die ab etwa 1880 zunehmende Verbreitung fanden[126]. Die Instrumente gehörten zur Gruppe der Organetten. Die unterschiedlichen Bezeichnungen deuteten lediglich auf die verschiedenen Hersteller und geringfügig andere Konstruktionen hin. Die Instrumente bestanden aus auf einen Tisch stellbaren Kästen, die etwa die Größe ihrer Nachfolger, der Grammophone hatten. Mittels einer Kurbel wurde ein Toninformationsträger, in der Regel eine Lochplatte, gedreht. Entsprechend der Lochung erzeugte das Instrument auf sogenannten durchschlagenden Zungen, ähnlich den Metallzungen einer Mundharmonika, Töne[127]. Etwa ab 1910 wurden die Organetten von den Grammophonen verdrängt.
Friedrich Ernst Paul Erich richtete in Gholis bei Leipzig 1876 eine Werkstatt zum Bau von Organetten ein. Bereits 1880 wurde die Aktiengesellschaft Fabrik Leipziger Musikwerke, vorm. Paul Ehrlich & Co. gegründet. 1882 erhielt Paul Ehrlich das Patent 21715 auf ein mechanisches Musikwerk mit kreisförmigen Notenblättern. Dieses Patent bildete die Grundlage für das äußerst erfolgreiche Instrument Ariston. Das Ariston wurde die erfolgreichste Organette. Insgesamt wurden etwa 460.000 Aristone verkauft. Der Ariston Plattenkatalog führte knapp 4000 Titel, darunter Walzer, Polka, Galopp und Märsche. 1886 erhielt die Firma J.M. Grob & Co. das Alleinverkaufsrecht für die Produkte der Fabrik Leipziger Musikwerke[128]. Konkurrenz drohte der Fabrik Leipziger Musikwerke etwa 1885 durch die Firma Pietschmann & Söhne. Ihr ebenfalls erfolgreiches Herophon nahm quadratische Platten als Tonträger auf, bei denen sich nicht die Platte, sondern der Tonabnehmer drehte. 1887 brachte Pietschmann & Söhne das Manopan auf den Markt, bei dem ein Lochband als Toninformationsträger diente[129].
Durch den Erfolg der beiden Firmen ermutigt, drängten zahlreiche weitere Firmen auf den Markt. Die Firma Leipziger Musikwerke „Phoenix" Schmidt & Co. war

[126] Zur Geschichte der mechanischen Musikinstrumente: Jüttemann, Mechanische Musikinstrumente; Brauers, Museum für mechanische Musikinstrumente Baden-Baden.
[127] Jüttemann, Mechanische Musikinstrumente, S. 182 ff.
[128] Jüttemann, Mechanische Musikinstrumente, S. 186.
[129] Jüttemann, Mechanische Musikinstrumente, S. 186.

mit ihren Geräten Phoenix und Phoenix-Ariosa erfolgreich. 1890 wurde die Firma Euphonika gegründet, deren erfolgreichstes Instrument die Organette Amorette war[130].

Alle Instrumente waren relativ günstig und für das breite Volk erschwinglich. Ein Instrument der Fabrik Leipziger Musikwerke kostete etwa 15 Mark. Auswechselbare Platten lagen zwischen 50 und 90 Pfennigen[131]. Normiert waren die Platten nicht, so daß jeder Hersteller lediglich Platten für seine Geräte produzierte. Aufgrund ihres günstigen Preises und der Möglichkeit, die Tonträger auszuwechseln und so unterschiedliche Stücke zu spielen, verdrängten die Organetten die bis dahin führenden Schweizer Spieldosen. Bei schweizerischen Spieldosen rissen die auf einer Walze angeordneten Stifte auf einem Kamm aneinandergereihte Stahlzinken an, die den Ton erzeugten. Die Walze konnte jedoch nicht ausgewechselt werden[132].

Die herkömmliche Spieldose wurde ab etwa 1880 von Paul Lochmann in Leipzig-Gholis weiterentwickelt zur sogenannten Lochplatten-Spieldose. Diese nutzte anstelle der Walze eine auswechselbare Scheibe als Tonträger[133]. 1886 entstanden die Symphonion-Musikwerke in Leipzig, deren Direktor Paul Lochmann wurde. Drei Jahre später machten sich zwei seiner Mitarbeiter selbständig und gründeten 1889 die Polyphon-Musikwerke, die schnell zum führenden Hersteller auf diesem Gebiet heranwuchsen[134].

Eine schnelle Entwicklung machten die mechanischen Klaviere durch. Die ersten mechanischen Zusätze zum Abspielen von Klavieren wurden als Auf- oder Vorsetzer an die Tastatur des Klaviers herangestellt. Ein Mechanismus tastete den Toninformationsträger, in der Regel Faltkarton oder Lochband, ab und bediente entsprechend die Tasten. 1863 meldete der Franzose Fourneaux ein Patent für einen Vorsetzer an[135]. Ab 1880 gab es in Deutschland zahlreiche Versuche, normale Klaviere ohne Vor- oder Aufsatz mit Stiftwalzen zu bespielen. 1885 brachte die Firma Gerhard Schmidt in Berlin ein solches Walzenpiano heraus. Da auch hier die Walzen schwer auswechselbar waren, ging man alsbald zur Lochbandsteuerung über[136]. Die Firma Welte, eine der weltweit führenden Firmen für besonders aufwendige mechanische Musikinstrumente, führte mechanische Pianos mit Lochbandsteuerung im Jahr 1887 ein[137].

Das LUG in besonderer Weise beeinflussen sollte eine amerikanische Erfindung. 1897 entwickelte ein Mitarbeiter der amerikanischen Aeolian Organ and Music Company das mechanische Klavier weiter zum Pianola. Das Pianola ermöglichte

---

[130] Jüttemann, Mechanische Musikinstrumente, S. 188.
[131] Brauers, Museum für mechanische Musikinstrumente Baden-Baden, S. 92.
[132] Jüttemann, Mechanische Musikinstrumente, S. 205.
[133] Jüttemann, Mechanische Musikinstrumente, S. 219 f.
[134] Jüttemann, Mechanische Musikinstrumente, S. 219.
[135] Jüttemann, Mechanische Musikinstrumente, S. 239 ff.
[136] Jüttemann, Mechanische Musikinstrumente, S. 254 f.
[137] Brauers, Museum für mechanische Musikinstrumente Baden-Baden, S. 68.

mittels von Hand bedienbarer Hebel Änderungen von Tempo, Dämpfung und Tonstärke beim Abspiel des Musikstücks[138]. Auf den Notenrollen war jeweils angegeben, wie die Hebel zu bedienen waren, so daß auch ein ungeübter „Spieler" eine dem persönlichen Vortrag eines Pianisten ähnliche Wiedergabe des Stücks vortragen konnte[139].
Die Erfindung des Phonographen 1877 durch Edison leitete gleichsam bereits das Ende der mechanischen Spielautomaten ein. Zwar lieferten die ersten Geräte eher schlechte Musikqualität. Mit der Erfindung der Schallplatte 1887 durch Emil Berliner verbesserte sich die Qualität der Musik jedoch beständig und bereits in den 20er Jahren des 20. Jahrhunderts wurden die mechanischen Musikinstrumente vom Markt verdrängt.

C. Die Internationalisierung des Urheberrechts

Bei der Ausweitung des internationalen Urheberrechtsschutzes blieb der Börsenverein seiner Rolle als Schrittmacher der deutschen Entwicklung treu. Die zahlreichen Einzelverträge der deutschen Staaten mit anderen Ländern hatten hinsichtlich des Schutzes literarischer Werke im Ausland eine unübersichtliche Rechtslage geschaffen, die von den Verlegern zunehmend als Belastung empfunden wurde[140]. In einer Eingabe an den Reichskanzler verlangte der Börsenverein 1871 die Kündigung der einzelnen Verträge und den Abschluß eines einheitlichen Vertrages mit den fremden Staaten[141]. Die Eingabe blieb unbeantwortet. 1882 erneuerte der Börsenverein den Wunsch mit einem dringenden Hinweis auf den in Amerika und Holland grassierenden Nachdruck deutscher Werke[142]. Das Reichskanzleramt versicherte, bereits in dieser Richtung bemüht zu sein[143]. Inzwischen blieb der Börsenverein jedoch nicht untätig. Zur weiteren Verfolgung seines Ziels suchte der Börsenverein Kontakt zu ausländischen Gleichgesinnten und sandte seinen Generalsekretär Dr. Paul Schmidt 1882 zum Kongreß der Association littéraire et artistique internationale nach Rom[144].
Die Association littéraire et artistique internationale („ALAI") wurde vier Jahre vorher auf einer von der Pariser Société des Gens de Lettres einberufenen Ver-

---

[138] Jüttemann, Mechanische Musikinstrumente, S. 246.
[139] So berichteten die Mitglieder der Kommission des Reichstags, denen das Pianola vorgestellt wurde, siehe Kap. 5 B. III.
[140] Zur Entwicklung der Berner Union: Röthlisberger, Die Berner Übereinkunft; Hubmann, Hundert Jahre Berner Übereinkunft.
[141] Börsenverein der Deutschen Buchhändler (Hg.), Beschlüsse des außerordentlichen Ausschusses, S. 34 f.
[142] Zum Nachdruck in Amerika: Fleischmann, Die Berner Übereinkunft zum Schutze des Urheberrechts, S. 48 ff.
[143] Börsenverein der Deutschen Buchhändler (Hg.), Beschlüsse des außerordentlichen Ausschusses, S. 35.
[144] Börsenverein der Deutschen Buchhändler (Hg.), Beschlüsse des außerordentlichen Ausschusses, S. 36.

sammlung von Literaten, Künstlern und Verlegern unter dem Namen Association littéraire internationale gegründet[145]. Ziel der Versammlung unter dem Vorsitz von Victor Hugo war die Suche nach einer einheitlichen Formel für nationalen und internationalen Urheberrechtsschutz. Hinsichtlich des internationalen Schutzes mündete sie in dem an die französische Regierung herangetragenen Wunsch, zusammen mit Vertretern der verschiedenen Regierungen eine einheitliche Konvention zum internationalen Schutz nach Maßgabe der von der Versammlung gefaßten Beschlüsse auszuarbeiten. Die ALAI wurde auf eben dieser Versammlung gegründet, um „in allen Ländern die Prinzipien des geistigen Eigentums zu verbreiten und zu verteidigen, die internationalen Abkommen zu prüfen und an ihrer Vervollkommnung zu arbeiten", und so die tatsächliche Umsetzung ihrer Ziele voranzutreiben und zu überwachen.
1882 tagte die ALAI zum vierten Mal[146]. Die französische Regierung kam mit der Vorbereitung eines internationalen Abkommens nicht wirklich voran. In dieser Situation regte der Börsenverein an, unter Einbeziehung sämtlicher am Urheberschutz interessierten Gruppen eine Union zum gemeinsamen Schutz des Urheberrechtes in allen Ländern nach dem Vorbild des Weltpostvereins zu gründen. Den Vorschlag unterbreitete die ALAI der schweizerischen Regierung mit der Bitte, eine diplomatische Konferenz zur Gründung einer solchen Union vorzubereiten. Der Schweizerische Bundesrat lud daraufhin Delegierte verschiedener Länder zu drei aufeinanderfolgenden Konferenzen nach Bern ein[147]. In der ersten Konferenz 1884 in Bern wurde festgestellt, daß die Grundsätze der einzelnen Landesgesetze zu verschieden waren, um, einem deutschen Vorschlag entsprechend, ein einheitliches internationales Recht zu schaffen[148]. Vielmehr sollten lediglich bestimmte Minimalrechte eingeführt werden. Diese wurden in der zweiten Konferenz 1885 beraten. Am 9. September 1886 unterzeichneten zehn Staaten, nämlich Belgien, Deutschland, Frankreich, Großbritannien, Haiti, Italien, Liberia, die Schweiz, Spanien und Tunesien, nicht jedoch die Vereinigten Staaten, die Übereinkunft betreffend die Bildung eines internationalen Verbandes zum Schutz von Werken der Literatur und Kunst. Die Ratifikationsurkunden der Verbandsländer wurden am 7. September 1887 in Bern niedergelegt, so daß die Übereinkunft am 5. Dezember 1887 in Kraft trat[149]. Durch die Übereinkunft wurde ein Verband mit eigener Rechtspersönlichkeit gegründet, der von einem internationalen Büro in Bern unter Aufsicht der Schweizer Regierung verwaltet wurde. Mit den Vereinigten Staaten schloß das Deutsche Reich am 15. Januar 1892 ein separates Abkommen[150].

[145] Röthlisberger, Die Berner Übereinkunft, S. 5 ff.
[146] Röthlisberger, Die Berner Übereinkunft, S. 9 ff.
[147] Röthlisberger, Die Berner Übereinkunft, S. 12 ff.
[148] Röthlisberger, Die Berner Übereinkunft, S. 12.
[149] Hubmann, Hundert Jahre Berner Übereinkunft, S. 7.
[150] RGBl. 1892,S. 473.

Der urheberrechtliche Schutz der Berner Union ruhte auf zwei Säulen, dem Prinzip der Inländerbehandlung sowie garantierten Mindestrechten. Jeder einem der Verbandsländer angehörende Urheber sollte in den übrigen Verbandsländern nach den dort geltenden Gesetzen behandelt werden (Art. 2 BÜ). Nur die Schutzfrist seiner Werke konnte in den Verbandsländern nicht länger sein als im Ursprungsland (Art. 2 II BÜ). Daneben bestanden die Mindestrechte für jeden Urheber in fremden Verbandsländern. Art. 5 BÜ gewährte jedem Urheber in fremden Verbandsländern eine 10-jährige Schutzfrist vor der Übersetzung seines Werkes durch Dritte. Nach Art. 6 BÜ genossen rechtmäßige Übersetzungen denselben Schutz wie Originalwerke. Art. 7 II erlaubte den Abdruck von Artikeln politischen oder vermischten Inhalts sowie von Tagesneuigkeiten aus Zeitungen. Nach Art. 7 I BÜ war der Abdruck von Zeitungsartikeln grundsätzlich zulässig, sofern sich der Verfasser dieses Recht nicht ausdrücklich vorbehalten hatte. Art. 9 schützte die Urheber von dramatischen und dramatisch- musikalischen Werken gegen unberechtigte Aufführungen. Musikalische Werke wurden nur geschützt, wenn das Werk unveröffentlicht war, oder sich der Autor die Aufführung vorbehalten hatte (Art. 9 III BÜ). Nach Art. 10 BÜ genoß der Autor Schutz vor ungenehmigten Adaptionen seines Werkes ohne größere Änderungen. Hinsichtlich der oben genannten Mindestrechte war strittig, ob ein Verbandsangehöriger sich in einem fremden Verbandsland, das weitergehende Rechte gewährte, nur auf die Mindestrechte oder auf den weitergehenden inländischen Schutz berufen konnte[151].

Die Regelungen waren äußerst verlegerfreundlich ausgestaltet. So erklärte Art. 3 BÜ, daß die Bestimmungen der Übereinkunft in gleicher Weise auf die Verleger von Werken Anwendung fanden, die in einem Verbandsland veröffentlicht wurden und deren Urheber einem Nichtverbandsland angehörten. Der Schutz knüpfte hier ganz in der Tradition alter Nachdruckgesetze nicht an den Urheber, sondern an den Verleger an. Die Schutzfrist von zehn Jahren für Übersetzungen war, wenn man bedenkt, daß dies einen Hauptanwendungsfall des Abkommens darstellen sollte, auch ausgesprochen kurz. Deutschland und andere kulturimportierende Länder setzten diese für ihre Verleger freundliche Regelung gegen die Interessen der Urheber durch[152].

Ganz andere Interessen schützte Ziffer 3 des Schlußprotokolls. Ziffer 3 erklärte, daß Fabrikation und Verkauf von Instrumenten, die der mechanischen Wiedergabe von Musik dienten, keine Verletzung von musikalischen Urheberrechten darstellen würden. Die Regelung war auf Drängen der Schweiz aufgenommen worden. Sie entsprach Art. 11, Ziff. 11 des schweizerischen Urheberrechtsgesetzes vom 23. April 1882[153]. Zweck der Regelung war der Schutz der weit entwickelten und exportorientierten schweizerischen Spieldosenindustrie. Die Schweiz befürchtete,

[151] Röthlisberger, Die Berner Übereinkunft, S. 27 ff.

[152] Boytha, Fragen der Entstehung des internationalen Urheberrechts, S. 196 ff.

[153] Zu Ziffer 3 des Schlussprotokolls: Blau, Die Schallplatte im schweizerischen Urheberrecht unter Berücksichtigung des Deutschen Rechtes und der Berner Übereinkunft, S. 7 ff.

eine Gerichtspraxis, die die Spieldosen als unerlaubte Verbreitung musikalischer Werke betrachten würde, könnte den Export behindern, und setzte sich daher erfolgreich für die Interessen ihrer Industrie ein. Solange es sich lediglich um einfache Spielwerke handeln sollte, blieb diese Benachteiligung der Urheberinteressen ohne größere Bedeutung. Bereits 1882 gab es jedoch schon mechanische Musikinstrumente, die infolge ihrer fortschreitenden Vervollkommnung große wirtschaftliche Bedeutung erlangen sollten. Ebenso schritt die Entwicklung pneumatischer Musikinstrumente voran.

Ob von Ziffer 3 des Schlußprotokolls neben einfachen Spieldosen auch Instrumente erfaßt waren, die infolge der Auswechselbarkeit der Tonträger verschiedene Musikstücke erzeugen konnten, wurde zumindest vom Reichsgericht mit der Begründung verneint, solche wären bei der Verabschiedung noch nicht bekannt gewesen[154].

Die Ratifikation von 1886 setzte das Deutsche Reich unter Druck. Einzelne Mindestrechte der Berner Union boten Verbandsausländern im Deutschen Reich mehr Schutz als das Gesetz von 1870 den Deutschen im Inland. So mußte ein deutscher Autor sich zunächst das Recht zur Übersetzung auf seinem Werk vorbehalten, dann innerhalb eines Jahres nach dem Erscheinen des Werkes mit der Übersetzung beginnen und diese nach drei Jahren vollenden. Dann erst genoß er gemäß § 6 des Gesetzes von 1870 zumindest 5 Jahre Schutz gegen fremde Übersetzungen. Art. 5 BÜ gewährte dagegen dem Verbandsausländer im Deutschen Reich einen 10-jährigen Schutz vor Übersetzungen ohne Vorbehalt oder Fristen. Ebenfalls weitergehenden Schutz genossen Zeitungsartikel, da jeder Zeitungsartikel mit Ausnahme politischer Artikel, Artikel über Tagesneuigkeiten oder vermischte Nachrichten durch Vorbehalt vor Nachdruck geschützt werden konnte. Nach § 7b des Gesetzes vom 11. Juni 1870 konnten solchen Schutz nur „größere Mitteilungen" erhalten. Schutz vor Dramatisierungen entsprechend Art. 10 BÜ war im Gesetz von 1870 nicht vorgesehen. Die deutsche Rechtsprechung konnte diesen Schutz nur durch eine extensive Auslegung des Nachdruckbegriffs gewähren[155].

D. Die Entwicklung der Rechtsprechung

I. Die Ausweitung des Nachdruckbegriffs

1. Das Reichsgericht und die Sachverständigenvereine

Schon bald nach dem Erlaß des Urheberrechtsgesetzes von 1870 weitete das Reichsgericht den gesetzlichen Schutz urheberrechtlicher Befugnisse beträchtlich aus. In den Entscheidungen Geier-Wally, Ariston, Herophon und Clariophon entwickelte das Reichsgericht aus dem engen, noch an die Privilegienzeit anknüpfen-

[154] RGZ. 22, 176.
[155] RGSt 8, 428 ff.

den Begriff des Nachdrucks einen bloßen Rechtsbegriff für die Verletzung urheberrechtlicher Befugnisse[156]. So schloß das Reichsgericht Lücken des Gesetzes und integrierte die neuen mechanischen Musikinstrumente in das Schutzsystem. Unterstützt wurden die Gerichte durch Sachverständigenvereine. Angelehnt an die Regelung des preußischen Urheberrechtsgesetzes von 1837 sah auch das Gesetz von 1870 (§§ 31, 49) die Bildung von Sachverständigenvereinen vor. Die Sachverständigenvereine konnten entweder literarischer oder musikalischer Art sein. Sie sollten bei Fragen des Nachdrucks, der unerlaubten Aufführung und der Höhe des daraus entstandenen Schadens gutachterlich tätig werden[157]. Nach § 31 Abs. 2 konnten sie auch als Schiedsgericht fungieren.

2. Die Geier-Wally - Entscheidung

Das Fehlen eines Bearbeitungs- und ausschließlichen Verwertungsrechts im Gesetz von 1870 zwang den Strafsenat in der Entscheidung Geier-Wally dazu, die Verbreitung einer dramatischen Bearbeitung eines Romans als unerlaubten Nachdruck zu qualifizieren[158].

Angeklagter war der Autor einer dramatischen Bearbeitung des damals populären Romans „Die Geier-Wally“. Der Angeklagte hatte etwa 300 Manuskripte des Dramas gemeinsam mit einem Mitangeklagten an Theaterbühnen versandt, um Aufführungsrechte zu veräußern. Einzelne Bühnen führten das Stück später auch auf.

Erstinstanzlich verneinte das Strafgericht das Vorliegen eines Nachdrucks. Die Umformung des Buches in ein Drama würde eine eigene Autorenschaft des Angeklagten bedingen, so daß Nachdruck ausgeschlossen wäre[159].

Der Strafsenat stimmte insoweit zu, als daß zwar nach dem Gesetz von 1870 eine Dramatisierung grundsätzlich zulässig wäre. Dies schlösse jedoch, selbst wenn die Dramatisierung ein eigenes Werk darstellte, nicht das Vorliegen eines Nachdrucks aus. Der Tatbestand des Nachdrucks würde vielmehr an die bloße mechanische Vervielfältigung anknüpfen, die hier vorläge, da viele Teile des Buches identisch in das Drama übernommen und dies als Manuskript vervielfältigt und verbreitet worden war. Schließlich stellte „...das Gesetz vom 11. Juni 1870 nirgends den allgemeinen Grundsatz auf, daß eine wörtliche oder der wörtlichen gleichzuachtende Reproduktion eines Schriftwerkes kein Nachdruck sei, wenn das Werk, in welchem die Reproduktion erfolge, als selbständiges Werk in Betracht komme.“[160]

---

[156] RGSt 8, 428 ff., RGZ 22, 174 ff.; 27, 60 ff.; 35, 63 ff.

[157] Zusammensetzung, Geschäftsbetrieb und Aufgaben der Sachverständigenvereine waren separat geregelt in der Instruktion über die Zusammensetzung und den Geschäftsbetrieb der Sachverständigenvereine, siehe dazu Allfeld, Urheberrecht, S. 193 ff.

[158] RGSt 8, 428 ff.

[159] RGSt 8, 428, 429.

[160] RGSt 8, 428, 431.

3. Die Ariston-, Herophon- und Clariophon- Entscheidungen

In den drei Entscheidungen Herophon, Clariophon und Ariston weitete das Reichsgericht den Tatbestand des Nachdrucks auf die Herstellung von durchlochten Notenplatten aus und stellte den vermögensrechtlichen Inhalt des ausschließlichen Vervielfältigungsrechts dar.

Die erste Entscheidung des Reichsgerichts erging 1888 zu Lasten der Firma Pietschmann und Söhne[161]. Die Herstellung von Notenplatten für die von ihnen produzierten Herophone wurde als Nachdruck qualifiziert. Im erstinstanzlich eingeholten Gutachten befand der musikalische Sachverständigenverein, hier läge eine unerlaubte Vervielfältigung gemäß § 45 vor, da „...bei Kenntnis der Einrichtung des Herophons der musikalisch Gebildete diese Scheiben in Noten umsetzen, auch nach derselben Melodie auf dem Klaviere nachspielen könne." [162] Dem Umweg über die Qualifizierung der Scheiben als umständlich zu lesende Noten folgte das Reichsgericht nicht. Es befand vielmehr direkt, daß unter den Begriff „Nachdruck" nicht nur die Darstellung eines Schriftwerkes, sondern die Schaffung jedes Gegenstandes, der die Originalschöpfung zur Wiedergabe bringe, fiele. Richtungsweisend erklärte das Reichsgericht: „Jede mechanische Vervielfältigung *heißt nur*, wie dies § 4 Abs. 1 ausdrücklich sagt ...Nachdruck. Letzteres ist lediglich die Bezeichnung des juristisch-technischen Begriffs, und nicht die Kennzeichnung der Art der Wiedergabe."[163]

In der Entscheidung stellte sich das Folgeproblem, ob diese Auffassung nicht Ziffer 3 des Schlußprotokolls der Berner Übereinkunft widersprechen würde. Nach Ziffer 3 waren die Fabrikation und der Verkauf von mechanischen Musikinstrumenten, die Musikstücke wiedergaben, die aus geschützten Werken entnommen worden waren, kein Nachdruck. Zwar beschränkte sich die unmittelbare Wirkung der Übereinkunft auf die Behandlung von Verbandsausländern im Deutschen Reich. Dennoch sah das Gericht es als zweckmäßig an, die Übereinkunft als Interpretation des Gesetzes von 1870 aufzufassen, da es ausländische Fabrikanten übervorteilen würde, wenn ihnen die Fabrikation gestattet würde, nicht aber Angehörigen des Deutschen Reichs. Nach Ansicht des Reichsgerichts fielen die Notenscheiben jedoch nicht unter Ziffer 3, da diese, wie oben aufgeführt, lediglich auf Drängen der Schweiz in die Übereinkunft aufgenommen worden war, um deren Spieluhrenindustrie zu schützen. Nach dem Schutzzweck sollten daher darunter nur solche mechanischen Musikinstrumente fallen, bei denen Tonkörper und die eine bestimmte Komposition wiedergebende Mechanik fest verbunden waren, wie dies bei Spieldosen der Fall war. Beim Herophon dagegen waren die Pappscheiben auswechselbar[164].

---

161 RGZ 22, 174 ff.

162 RGZ 22, 174, 175.

163 RGZ 22, 174, 176.

164 RGZ 22, 174, 180 f.

In der ähnlich gelagerten Clariophon-Entscheidung[165] folgte zunächst das Berufungsgericht der Herophon-Entscheidung nicht. Es sah in den Gedankengängen des Reichsgerichts mehr „...eine Fortbildung des Urheberrechts auf theoretischer Grundlage als eine Auslegung des durch das Reichsgesetz geschaffenen Rechts" und gelangte so wieder zu einer eingeschränkten Auslegung des Nachdruckbegriffs[166]. Das Berufungsgericht verneinte das Vorliegen eines Nachdrucks mit der Begründung, die Noten könnten nur schwerlich von der Notenplatte abgelesen werden. In der 1891 ergangenen Revisionsentscheidung stellte das Reichsgericht fest, daß das Verbot der mechanischen Vervielfältigung sich auch auf solche Formen erstrecken würde, die das Produkt durch Vermittlung eines anderen Sinnes als des Auges einem Teil des Publikums zugänglich machen würde. Die enge Auffassung des Berufungsgerichts wies das Gericht mit deutlichen Worten zurück: „Die Wissenschaft, auch die wissenschaftliche Jurisprudenz, hält sich nicht an Äußerlichkeiten, sondern sie sucht das Wesen der Dinge zu erkunden."[167] Auf den Einwand des Beklagten, Instrumente mit auswechselbaren Notenscheiben würden doch unter Ziffer 3 der Berner Übereinkunft fallen, da solche Geräte bei Abschluß der Übereinkunft bereits bekannt waren, entgegnete das Gericht, es käme auf die Bekanntheit nicht an, da jedenfalls nur Musikwerke ohne auswechselbare Notenwerke gemeint wären[168].
In der Ariston-Entscheidung leuchtete das Reichsgericht den vermögensrechtlichen Inhalt des ausschließlichen Vervielfältigungsrechts näher aus[169]. Die vorangehenden Instanzen hatten zugunsten der Leipziger Musikwerke befunden, diese hätten zwar Nachdruck begangen, dem Kläger wäre jedoch tatsächlich mangels eigener konkurrierender Nutzung der Komposition kein Schaden entstanden[170]. Diese Argumentation folgte der verbreiteten Meinung, das Urheberrecht wäre ein reines Vermögensrecht, bei dem in diesem Fall mangels konkreten Vermögensschadens auch kein Eingriff vorliegen könnte. In der Revision stellte das Reichsgericht 1895 fest, daß jeder, der geistiges Eigentum ohne Berechtigung nutzen und sich dadurch bereichern würde, den gezogenen Gewinn herauszugeben hätte, denn „... er hat diesen Gewinn auf Kosten des Urhebers gemacht. Allerdings ist, und das verwirrt leicht das Urteil, der Gegenstand des geistigen Eigentums...in so unbegrenzter Weise aneignungsfähig, daß es den Anschein gewinnt, als ob dem Urheber nur etwas entzogen werde, als seine eigene Verwertung jenes Produktes dadurch eingeschränkt wird. Allein diese Auffassung wird dem Inhalt des Rechtes, welches der Urheber an seinem Produkt hat, nicht gerecht. Der Urheber hat das ausschließliche Recht, sein Geistesprodukt auf mechanischem Wege zu vervielfäl-

[165] RGZ 27, 60 ff.
[166] RGZ 27, 60, 63.
[167] RGZ 27, 60, 64 f.
[168] RGZ 27, 60, 67 f.
[169] RGZ 35, 63 ff.
[170] RGZ 35, 63, 65f., 69.

tigen.“ [171] In einem Urteil vom 24. Februar 1899 bestätigte die 4. Strafkammer des Reichsgerichts diese Argumentation[172].

II. Das Reichsgericht und die persönlichen Interessen des Urhebers

Neben der Ausweitung des Nachdruckbegriffs zum Synonym für die Verletzung urheberrechtlicher Nutzungsbefugnisse wirkte das Reichsgericht auch in Fragen über das Wesen des Urheberrechts erhellend. Entgegen der bis Ende des Jahrhunderts vertretenen Ansicht, das Urheberrecht wäre ein reines Vermögensrecht, ging das Reichsgericht konstant von einer nicht ausschließlich vermögensrechtlichen Natur aus und schützte auch persönliche Interessen des Urhebers. Die Rechtsprechung entsprach damit der Tendenz der Rechtslehre gegen Ende des 19. Jahrhunderts, zunehmend die persönlichen Interessen des Autors umfassend zu berücksichtigen.

Das Reichsoberhandelsgericht erklärte in einer 1875 ergangenen Entscheidung, entgegen der rein vermögensrechtlichen Sicht des sächsischen Urheberrechtsgesetzes von 1844 sei eine solche Beschränkung dem Urheberrechtsgesetz von 1870 fremd. Dies würde sich aus den §§ 5 b, 7 a, 11 und 18 ergeben, die auch nichtvermögensrechtliche Interessen des Urhebers schützen würden[173].

1880 entschied das Reichsgericht in Strafsachen die Frage, ob das Aushängen eines Photos ohne Verkaufsabsicht in einem Ladenschaufenster Nachdruck darstellen würde[174]. Das Reichsgericht beschied, auch ohne die Absicht gewerblicher Nutzung und ohne Vermögensnachteil des Berechtigten könnte eine Verletzung vorliegen. Zum Wesen des Urheberrechtes hieß es dort: “Das Urheberrecht hat ... nicht eine ausschließlich vermögensrechtliche Seite. Es beruht auf dem Grundgedanken, daß jeder die Herrschaft besitzt über die Gestaltung seiner wissenschaftlichen oder künstlerischen Gedankentätigkeit und allein darüber zu bestimmen hat, ob, wie und wann sie zur öffentlichen Aufführung gelangen sollen.“[175]

Vier Jahre später schrieb das Reichsgericht: „Es kann kein Zweifel bestehen, daß das Reichsgesetz vom 11. Juni 1870 ... nicht etwa das bloße Vermögensinteresse, sondern auch das geistige Interesse des Schriftstellers, das Interesse, welches derselbe daran hat oder haben kann, daß sein Werk nicht oder daß es nur so, wie es verfaßt ist, veröffentlicht werde, schützte.“[176] In den weiteren Ausführungen erklärte das Reichsgericht dieses Recht für erblich[177]. 1887 hob das Reichsgericht unter Bezugnahme auf die ideellen Interessen des Urhebers ein Berufungsurteil

---

[171] RGZ 35, 63, 74.
[172] RGSt. 32,42 ff.
[173] ROHG 16, 220 ff., 227 f.
[174] RGSt 2, 246 ff.
[175] RGSt 2, 246 ff., 249.
[176] RGZ 12, 50 ff., 51.
[177] RGZ 12, 50 ff., 52.

auf und erklärte, daß unter Umständen in dem Vertrieb eines Liederbuches mit verändertem Titelblatt eine Urheberrechtsverletzung liegen könnte[178].

E. Die Pariser Konferenz zur Revision der Berner Übereinkunft

Nachdem die Berner Konvention am 5. Dezember 1887 in Kraft trat, blieb sie nahezu zehn Jahre unverändert. Die erste Revisionskonferenz hätte nach dem Schlußprotokoll innerhalb der folgenden 4 bis 6 Jahre in Paris zusammentreten sollen. Da jedoch die französische Regierung die Verhältnisse für eine solche Zusammenkunft Anfang der neunziger Jahre für ungünstig hielt, fand die Konferenz erst vom 15. April bis zum 4. Mai 1896 statt. Zwischenzeitlich waren Luxemburg, Monaco, Montenegro und Norwegen der Übereinkunft beigetreten. Montenegro trat jedoch bereits 1900 wieder aus[179]. Zwei der auf der Konferenz behandelten Fragen sollten auch besondere Auswirkung auf die Revision des deutschen Urheberrechts haben.

Die Entscheidungen des Reichsgerichts zu den Platten von Ariston, Herophon und Clariophon setzten die Hersteller mechanischer Musikinstrumente gleich in zweierlei Hinsicht unter Druck. Sie sahen sich zunehmend Ansprüchen von Komponisten, Musikverlegern oder auch nur Agenten, die die Rechte an bestimmten Musikstücken erworben hatten, ausgesetzt. Daneben fürchtete diese exportorientierte Industrie aber auch die internationale Konkurrenz. Ausländische Hersteller waren insbesondere in der Schweiz, in Österreich, in Ungarn und in Frankreich solchen Forderungen nicht ausgesetzt und konnten deshalb zumindest in dieser Hinsicht günstiger produzieren. Die Vereinigten Fabrikanten mechanischer Musikinstrumente sahen sich daher durch die inländische Gesetzgebung benachteiligt. Eine noch größere Verschlechterung der Verhältnisse befürchteten die Fabrikanten jedoch durch die Annahme eines von Frankreich für die Revisionskonferenz vorgeschlagenen Abänderungsantrags[180]. Für französische Komponisten und Verleger wurde der Entzug der Verwertungsrechte für mechanische Musikinstrumente mit auswechselbaren Spielvorrichtungen als Benachteiligung spürbar, so daß Frankreich bei der Revision der Konvention in Paris 1896 den Schutz von Ziff. 3 des Schlußprotokolls nur auf solche Instrumente beschränken wollte, bei denen die Spielvorrichtung eben nicht auswechselbar war[181]. Durch die Annahme dieses Vorschlages befürchteten die deutschen Fabrikanten mechanischer Musikinstrumente eine weitere Verschlechterung ihrer Stellung. Gerade die deutsche Industrie betrieb vorzugsweise die Herstellung mechanischer Musikinstrumente mit auswechselbaren Notenträgern. Insbesondere in der Schweiz und in Frankreich wurden jedoch hauptsächlich Instrumente mit fest eingefügten Rädern, Walzen oder

[178] RGZ 18, 10 ff., 18.

[179] Röthlisberger, Die Berner Übereinkunft, S. 18.

[180] Bericht des Kommissionsausschusses, Drucksachen des Reichstags, 1895/1897, 5. Bd., DS Nr. 404.

[181] Röthlisberger, Die Berner Übereinkunft, S. 241.

Zylindern fabriziert, so daß deren Industrie von der Freistellung weiterhin erheblich hätte profitieren können, ohne wesentliche Einbußen bei Instrumenten mit auswechselbaren Tonträgern zu erleiden. Auch würde eine innerhalb der Union einheitliche Regel nicht vor Konkurrenz aus Ländern, die nicht Mitglied der Berner Union waren, schützen. Die Wünsche der Fabrikanten waren der Regierung bekannt. Anläßlich der Verhandlung einer Petition der Fabrikanten, die die Ablehnung des französischen Antrags und die Änderung der inländischen Rechtslage anregte, erklärte der Regierungskommissar Freiherr von Seckendorff, es sei unter den obwaltenden Umständen ausgeschlossen, daß die Reichsregierung dem französischen Vorschlag zustimmen würde. Aber auch soweit die Petition eine Änderung der inneren deutschen Gesetzgebung anregte, sagte der Kommissar Berücksichtigung zu, da sich nach Absicht der Reichsregierung an den Abschluß der Revision der Berner Übereinkunft eine Revision des deutschen Urheberrechts anschließen sollte. Hierbei sollten die Vorschläge der Fabrikanten Berücksichtigung finden. „Es wird aber sicher darauf Bedacht genommen werden, den in den Petitionen niedergelegten Wünschen wohlwollende Erwägung zu Teil werden zu lassen und eine die auswärtige Konkurrenz begünstigende Rechtslage möglichst zu beseitigen.“[182]

Der französische Antrag scheiterte bei den Verhandlungen auch aufgrund der Einwände der deutschen Delegation. Sie führte drei Gründe für die Beibehaltung der gegenwärtigen Regelung aus. Zunächst sei eine Trennung zwischen auswechselbaren und nicht auswechselbaren Spielwerken in der Praxis kaum möglich. Ebenfalls würde der Industrie eine starke Konkurrenz in den Ländern erwachsen, die nicht an die Regelungen der Berner Union gebunden waren. Vor Annahme müßte die Frage der öffentlichen Aufführung der so gespielten Werke gelöst werden. Dies war in den Landesgesetzen noch nicht geschehen[183].

Außer der Zusatzakte und der Deklaration beurkundete die Pariser Konferenz noch verschiedene „Wünsche“. Nr. 2 der Wünsche beruhte auf einem Vorschlag der französischen Delegation. Die Aufführungsrechte an musikalischen Werken sollten denen an dramatisch-musikalischen Werken gleichgestellt werden mit der Folge, daß dieses Recht nicht mehr, wie bisher, vom Vorbehalt des Urhebers abhängig sein sollte. Die deutsche Delegation stimmte diesem Vorschlag nicht zu, und er wurde nicht als Mindestrecht in die Übereinkunft aufgenommen. In den Vorbesprechungen war die deutsche Delegation zu dem Ergebnis gekommen, die Zeit zu einer solchen internationalen Regelung wäre noch nicht gekommen. Vielmehr wäre es wünschenswert, zunächst die notwendigen, für die einzelnen Länder nur schwer einheitlich zu gestaltenden Ausnahmen von dem Schutz gegen Aufführungen vorbehaltlos veröffentlichter musikalischer Kompositionen zu gestalten. Im Interesse des volkstümlichen Musikwesens in Vereinen, Schulen, beim

[182] Bericht des Kommissionsausschusses, Drucksachen des Reichstags, 1895/1897, 5. Bd., DS Nr. 404.
[183] Röthlisberger, Die Berner Übereinkunft, S. 242.

Militär und in den Kirchen müßten in der inneren Gesetzgebung Ausnahmen vom ausschließlichen Aufführungsrecht festgesetzt werden. Für deutsche Komponisten befürchtete die Delegation eine Schlechterstellung gegenüber den ausländischen Komponisten, wenn nicht auch in der deutschen Gesetzgebung die Voraussetzung des Vorbehalts wegfallen würde. Auch wäre die Bildung eines Syndikates anzustreben, das ähnlich wie in Frankreich, für die Erteilung der Aufführungsrechte und die Einziehung der Tantiemen zuständig wäre. Ohne eine solche Zentralstelle zur Wahrung der Aufführungsrechte würden sonst kaum neue Werke zu Aufführung gelangen, da die Veranstalter nie wissen würden, an wen sie sich wegen der Aufführungsrechte wenden sollten[184]. Da die deutsche Delegation die Tendenz des französischen Antrags jedoch befürwortete, hatte sie keine Bedenken, ihn zum Gegenstand eines „Wunsches", also zu einer den Regierungen aller Mitgliedsländer zur Verwirklichung empfohlenen Regelung, zu machen[185].

Die Revisionskonferenz in Paris führte in anderen Punkten zu einer Erweiterung der Rechte der Urheber. Urheber, die keinem Verbandsland angehörten, wurden jetzt unmittelbar und nicht nur über ihre Verleger geschützt, wenn sie ihr Werk in einem Verbandsland veröffentlichten (Art. 3). Die Schutzdauer des Übersetzungsrechts wurde der des Originalwerks angeglichen, jedoch nur für Länder, in denen der Urheber innerhalb von zehn Jahren nach der ersten Veröffentlichung eine Übersetzung in der Sprache, für die der Schutz in Anspruch genommen wurde, veröffentlichte (Art. 5). Diese Erweiterung entsprach weitgehend den Wünschen der deutschen Delegation. Sie war der Ansicht, eine zeitliche Beschränkung des Übersetzungsrechts wäre zum Zeitpunkt des Abschlusses der Berner Übereinkunft lediglich aus Zweckmäßigkeitsgründen erforderlich gewesen, um anderen Ländern den Beitritt durch die kurze Befristung zu erleichtern. Nun könnte diese Rücksicht nicht mehr in Frage kommen. Die sachlichen Bedenken der Gegner einer weiteren Beschränkung des Übersetzungsrechts gingen im Wesentlichen dahin, daß die Übersetzung in die deutsche Sprache erschwert und verteuert würde. Auch bestünde die Gefahr, das Publikum müßte sich mit unzulänglichen Übersetzungen begnügen, da nur die vom Verfasser zugelassenen auf den Markt kommen würden. Die Befürworter wandten ein, gerade bei der jetzigen Rechtslage würden gute Übersetzungen in Folge des starken Wettbewerbs durch schlechte verdrängt. Auch wäre davon auszugehen, daß dem Urheber selber an einer guten Übersetzung am meisten gelegen sei. Schriftsteller und Verleger würden sich auch mehr Mühe bei der Übersetzung geben, wenn sie sicher sein könnten, daß nicht wenige Zeit später eine andere Übersetzung herausgegeben würde. So würde auch der Überschwemmung des deutschen Büchermarktes durch wertlose Übersetzungen Einhalt gebo-

[184] Protokoll der Sitzung im Reichsjustizamt vom 15. November 1895 mit Vertretern des Auswärtigen Amtes, des Reichsamts des Inneren, des Reichsjustizamts und des Königlich Preußischen Kultusministeriums, BArch, R 3001/6395, Bl. 69-71, 70 ff.; Denkschrift, Drucksachen des Reichstags, 1895/1897, 8. Bd., DS Nr. 640, S. 13-25, S. 13.

[185] Denkschrift, Drucksachen des Reichstags, 1895/1897, 8. Bd., DS Nr. 640, S. 13-25, S. 13.

ten. Die Verteuerung der Übersetzung wäre zwar nicht ausgeschlossen. Die Gefahr zu hoher Preise würde jedoch, genau wie beim Originalwerk, durch den Wettbewerb gebannt. Somit war auch vom deutschen Standpunkt eine Erweiterung des Übersetzungsrechts zu begrüßen[186].

Auch im wesentlichen auf den Vorschlägen der deutschen Delegation beruhten die Änderungen in Art. 7. Für den Abdruck von Zeitungs- und Zeitschriftenartikeln, die nicht mit einem Vorbehalt versehen waren, wurde die Quellenangabe vorgeschrieben. Feuilletonromane, die dort veröffentlicht wurden, durften nur noch mit Zustimmung des Urhebers abgedruckt werden[187]. In einer Erklärung wurde erläuternd festgestellt, daß die Umgestaltung eines Romans in ein Theaterstück und umgekehrt unter Art. 10 fiele und damit ohne Zustimmung des Urhebers unzulässig wäre[188].

Mit diesen Erweiterungen wurde die Differenz des Schutzniveaus zwischen Berner Union und Deutschem Reich hinsichtlich des Schutzes von Übersetzungen, der Pflicht zur Quellenangabe und des Schutz vor der Dramatisierung eines Werkes noch offensichtlicher. Der neue Art. 3, der für den Schutz von nicht verbandsangehörigen Ausländern nur noch an das Erscheinen im Inland anknüpfte, stand im Gegensatz zu § 61 des Gesetzes vom 11. Juni 1870, der den Schutz vom Erscheinen im inländischen Verlag abhängig machte.

F. Vom Vermögensrecht zur Lehre vom Immaterialgüterrecht

I. Einleitung

Das letzte Drittel des 19. Jahrhunderts erwies sich für die rechtstheoretische Begründung des Urheberrechts und die Durchdringung seines Wesens als äußerst fruchtbar. Mit der Überwindung der Reflex-, Monopol- und Privilegientheorie und dem viel zu wörtlich verstandenen Begriff des geistigen Eigentums gewann man Abstand zu Lehren, die nicht geeignet waren, Aufschluß über die neueren Fragen zum Urheberrecht zu geben. Unterschiedlichste Theorien betrachteten das Urheberrecht als reines Vermögensrecht. An ihre Grenzen stießen sie bei der Einordnung der vermehrt vom Reichsgericht anerkannten persönlichen Interessen des Urhebers. Die Deutung des Urheberrechts als Persönlichkeitsrecht einerseits bei Gareis und von Gierke, sowie andererseits die insbesondere von Kohler vertretene Lehre vom Immaterialgüterrecht sollten persönliche Befugnisse des Urhebers schlüssig integrieren. Die Diskussion um die Anerkennung ideeller Interessen des Urhebers prägte das ausgehende 19. Jahrhundert und führte zu einer breiteren An-

[186] Denkschrift, Drucksachen des Reichstags, 1895/1897, 8. Bd., DS Nr. 640, S. 13-25, S. 16 f.
[187] Denkschrift, Drucksachen des Reichstags, 1895/1897, 8. Bd., DS Nr. 640, S. 13-25, S. 19 f.
[188] Röthlisberger, Die Berner Übereinkunft, S. 337 ff.

erkennung persönlicher Rechte des Urhebers, die sich im LUG niederschlagen sollte[189].
Das Gesetz von 1870 gab freilich wenig Aufschluß über das Wesen des Urheberrechts. Schließlich war sein erklärtes Ziel die zügige Herstellung einer einheitlichen Nachdruckgesetzgebung im Norddeutschen Bund. Die rechtstheoretische Begründung des Urheberrechts fand, wie die Motive des Reichstags-Entwurfs ausdrücklich hervorhoben, keine Erörterung im Gesetz und wurde auch während der Verhandlungen nur beiläufig erörtert[190]. Einem Irrtum unterlagen einige Schriftsteller, die während der Reichstagsverhandlung geltend machten, das Wesen des Urheberrechts wäre bereits in der Verfassung des Norddeutschen Bundes legislativ entschieden worden, da dort in Art. 4 Nr.6 vom „Schutz des geistigen Eigenthums" die Rede war. Dabei diente, wie Dambach in seinem Kommentar zum Gesetz von 1870 anmerkte, die Verfassung lediglich der Aufzählung der einzelnen Gegenstände, die der Bundesgesetzgebung unterlagen und nicht der Fixierung der rechtlichen Natur des Urheberrechts[191].

II. Urheberrecht als Persönlichkeitsrecht bei Karl Gareis und Otto von Gierke

Die persönlichkeitsrechtliche Deutung des Urheberrechts erfuhr trotz ihrer frühen Vorläufer erst nach 1870 ihre wesentliche Ausprägung[192]. Die Überlegung, den Urheber auch zu schützen, wenn sein Werk zwar unter Verletzung seiner Befugnisse, jedoch ohne Vermögensschaden genutzt wurde, führte zu der Frage, wie dieser Schutz legitimiert war. Der Autor sollte auch geschützt werden, wenn er sein Werk nicht vermögensrechtlich oder überhaupt nicht nutzen wollte. Die Anerkennung solcher persönlicher Interessen des Urhebers führte zu der Überlegung, entweder den vermögensrechtlichen Schutz des Urheberrechts auf dieses Gebiet zu erweitern, das persönliche Recht neben ein Urheberrecht mit rein vermögensrechtlichem Inhalt zu stellen, oder das Urheberrecht auf eine neue Grundlage, das Persönlichkeitsrecht, zu stellen.
1877 erfaßte Karl Gareis in seinem Aufsatz „Das juristische Wesen der Autorrechte, sowie des Firmen- und Urheberschutzes" eine ganze Kategorie von Rechten, die er als „Individualrechte" bezeichnete und unter die neben dem Namens-, Firmen- und Markenrecht auch das Urheberrecht fiel[193]. Im Gegensatz zu seinen Vorgängern leitete er dieses Recht nicht aus dem Naturrecht, sondern aus dem po-

---

[189] Zusammenfassend für das ausgehende 19. Jhd.: Vogel, Die Entwicklung des Urheberrechts, S. 125 ff.
[190] Aktenstücke des Reichstags des Norddeutschen Bundes, 1870, Nr. 7, S. 131.
[191] Dambach, Urheberrecht, S. 12.
[192] Klingenberg, Vom persönlichen Recht zum Persönlichkeitsrecht, S. 203 ff.; Klippel, Historische Wurzeln und Funktionen von Immaterialgüter- und Persönlichkeitsrechten, S. 141 ff.; Vogel, Urheberpersönlichkeits- und Verlagsrecht, S. 589 ff.
[193] Gareis, Das juristische Wesen der Autorrechte, S. 185 ff.

sitiven Recht her[194]. Gegenstand dieses absoluten Rechts war das Individuelle der Person, sowohl die Tätigkeit, als auch der Erfolg. Anders als Forderungsrechte hatten sie nicht die Herrschaft an einer fremden Person, sondern am Individuellen der eigenen Person zum Inhalt[195]. Die meisten Gemeinsamkeiten wiesen die Individualrechte mit dem Sachenrecht auf. Neben dem absoluten Charakter sollten die Individualrechte grundsätzlich, wenn auch nicht unbeschränkt, veräußerlich und vererblich sein[196].

Dambach erkannte bereits 1871 den Schutz persönlicher Interessen an und stellte ihn über den vermögensrechtlichen Schutz, indem er erklärte, daß gerade das unveröffentlichte Werk stärker geschützt wäre, als das veröffentlichte, da aus ihm nicht zitiert werden dürfte (§ 7 a) und eine Bestrafung wegen Nachdrucks auch eintreten würde, wenn kein Vermögensschaden entstanden wäre (§ 18)[197]. Ab etwa 1880 wurden die „Individualrechte" unter der Bezeichnung „Persönlichkeitsrechte" in das zivilrechtliche Rechtssystem aufgenommen[198]. So bezeichnete Beseler als weiterer früher Vertreter einer persönlichkeitsrechtlichen Sicht bereits 1885 das Urheberrecht als „Recht der Persönlichkeit", das zwar auch eine vermögensrechtliche Seite hätte, die aber nicht die Natur des Rechtes bestimmte[199].

Unter Otto von Gierke nahm die Theorie vom Urheberrecht als Persönlichkeitsrecht 1895 schließlich ihre ausgeprägteste Gestalt an[200]. Persönlichkeitsrechte waren nach von Gierke eine eigene Gattung von absoluten Rechten, die ihrem Subjekt die Herrschaft über einen Bestandteil der eigenen Persönlichkeitssphäre gewährleisten. Sie waren keine Vermögensrechte, konnten jedoch vermögensrechtliche Züge erhalten. An sich waren sie unübertragbar, da sie der Substanz nach untrennbar an der Person, in der sie entstanden waren, hafteten. Seine Herleitung des Urheberrechts, so hob von Gierke hervor, stünde hinsichtlich Begründung, Inhalt, Umfang, Übertragung und Beendigung vollständig mit dem deutschen Recht im Einklang[201]. Dementsprechend folgte in von Gierkes Deutschem Privatrecht keine kritische Sichtung der gesetzlichen Regelungen. Um so ausführlicher ging er auf die richterliche Rechtsfortbildung im Urheberrecht ein.

Begründet wurde das Urheberrecht durch individuelle geistige Schöpfung, wobei es auf die Originalität und nicht auf die Verkehrsbrauchbarkeit ankam[202]. Keinen Anstoß nahm von Gierke daran, daß im Gegensatz zu seiner Schöpfungstheorie

---

[194] Klingenberg, Vom persönlichen Recht zum Persönlichkeitsrecht, S. 204.

[195] Gareis, Das juristische Wesen der Autorrechte, S. 200.

[196] Gareis, Das juristische Wesen der Autorrechte, S. 201 f.

[197] Dambach, Urheberrecht, S. 12.

[198] Klippel, Historische Wurzeln und Funktionen von Immaterialgüter- und Persönlichkeitsrechten, S. 148.

[199] Beseler, System des gemeinen deutschen Privatrechts, 4. Aufl., S. 954.

[200] Gierke, Deutsches Privatrecht Bd. 1, S. 103 ff.

[201] Gierke, Deutsches Privatrecht Bd. 1, S. 117 ff.

[202] Gierke, Deutsches Privatrecht Bd. 1, S. 117, 121 ff.

nach den gesetzlichen Regelungen die Erlangung urheberrechtlichen Schutzes teilweise noch von Förmlichkeiten abhängig war.
Inhalt des Urheberrechtes war die ausschließliche Befugnis über die Veräußerlichung des Geisteswerkes. Dem Urheber allein gebührte „...die Bestimmung über Zerstörung oder Erhaltung, über Geheimhaltung oder Veröffentlichung, über Umänderung oder Umbenennung, über Art und Maß der Vervielfältigung oder Reproduktion seines Werkes“ als positives Recht. Jeder Eingriff stellte unabhängig davon, ob er einen Vermögenszweck verfolgte oder ob dem Urheber ein Vermögensnachteil erwuchs, eine Urheberrechtsverletzung dar. Unbeschadet seines personenrechtlichen Kerns konnte sich das Urheberrecht zugleich zum Vermögensrecht entfalten[203]. Konsequent setzte von Gierke seinen Grundsatz über die ausschließliche Befugnis zur Veräußerlichkeit des Geisteswerkes hinsichtlich der einzelnen Rechte um, so daß er im Ergebnis zu einem ausschließlichen umfassenden Nutzungsrecht kam. Im Einklang mit der Rechtsprechung des Reichsgerichts erkannte von Gierke das Veröffentlichungsrecht als positives Recht hinsichtlich des wie, ob und wann der Veröffentlichung an. Unter Bezugnahme auf die Herophon- und Ariston- Entscheidungen sah er das Wiedergaberecht als positives Recht unabhängig von der sinnlichen Art der Wiedergabe an[204]. Das Übersetzungsrecht zählte von Gierke auch zu den ausschließlichen Befugnissen des Urhebers, denen das deutsche Gesetz jedoch nur, aufgrund der Befristung, verringerten Schutz zuwies[205].
Den Umfang des Urheberrechts bemaß von Gierke soweit, wie die Persönlichkeitssphäre des Urhebers reichte. Es verengte sich notwendig mit der Veröffentlichung des Werkes, da sich insoweit das Werk von seinem Schöpfer löste. Jedermann konnte es dann empfangend genießen und auch schaffend nutzen. Dabei war das Band zwischen Werk und Schöpfer jedoch durch die Veröffentlichung nicht zerschnitten. Das Gesetz war berufen, eine genaue Abmarkung zwischen dem Recht des Schöpfers und dem Gemeingebrauch zu zeichnen[206]. Die Grenze zwischen unbefugter Bearbeitung und neuer Schöpfung zog von Gierke danach, ob das bearbeitete Werk noch als Offenbarung des ursprünglichen Schöpfers gesehen werden konnte, oder ob die Individualität des ursprünglichen Werkes ganz in der originalen Hervorbringung einer anderen Persönlichkeit aufgegangen war[207].
Übertragen werden konnte das Urheberrecht nur in der Ausübung, da es der Substanz nach untrennbar an der Person, in der es entstanden war, haftete. Selbst nach dem Tod lebte das Urheberrecht allein aus der Persönlichkeit des Urhebers weiter, obwohl es seinem ganzen Inhalt nach an die Erben überging. In seinem personen-

203 Gierke, Deutsches Privatrecht Bd. 1, S. 117, 118, 139 ff.
204 Eine ausführliche Darstellung zur Behandlung der rechtlichen Probleme der Musikautomaten und Phonographen findet sich bei Lehmbruck, Geschichte des Musikurheberrechts, S. 13 ff.
205 Gierke, Deutsches Privatrecht Bd. 1, S. 140 f, 142 ff, 146 f.
206 Gierke, Deutsches Privatrecht Bd. 1, S. 118.
207 Gierke, Deutsches Privatrecht Bd. 1, S. 145.

rechtlichen Inhalt war das Urheberrecht unpfändbar und auch der Beschlagnahme durch den Konkursgläubiger entzogen[208].
Das Urheberrecht endete nach Ablauf einer gesetzlichen Frist. Es hatte keinen ewigen Bestand, da die Beziehungen, die ein Geisteswerk zum Persönlichkeitsgut machten, ebenfalls vergänglich waren. Sie wurden durch das Leben des Urhebers zugleich erhalten und begrenzt. Nach dem Ableben des Urhebers blieb es ein Menschenalter zu gesetzlich festgesetzten 30 Jahren bestehen, da die Persönlichkeit des Urhebers im Kreise seiner Angehörigen nachwirkte[209].

III. Urheberrecht als besondere Kategorie von Vermögensrechten

In vielen Formen traten Theorien auf, die das Urheberrecht als Vermögensrecht eigener Kategorie deuteten. Sie hoben insbesondere hervor, daß die historische Entwicklung aus dem ausschließlichen Vervielfältigungsrecht auf den reinen Schutz materieller Interessen hinwies. Dies würde aus der Übertragbarkeit des Urheberrechts an dritte Personen durch Vertrag oder Erbe folgen, die nur bei Vermögensrechten denkbar wäre. Aus dem Umstand, daß das Gesetz jede unbefugte Vervielfältigung verböte, auch wenn kein vermögensrechtlicher Schaden entstanden war, könnte auch kein Rückschluß auf eine persönlichkeitsrechtliche Natur des Rechtes gezogen werden, da der Eingriff in einen fremden Rechtskreis nicht notwendig einen Schaden voraussetzten würde[210].
Innerhalb der vermögensrechtlichen Theorien lassen sich drei differenzierende Elemente erkennen. Eine Gruppe zählte das Urheberrecht zu den dinglichen Rechten, womit sie sich der Theorie vom geistigen Eigentum annäherte. Eine zweite Gruppe leitete das Urheberrecht als reines Vermögensrecht vom Persönlichkeitsrecht ab und rückte daher in die Nähe der persönlichkeitsrechtlichen Theorie. Die dritte und größte Gruppe schließlich sah im Urheberrecht ein Vermögensrecht absoluten Charakters, aber ohne sachliche Grundlage. Gruppenüberschreitend wurde das Urheberrecht teilweise als Gewerberecht bezeichnet, womit wiederum ein Begriff aus der an sich überkommenen Monopoltheorie übernommen wurde. Inhaltlich wurde der Kern des Urheberrechts entweder in den Rechten, die der Urheber dem Verleger einzuräumen pflegte, gesehen, oder in der Befugnis, anderen die Vornahme bestimmter Handlungen zu verbieten.
Die Vielzahl von Unterteilungen soll nicht davon ablenken, daß diesen Ansichten eine rein vermögensrechtliche Sicht gemein ist. Wie die Vielzahl der Autoren schon vermuten läßt und auch aus zeitgenössischen Bemerkungen hervorgeht, war diese Theorie in den achtziger Jahren des 19. Jahrhunderts herrschend[211].

---

[208] Gierke, Deutsches Privatrecht Bd. 1, S. 154 f., 160 ff.
[209] Gierke, Deutsches Privatrecht Bd. 1, S. 119, 170 ff.
[210] Klostermann, Das Urheberrecht an Schrift- und Kunstwerken, Abbildungen, Compositionen, Photographien, Mustern und Modellen, S. 1 ff., 24 f.
[211] Kärger, Zwangsrechte, S. 252; Gerber, System des Deutschen Privatrechts, 13. Aufl., S. 594, FN 2; Förster/Eccius, Preußisches Privatrecht, S. 513.

Der am meisten Beachtung findende Vertreter der ersten Gruppe war Klostermann. Klostermann entkleidete zunächst den Begriff des geistigen Eigentums von seinen dinglichen Wurzeln. Das Sacheigentum hätte ausschließlich körperliche Sachen zum Gegenstand, „...während wir es bei dem geistigen Eigenthume mit einer bloßen Abstraction, mit einem Gattungsbegriffe ohne körperliche Existenz zu thun haben.“ [212]

Den Begriff füllte er mit einer rein vermögensrechtlichen Deutung: „Das geistige Eigenthum ist also die vermögensrechtliche Nutzung an der mechanischen Wiederholung eines Produktes der geistigen Arbeit. Sein Inhalt besteht in der unbeschränkten und ausschließlichen Befugnis der Reproduction dieses Gegenstandes.“[213] Da der Schöpfer auch nach Ablauf der Schutzfrist zur Vervielfältigung berechtigt war, aber eben nicht mehr ausschließlich, war das Wesen des geistigen Eigentums die Befugnis, Dritten die Vervielfältigung für einen gewissen Zeitraum zu untersagen. Mithin charakterisierte Klostermann das geistige Eigentum als eine ausschließliche Gewerbeberechtigung[214].

Um Erwerb und Veräußerung dieses Verbotsrecht zu erklären, ordnete er das geistige Eigentum gleichwohl unter die dinglichen Rechte ein, mit denen es dieselben Regeln teilen sollte[215].

Auch Wächter, neben Allfeld Vertreter der eingangs genannten zweiten Gruppe, sah im Autorrecht das Recht zur Vervielfältigung des Werkes, das durch seine ausschließliche Gewährung zum Vermögensrecht wurde. Wesentlicher Inhalt des Urheberrechtes war daher seine Ausschließlichkeit[216]. Die Anerkennung dieses Rechtes lag jedoch nach Wächter in dem Anspruch der Persönlichkeit auf Anerkennung der geistigen Urheberschaft und auf Schutz der Verwertung des Werkes. Dies machte das Recht zu einem Personenrecht von im wesentlichen vermögensrechtlicher Natur[217]. Allfeld kam zu demselben Schluß mit dem Hinweis, da der Autor sein Urheberrecht erst über seinen Willen, dies wirtschaftlich zu verwerten, zu einem Vermögensrecht machte, der gesetzliche Schutz aber nicht vom Motiv des Autors abhinge, könnte das Recht nur aus dem Recht der Persönlichkeit entspringen. Jedoch wäre der wesentliche Inhalt des Rechts vermögensrechtlicher Natur[218]. Damit rückten beide Ansichten in die Nähe der Theorie vom Persönlichkeitsrecht.

---

[212] Klostermann, Das geistige Eigentum an Schriften, Kunstwerken und Erfindungen, S. 7.

[213] Klostermann, Das geistige Eigentum an Schriften, Kunstwerken und Erfindungen, S. 113.

[214] Dies brachte die Theorie Klostermanns in die Nähe der Monopoltheorie, wobei auch Klostermann den Begriff an sich für zu eng ansah. Von einer Gewerbeberechtigung würde sich das Recht insoweit unterscheiden, als es nicht territorial, sondern durch den Gegenstand oder die Art der Wiedergabe begrenzt war, Das geistige Eigentum an Schriften, Kunstwerken und Erfindungen, S. 113 f.

[215] Klostermann, Das geistige Eigentum an Schriften, Kunstwerken und Erfindungen, S. 114 ff.

[216] Wächter, Autorrecht, S. 4; Allfeld, Urheberrecht, S. 18.

[217] Wächter, Autorrecht, S. 2; ders., Urheberrecht, S. 30.

[218] Allfeld, Urheberrecht, S. 17 f.

Mandry, Kärger, Eccius, Dernburg und Daude charakterisierten das Urheberrecht im wesentlichen als vermögenswertes Recht eigener Art ohne sachliche Grundlage[219]. Den Begriff des Vermögensrechts lehnte Kärger ab, da das Urheberrecht zwar in der Hauptsache Vermögenswerte repräsentieren würde, aber trotzdem auch zum Schutz anderer Interessen geltend gemacht werden könnte. Er legte das Urheberrecht daher in die von ihm geschaffene Kategorie der „Zwangsrechte" und charakterisierte es, wie auch Eccius und Dernburg, als ausschließliche Gewerbeberechtigung[220]. Mandry faßte das Urheberrecht unter „absolute Verbietungsrechte nicht dinglichen Charakters" als neben Sachen und Forderungsrechten dritte Kategorie von Vermögensrechten[221].
Schwierigkeiten bereitete die Einordnung des Schutzes persönlicher Interessen in eine rein vermögensrechtliche Sicht des Urheberrechts. Daude erkannte mit Bezug auf die Rechtsprechung des Reichsgerichts und die einschlägigen Bestimmungen des Gesetzes von 1870, daß das Gesetz zwar auch persönliche Interessen des Urhebers schützen würde, die wesentliche Natur des Urheberrechts aber dennoch eine rein vermögensrechtliche wäre. Schließlich wäre der Zweck des Gesetzes, dem Urheber die ausschließliche vermögensrechtliche Nutzung seines Werkes zu erlauben. Auch die Sanktion der Verletzung persönlicher Interessen des Urhebers durch Geldstrafe und Entschädigung würde auf ein rein vermögensrechtliches Wesen hindeuten[222].
Ähnlich erkannten andere Autoren an, daß das Urheberrecht zumindest mittelbar auch persönliche Interessen des Urhebers schützen konnte[223]. So argumentierte Wächter, das ausschließliche Vervielfältigungsrecht sollte dem Urheber die Möglichkeit geben, einen Vermögensvorteil zu erlangen. Genauso könnte der Urheber jedoch, quasi als Ausfluß dieses Rechtes, auch aus persönlichen Motiven den Nachdruck untersagen[224]. Allfeld hingegen erkannte die persönlichen Rechte direkt mit Hinweis auf den Charakter des Urheberrechts als persönliches Recht mit im wesentlichen vermögensrechtlichen Beziehungen an[225].

IV. Vom geistigen Eigentum zu Kohlers Lehre vom Immaterialgüterrecht

Von den rein vermögensrechtlichen Theorien zu unterscheiden sind die Theorien, die Aufschluß über das Wesen des Urheberrechts aus einer Weiterentwicklung der Theorie vom geistigen Eigentum geben wollen.

---

[219] Mandry, Der civilrechtliche Inhalt der Reichsgesetze, S. 574-588; Daude, Urheberrecht, S. 11 f.; Dernburg, Lehrbuch des preußischen Privatrechts; Kärger, Zwangsrechte.
[220] Kärger, Zwangsrechte, S. 122, S. 75 f.; Dernburg, Lehrbuch des preußischen Privatrechts, S. 720; Förster/Eccius, Preußisches Privatrecht, S. 513.
[221] Mandry, Der civilrechtliche Inhalt der Reichsgesetze, S. 574.
[222] Daude, Urheberrecht, S. 11 unter Bezugnahme auf RGSt 2, 246 f.; RGZ 12, 50, 51.
[223] Kärger, Zwangsrechte, S. 252; Dernburg, Lehrbuch des preußischen Privatrechts, S. 720; Wächter, Autorrecht, S. 11; ders., Urheberrecht, S. 32.
[224] Wächter, Urheberrecht, S. 32 f.
[225] Allfeld, Urheberrecht, S. 16 ff.

In ihrer vollsten Entfaltung betrachtete die Theorie vom geistigen Eigentum dieses auf gleicher Stufe mit dem körperlichen Eigentum und sah als Gegenstand lediglich das verselbständigte Geisteserzeugnis[226]. In letzter Konsequenz konnte diese Theorie zur Anerkennung eines ewigen Urheberrechts und zum vollkommen ausschließlichen Nutzungsrecht des Urhebers führen. Diese Schlußfolgerungen standen jedoch völlig konträr zu den geltenden Gesetzen und den gemeinen Vorstellungen von Inhalt und Schranken des Urheberrechtes. Aufgrund dieser Mängel war die Eigentumstheorie schon ab Mitte des 19. Jahrhunderts dankbares Opfer für jede Widerlegung[227].

Einzig Osterrieth griff im Jahr 1892 in seiner Arbeit „Altes und Neues zur Lehre vom Urheberrecht" den Gedanken vom geistigen Eigentum noch einmal in seiner ganzen Konsequenz auf[228]. Das Urheberrecht hatte für ihn eine Doppelnatur, geteilt in individualschützende Rechte und das Recht am geistigen Eigentum selber. Während die Rechte zum Individualschutz lediglich die begriffliche Zusammenfassung von Strafnormen darstellten und daher kein Ausfluß eines eigenen Rechts des Urhebers waren, war das geistige Eigentum ein dem körperlichen Eigentum entsprechendes Recht[229]. Konsequent forderte Osterrieth eine zeitlich unbeschränkte Dauer desselben[230].

Die Zerlegung des Urheberrechts in zwei ungleichartige Rechte rührte aus einer Richtung, die Kohler als Theorie vom Immaterialgüterrecht ab 1875 über mehr als 30 Jahre in zahlreichen Veröffentlichungen entwickelte[231]. Mehrere Autoren näherten sich der Theorie Kohlers an, darunter Anders und Schuster[232].

„Das Urheberrecht ist ein Recht an einem außerhalb des Menschen stehenden, aber nicht körperlichen, nicht faß´ und nicht greifbaren Rechtsgute." Neben ihm stand das innerhalb des Menschen verwurzelte Persönlichkeitsrecht, das zum Schutz des Urhebers in das Urheberrecht hineinschlingen konnte[233]. Hier werden die zwei Kernaussagen Kohlers deutlich, die auch gleichzeitig den Unterschied

---

[226] Siehe dazu die Aufzählung bei Gierke, Deutsches Privatrecht Bd. 1, S. 103 ff., S. 113, Fn. 50.

[227] Ausführliche Widerlegungen finden sich bei Klostermann, Das geistige Eigentum an Schriften, Kunstwerken, und Erfindungen, S. 114 ff; Jolly, Die Lehre vom Nachdruck, nach den Beschlüssen des Deutschen Bundes dargestellt, S. 124 ff., insbes. S. 128 f.; eine ausführliche Aufzählung findet sich bei Osterrieth, Altes und Neues zur Lehre vom Urheberrecht, S. 82, Fn. 62.

[228] Osterrieth, Altes und Neues zur Lehre vom Urheberrecht.

[229] Osterrieth, Altes und Neues zur Lehre vom Urheberrecht, S. 66, 78 ff., 95.

[230] Osterrieth, Altes und Neues zur Lehre vom Urheberrecht, S. 95.

[231] Kohler, Das Autorrecht; ders., Das Immaterialgüterrecht und seine Gegner, siehe insbes. Fn 2; ders., Das literarische und artistische Kunstwerk und sein Autorenschutz; ders., Die Idee des geistigen Eigentums; ders., Urheberrecht an Schriftwerken und Verlagsrecht, S. 129 ff., 439 ff.; zur Fortbildung des Urheberrechts durch Kohler, Dölemeyer, Das Urheberrecht ist ein Weltrecht, S. 139 ff.

[232] Anders, Beiträge zur Lehre vom literarischen und artistischen Urheberrechte, bes. Vorrede S. VII; Schuster, Das Urheberrecht der Tonkunst, S. 50; zu weiteren Vertretern siehe Gierke, Deutsches Privatrecht Bd. 1, S. 114, FN 53.

[233] Kohler, Urheberrecht an Schriftwerken und Verlagsrecht, S. 1.

zur persönlichkeitsrechtlichen Sicht von Gierkes bilden. Der Gegenstand des Urheberrechts stand außerhalb des Menschen und war daher nicht Bestandteil der Persönlichkeit des Schöpfers. Als Vermögensrecht war es frei veräußerlich. Daneben stand das mit dem Individuum untrennbar verbundene Individualrecht. Das Urheberrecht war zweigeteilt und nicht, wie bei von Gierke dargestellt, ein einheitliches Recht.

Zur Darlegung der Notwendigkeit rechtlichen Schutzes bezog Kohler sich auf die Arbeitstheorie und die schöpferische Tätigkeit des Urhebers[234]. Den Inhalt des Rechts charakterisierte er als „Bruderrecht" zum Eigentum. Aufgrund der Unterschiede bei Erwerb, Verlust, Verwendung und Gebrauchsfähigkeit sprengte das Urheberrecht den Eigentumsbegriff und folgte eigenen Regeln[235].

Indem Kohler zunächst das eigentliche Objekt urheberrechtlichen Schutzes herausarbeitete, gelangte er in einem zweiten Schritt zu einer genauen Bestimmung von Umfang und Schranken desselben.

„Autorrecht ist das Recht an einer Schöpfung, es beruht darauf, daß die schaffende Kraft des Geistes ein neues, vorher nicht vorhandenes Erzeugnis hervorgebracht hat."[236] Mit diesem Satz trennte Kohler schützenswerte Werke von bloßen Äußerungen ab, bei denen kein Wille zur Formgebung bestand. Das genau schützenswerte an jedem Werk arbeitete Kohler 1892 in seinem Werk „Das literarische und artistische Kunstwerk und sein Autorenschutz" heraus. Er trennte den Inhalt des Werkes von einer äußeren und einer inneren Form, die genau die Eigenart des Schaffens ausmachte. Kohler stellte diese wesentliche innere Form unabhängig vom konkreten Werk für Werke der bildenden Kunst, des Romans und des Dramas, der Lyrik, der Musik und des musikalischen Dramas abstrahiert dar. Schriftwerke waren der inneren und äußeren Form nach geschützt. Die äußere Form war der Teil, der bei dem Werk über die bloße Mitteilung hinausgeht. Die innere Form war das, was blieb, wenn das Werk zum Beispiel in eine andere Sprache übersetzt wurde[237]. Bei Kunstwerken, egal ob diese nun musikalischer, bildlicher oder literarischer Art waren, kam ein weiteres geschütztes Element hinzu, welches über die innere und äußere Form hinausging und das den individuellen Ideeninhalt erfaßte. Diesen bezeichnete Kohler als „imaginäres Bild", die Quintessenz dessen, was vorhanden blieb, wenn man von jeder Darstellungsform abstrahierte[238].

Die genaue Vorstellung des Schutzobjekts ermöglichte Kohler Erkenntnisse über Schutzumfang und Schranken des Urheberrechts, die über das geltende Gesetz hinausgingen. In seinem Lehrbuch zum Autorrecht äußerte er sich bereits 1882 unter anderem gegen die Beschränkung des Übersetzungsrechts, für das ausschließliche Recht der Dramatisierung, für ein vorbehaltsloses Recht an der öffentlichen Aufführung und gegen den mangelnden Schutz öffentlich gehaltener

[234] Kohler, Das Autorrecht, S. 99 ff.

[235] Kohler, Das Immaterialgüterrecht und seine Gegner, S. 83 f.

[236] Kohler, Das Autorrecht, S. 160.

[237] Kohler, Das literarische und artistische Kunstwerk und sein Autorschutz, S. 9.

[238] Kohler, Das literarische und artistische Kunstwerk und sein Autorschutz, S. 33, 37, 48.

fentlichen Aufführung und gegen den mangelnden Schutz öffentlich gehaltener Vorlesungen[239].

Vom Urheberrecht zu trennen waren die von Kohler so bezeichneten Individualrechte, die er näher ausleuchtete. Schließlich „... ist doch gewiß die Aufgabe der Wissenschaft nicht damit gelöst, daß man ein für allemal ein bestimmtes Quantum positivrechtlicher Deliktsansprüche aufzählt, ohne den letzten Grund zu bezeichnen, aus welchem die Ansprüche entspringen: das verletzte Recht."[240] Kohler unterteilte die Individualrechte in zwei Gruppen, den Schutz der Freiheit der körperlichen und geistigen Funktionen nach allen Richtungen und den Schutz des Körpers selber[241]. Die das Urheberrecht betreffenden Befugnisse leitete er aus der ersten Gruppe ab, darunter fielen das Veröffentlichungsrecht, der Schutz vor Entstellungen und Veröffentlichungen unter falschem Namen, sowie der Schutz unveröffentlichter Werke vor Zwangsvollstreckung[242].

Die zeitliche Beschränkung des Immaterialgüterrechts rührte nach Kohler aus der „sozialen Natur" des Werkes, die sich in seiner Entstehung, seines Lebens, seiner Ausstrahlung auf die Umwelt bis hin zum Aufgehen im allgemeinen Kulturleben niederschlug. Es vertrüge keinen ewigen Individualismus, wie das Sacheigentum, sondern würde entweder wertlos oder ginge als Element des allgemeinen Kulturlebens in Fleisch und Blut der beteiligten Kreise ein[243].

V. Die Ablehnung von Monopol-, Reflex- und Privilegientheorie

Weitgehend einig war sich das Schrifttum im ausgehenden 19. Jahrhundert über die Ablehnung von Lehren, die das Urheberrecht als bloßen Reflex von Verbotsrechten oder von Privilegien oder Monopolen abgeleiteten Schutz verstanden[244]. Von Gerber, Cosak und Laband waren die letzten Verfechter der Reflextheorie[245]. Die Lehren, die letztlich den urheberrechtlichen Schutz auf Interessenschutz reduzierten, wurden als inhaltslos empfunden. Sie widersprachen der Entwicklung der Urheberrechtstheorien hin zu einem wie auch immer genau ausgestalteten subjektiven Recht. Konrad Cosak als letzter aufrichtiger Verfechter der Reflextheorie und Fortführer des Privatrechtslehrbuchs Gerbers erkannte 1895 selber, daß der von Gerber seit 1848 verfochtene Standpunkt überwiegend als überwunden behandelt würde[246].

---

239 Kohler, Das Autorrecht, S. 210, 216, 234, 239.

240 Kohler, Das Autorrecht, S. 123 ff.

241 Kohler, Das Autorrecht, S. 130, 159.

242 Kohler, Das Autorrecht, S. 132 f., 137 ff.

243 Kohler, Das Autorrecht, S. 47 f.

244 Dernburg, Lehrbuch des preußischen Privatrechts, 2. Band, 4. Auflage, S. 945 ff.; Gierke, Deutsches Privatrecht Bd. 1, S. 109 f.; Kohler, Das Autorrecht, S. 70 ff.

245 Gerber, System des deutschen Privatrechts, S. 134 f.; 13. Aufl., S. 594 f.; 17. Aufl., S. 439 m.w.N.; Laband, Die Literatur über das deutsche Patentrecht, S. 624 ff.; ders., Das Staatsrecht des Deutschen Reiches, S. 222.

246 Gerber/Cosak, System des deutschen Privatrechts, 17. Aufl., 1895, S. 439, Fn. 2.

Von Gierke erklärte, die Reflextheorie wäre in Wirklichkeit keine Konstruktion, sondern „... eine Insolvenzerklärung der Privatrechtsjurisprudenz angesichts der vom geltenden Recht erhobenen Forderungen. Denn, wenn irgendein bestehendes Recht seinen Geburtsschein aufweisen könnte, so wäre es das Urheberrecht."[247] Kohler führte als Hauptargument an, daß allein ein geschütztes Interesse einer Person bereits deren Recht wäre. Eine Reflexwirkung würde aufhören, eine solche zu sein und erwüchse zu einem Recht, sobald sie gesetzlichen Schutz genießen würde[248].
Nach der Ende des Jahrhunderts noch weiter verbreiteten Monopol- oder Privilegientheorie wurde zunächst das Urheberrecht nicht naturrechtlich, sondern aus bloßen Zweckmäßigkeitserwägungen hergeleitet[249]. Inhaltlich war es ein reines Verbotsrecht, welches dem Berechtigten die faktische Möglichkeit bot, das Werk besser zu verwerten, als er es könnte, wenn es der Konkurrenz preisgegeben wäre. Von Gierke und Kohler hielten dem entgegen, daß sich das Urheberrecht von jedem ausschließlichen Gewerberecht dadurch unterscheiden würde, daß es dem Berechtigten nicht erst durch Einschränkung der wirtschaftlichen Freiheit Dritter einen individuellen Tätigkeitsbereich schaffte, sondern einen durch die individuelle Schöpfungstat hergestellten Tätigkeitsbereich schützte[250]. Darüber hinaus erschöpfte sich nach von Gierkes Theorie vom Persönlichkeitsrecht das Urheberrecht nicht in den gewerblichen Bestandteilen[251].

VI. Die Fortschritte in der urheberrechtlichen Diskussion

Der urheberrechtliche Theorienstreit wirkte in mehrere Richtungen. Zunächst diente er der Begründung, Erklärung und Einordnung einer neuen Kategorie absoluter Rechte in das Zivilrecht. Anschließend führte die Diskussion zu einer Zuordnung der einzelnen Rechte[252]. Mit der nahezu einhelligen Ablehnung von Reflex-, Privilegien- und Monopoltheorie ließ man von Ansichten ab, die aus ihrer Natur keine Weiterentwicklung des Urheberrechts zuließen. Das Modell des geistigen Eigentums reichte zwar zum Nachweis der Legitimation des Schutzes aus, erwies sich aber wegen seiner Nähe zum Sacheigentum als unbrauchbar. Die Diskussion um die Einordnung des Urheberrechts als Vermögensrecht, Persönlichkeitsrecht oder Immaterialgüterrecht führte zu einer weitgehenden Ausleuchtung des Verhältnisses zwischen materiellen und ideellen Rechten des Urhebers. Die Anerkennung einzelner persönlicher Rechte des Urhebers durch die Rechtsprechung, unter

---

[247] Gierke, Deutsches Privatrecht Bd. 1, S. 109.
[248] Kohler, Das Autorrecht, S. 58.
[249] Hauptsächlich wurde diese Theorie im Ausland vertreten, von Gierke nennt weitere Vertreter in: Deutsches Privatrecht Bd. 1, S. 110 Fn 37; die Grenzen zur Reflextheorie sind fließend.
[250] Gierke, Deutsches Privatrecht Bd. 1, S. 110; Kohler, Das Autorrecht, S. 70.
[251] Gierke, Deutsches Privatrecht Bd. 1, S. 109.
[252] Klippel, Historische Wurzeln und Funktionen von Immaterialgüter- und Persönlichkeitsrechten, S. 132-155.

anderem unter Bezugnahme auf Kohler, stellte die Vertreter einer rein vermögensrechtlichen Sicht vor das Problem, sie einzuordnen[253].
Während von Gierke und Kohler die persönlichen Rechte überzeugend herleiten konnten, kamen die Anhänger rein vermögensrechtlicher Theorien nur indirekt zu einer Anerkennung derselben oder griffen auf eine doch persönlichkeitsrechtliche Herleitung zurück.
Von Gierkes Versuch, die unterschiedlichsten Rechte als Persönlichkeitsrechte zu erfassen, wurde von Kohler, der mit seiner dualistischen Theorie zu einer differenzierteren Einordnung gelangte, letztlich überholt, so daß Kohlers Theorie vom Immaterialgüterrecht sich Anfang des 20. Jahrhunderts durchsetzte[254].
Kohler arbeitete mit seinen Begriffen von der inneren und äußeren Form und vom imaginären Bild genau den Gegenstand urheberrechtlichen Schutzes heraus. Von Gierke gelang dies mit seiner Erklärung, der Gegenstand des Urheberrechts läge nicht außerhalb, sondern innerhalb der Persönlichkeit des Schöpfers, da auch das Werk Bestandteil der Persönlichkeit wäre, nicht. Die Trennung von Rechtssubjekt und Objekt blieb diffus[255]. Auch die Grenze des Urheberrechts mit der Grenze der Persönlichkeitssphäre des Schöpfers zu ziehen, ermöglichte keinen Aufschluß darüber, ob eine Verletzung des Urheberrechts durch ein anderes Werk vorlag. Die Lehre Kohlers hingegen ermöglichte die Feststellung einer Verletzung durch den Vergleich des „imaginären Bildes" mit dem Verletzungswerk und kam so zu einer überzeugenderen Grenzziehung[256].
Die praktischen Auswirkungen der Diskussion waren eher gering. Nach Allfeld erschöpften sie sich im wesentlichen in der Frage, ob und inwieweit das Urheberrecht Gegenstand der Zwangsvollstreckung sein konnte[257]. Aber auch Verfechter der reinen Vermögenslehre, wie Wächter, griffen an dieser Stelle auf persönliche Interessen des Urhebers zurück und kamen zu dem Schluß, das eine Vollstreckung nur unter gewissen Einschränkungen vorzunehmen wäre[258]. Wächter selber erkannte jedoch mit Hinweis auf den bloßen Schutz vor Vervielfältigung des Werkes kein eigenes Veröffentlichungsrecht des Urhebers an und stellte sich damit unter anderem gegen Kohler, von Gierke und Allfeld[259].
In der Tendenz führte die Diskussion, wie die Bemühung der vermögensrechtlichen Theorien um die Eingliederung persönlicher Interessen und die Rechtsprechung zeigt, zu einer breiteren Anerkennung persönlicher Rechte. Ausdrücklich erklärte der Reichskanzler bei der Bitte um Genehmigung zur Aufstellung eines

[253] RGSt 18, 10 ff., 17.
[254] Rehbinder, Urheberrecht, S. 16 f.; Ulmer, Urheber- und Verlagsrecht, S. 110 f.
[255] Siehe die Kritik Kohlers, Urheberrecht an Schriftwerken und Verlagsrecht, S. 1 ff., 5 f.
[256] Siehe die Kritik Kohlers, Urheberrecht an Schriftwerken und Verlagsrecht, S. 7.
[257] Allfeld, Urheberrecht, S. 14.
[258] Wächter, Autorrecht, S. 112; ders., Urheberrecht, S. 103.
[259] Allfeld, Urheberrecht, S. 16; Gierke, Deutsches Privatrecht Bd. 1, S. 114 f.; Kohler, Das Autorrecht, S. 137 ff.

neuen Entwurfs für das Urheberrecht, daß auch die persönlichen Interessen des Urhebers stärker als bisher berücksichtigt werden müßten[260].

[260] Schreiben des Reichskanzlers an den Deutschen Kaiser vom 27. April 1897, BArch, R 3001/6351, Bl. 1-4, 1 f..

Kapitel 3 - Der Beginn der Reformarbeiten

A. Der Ruf nach Reformen

I. Einleitung

Die deutschen Autoren, Komponisten, ihre Verleger und Interessenvereinigungen erkannten die Schwächen des Gesetzes vom 11. Juni 1870 schnell. Noch mit dem Ziel einer Reform und nicht einer neuen Kodifikation wandten sich ab 1882 nacheinander drei Interessengruppen an den Reichstag und das Reichsjustizamt, die die Reformarbeiten bis zur Verabschiedung des LUG 1900 begleiten sollten. Die Kritik von Schriftstellern, Komponisten und Verlegern betraf jeweils nur einzelne Regelungen, da in dieser ersten Runde noch keine neue Kodifikation absehbar war. Über die Kritik hinaus ging das Verlangen nach Schutz der Herausgeber von Veröffentlichungen bisher ungedruckter archivarischer Werke, deren Schutzfrist bereits abgelaufen war, sogenannter Inedita. Die Diskussion um den Schutz nachgelassener Werke war aufgrund des Rechtsstreits um die Memoiren Henri de Catts Mitte der 80er Jahre aktuell.

II. Die Interessenvertretung deutscher Schriftsteller

Am 3. Mai 1882 reichte der Allgemeine Deutsche Schriftstellerverband beim Reichstag eine Petition ein[261]. Der Verband war vier Jahre vorher, am 6.10.1878 in Leipzig gegründet worden. Zielsetzung des Verbandes war nach § 1 Nr. 1 die „energische Vertretung der Interessen des Schriftstellerstandes nach Innen und Außen.“ Im Vordergrund seiner rechtlichen und wirtschaftlichen Interessen sollten die Bekämpfung des Nachdrucks und das Urheberrecht stehen. Konkurrenz bekam der Verband bereits im März 1885 mit dem Deutschen Schriftstellerverein. Zwei Jahre später fusionierten beide Verbände zum Deutschen Schriftstellerverband. Ab Mitte der 90er Jahre verlor der Deutsche Schriftstellerverband zunehmend an Kraft. Er wurde jedoch erst 1901 durch den aus der Schriftstellerzeitschrift „Die Feder“ hervorgegangenen Allgemeinen Schriftstellerverein verdrängt[262].
In seiner Petition bemängelte der Verband den fehlenden Schutz von schriftstellerischen Werken vor der Umarbeitung in ein Schauspiel. Er regte an, § 5 des Gesetzes vom 11. Juni 1870 um den Schutz eines Werkes vor Umgestaltung in eine andere Form, insbesondere die Dramatisierung und um den Schutz vor einer öffentlichen Aufführung einer solchen Dramatisierung zu erweitern[263]. Grundsätzlich war die Dramatisierung ohne Einwilligung des Urhebers zulässig. Schutz konnte, wie das allerdings erst später entschiedene Geier-Wally-Urteil zeigte, nur

---

[261] Drucksachen des Reichstags, 1882/1883, 3. Bd., Anlage zur DS Nr. 225, S. 11-14.
[262] Kron, Schriftsteller und Schriftstellerverbände, S. 33 ff.
[263] Drucksachen des Reichstags, 1882/1883, 3. Bd., Anlage zur DS Nr. 225, S. 11-14.

gewährt werden, wenn ganze Teile wörtlich übernommen wurden[264]. „Gewissenlose Skribenten" nutzten die Gesetzeslücke, nach der nur mechanische Vervielfältigungen verboten waren, aus, indem sie willkürlich fremde Schriften in andere Formen brachten. Ohne Genehmigung des Autors und ohne diesem einen Gewinnanteil zukommen zu lassen, verwerteten sie so die Stücke als Schauspiel oder Oper[265]. Die Kommission für Petitionen schlug vor, über die Petition zur Tagesordnung überzugehen. Eine Änderung nach den Vorschlägen der Schriftsteller zog der Ausschuß nicht in Betracht, da diese mit der Volksanschauung, die sich zu dieser Frage herausgebildet hatte, im Widerspruch stünde. Die Freiheit zur Dramatisierung wäre eine notwendige Begrenzung des nicht absolut wirkenden Urheberrechts und bedeutende Schriftsteller wie Shakespeare hätten einem Großteil ihrer Dramen bekannte Stoffe zugrunde gelegt[266]. Der Kommissionsbericht wurde jedoch im Reichstag nicht mehr verhandelt und fand damit seine Erledigung.

III. Das preußische Justizministerium und die Memoiren Henri de Catts

Mit einem einzelnen Anliegen wandte sich 1885 der preußische Justizminister an das Reichsjustizamt. Zusammen mit einem Vorschlag zur Änderung des Urheberrechtsgesetzes schilderte der Minister die Umstände des Rechtsstreits um die Memoiren Henri Alexandre de Catts[267]. De Catt war Sekretär Friedrich des Großen und hatte über seine Gespräche mit dem König während des siebenjährigen Krieges Tagebuch geführt. Die Aufzeichnungen hatte er zu Memoiren überarbeitet, die im preußischen Staatsarchiv lagerten. Der Leipziger Verlag S. Hinzel verlegte die „Publikationen aus den Königlich Preußischen Staatsarchiven", darunter auch die Memoiren und Tagebücher von Henri de Catt, im französischen Originaltext mit erläuternden Anmerkungen des Herausgebers Reinhold Kosen. Der Leipziger Verleger F. Grunow veröffentlichte daraufhin eine stellenweise fehlerhafte Übersetzung der Memoiren ohne die Anmerkungen des Herausgebers. Eine Klage S. Hinzels gegen F. Grunow wurde vom Landgericht in Leipzig in erster Instanz abgewiesen, da dem betreffenden Werk wegen Ablauf der Schutzfrist kein gesetzlicher Schutz mehr zustand. Der Direktor des Königlich Preußischen Staatsarchivs als Betroffener nahm dies zum Anlaß, eine Änderung des Gesetzes dahingehend anzuregen, daß auch der Herausgeber von bisher noch nicht verlegten Werken mit abgelaufener Schutzfrist zehn Jahre ab Erscheinen des Werkes gegen Nachdruck geschützt werden sollte. Dies entspräche dem Interesse des Königlich-Preußischen Staatsarchivs und ähnlichen Drucklegungen[268].

---

[264] Siehe Kap. 2 D. I. 2.

[265] Drucksachen des Reichstags, 1882/1883, 3. Bd., Anlage zur DS Nr. 225, S. 12 f.

[266] Drucksachen des Reichstags, 1882/1883, 3. Bd., DS Nr. 225, S. 2 ff.

[267] Brief des preußischen Justizministeriums an das Reichsjustizamt vom 21. Oktober 1885, BArch, R 3001/6349, Bl. 29 ff.

[268] Brief des preußischen Justizministeriums an das Reichsjustizamt vom 21. Oktober 1885, BArch, R 3001/6349, Bl. 30; Henri Alexandre de Catt lebte von 1725-1795.

Ursache des Anstoßes war, daß im Urheberrechtsgesetz von 1870 der Schutz historischer Ausgaben nicht vorgesehen war[269]. Ein entsprechender Vorschlag zum Schutz der Herausgeber wurde im Reichstag abgelehnt[270]. Auch unter dem ALR von 1794 (§§1029-1032) waren Neuausgaben historischer Texte nur hinsichtlich des neuen Formates und der Veränderungen, die der im Gemeingut stehenden Schrift hinzugefügt wurden, geschützt. Der 1857 vom Börsenverein der sächsischen Regierung vorgelegte Gesetzesentwurf und der der deutschen Bundesversammlung 1864 überreichte Frankfurter Entwurf sahen weiterreichende Regelungen zum Schutz historischer Texte vor. In § 11 des Königlich Bayerischen Gesetzes zum Schutz der Urheberrechte an literarischen Erzeugnissen und Werken der Kunst von 1865 wurde der Vorschlag des Frankfurter Entwurfs übernommen, den Herausgeber historische Texte grundsätzlich dem Urheber gleich zu schützen, den Nachdruck aber soweit zu gestatten, wie dieser durch das Bedürfnis oder die Sitte des literarischen Verkehrs gerechtfertigt sei[271]. Das Deutsche Reich übernahm diese Regelung jedoch nicht.

IV. Der Verein Deutscher Musikalienhändler

Als sich 1825 erstmals der Buchhandel in Leipzig organisierte, waren Musikalienhändler von der Teilnahme ausgeschlossen. Die Gründer des Börsenvereins wollten die Mitgliedschaft auf Buchhändler im engeren Sinne beschränken. So schlossen sich am 23. Mai 1829 sechs Leipziger und zehn auswärtige Musikalienverleger zusammen mit einer ähnlichen Zielsetzung wie der Börsenverein, „... um dem Musikalienhandel Solidität und Festigkeit zu geben, die ihm hinsichtlich der Sicherheit des Eigentums zum größten Nachteil der Verleger mangelt."[272] Während der Börsenverein nicht primär zum Zweck der Verfolgung von Nachdruck, sondern zur Regelung des Geschäftsverkehrs gegründet wurde, war dies das Hauptziel des Zusammenschlusses der Musikalienhändler. Im 1829 unterzeichneten Vertrag unterwarfen sich die Musikalienhändler mangels eines geeigneten gesetzlichen Schutzes eigenen Regelungen zum Schutze des Verlagseigentums. In einem zweiten Vertrag von 1830 wurde der Verein mit weitreichenden Kompetenzen ausgestattet und ein Vorstand bestimmt, der den Verein repräsentiert[273]. Gemeinsam mit dem Börsenverein beteiligten sich zwei Vertreter des Vereins der deutschen Musikalienhändler, Emil Bock und Raymund Härtel, an einem Ausschuß zur Beratung des Urheberrechtsgesetzes im Norddeutschen Bund mit dem Bundesrat. Ab 1888 bestand der Verein der Deutschen Musikalienhändler als Organ

[269] Rehbinder, Zum Rechtsschutz der Herausgabe historischer Texte, S. 255 ff., S. 260 ff.

[270] Zu den Gründen siehe S. 87.

[271] Rehbinder, Zum Rechtsschutz der Herausgabe historischer Texte, S. 262.

[272] Schumann, Börsenverein und Musikalienhandel, S. 24.

[273] Kawohl, Urheberrecht der Musik, S. 170 ff.; die beiden Verträge sind ebendort, S. 237 ff. abgedruckt.

des Börsenvereins weiter[274]. Unter seinem Vorsitzenden Dr. Oscar Hase wollte der Verein die Reform des Gesetzes vom 11. Juni 1870 anregen und inhaltlich beeinflussen. Dr. Oscar Hase vom Musikalienverlag Breitkopf & Härtel (ab ca. 1889 Dr. Oscar *von* Hase) war von 1875 bis 1901 Vorsteher des Vereins und von 1884 bis 1889 auch im Vorstand des Börsenvereins. Sein Sozius Wilhelm Volkmann folgte ihm in den Vorstand des Börsenvereins von 1894 bis zu seinem Tod 1896.
Aus Sicht der Musikalienverleger erwies sich der urheberrechtliche Schutz musikalischer Kompositionen und musikalisch-dramatischer Werke als äußerst lückenhaft. Als unsicher empfanden die Verleger die Abgrenzung zwischen einer zulässigen Bearbeitung und dem Nachdruck einer musikalischen Komposition. Nach § 46 des Gesetzes von 1870 war die Bearbeitung als Nachdruck zu sehen, wenn sie nicht eine „eigenthümliche Komposition" darstellte. Zweck der Vorschrift war der Schutz vor Arrangements. Nach Ansicht der Musikalienverleger sollte das Kriterium der „eigenthümlichen Komposition" durch den gesetzlichen Schutz der Melodie ersetzt werden.
Konkurrenz drohte Musikverlegern, die Inhaber der Rechte an den von ihnen verlegten Werken waren, durch Verleger, die Sammlungen von Werken verschiedener Komponisten für Schulzwecke anboten. Der Abdruck von Werken in solchen Sammlungen war nach § 47 des Gesetzes vom 11. Juni 1870 auch ohne Zustimmung des Urhebers zulässig. Häufig nutzten jedoch auch andere Gruppen, wie Gesangsvereine, solche Hefte für ihre nicht privilegierten Zwecke und minderten so den Absatz von regulär erstelltem Notenmaterial[275].
Als lückenhaft in gleich zweierlei Hinsicht befand der Verband das Aufführungsrecht. Die Wahrnehmung der Aufführungsrechte hatte für die Verlage, die in der Regel die Aufführungsrechte innehatten, teilweise erhebliche wirtschaftliche Bedeutung. Zunächst sollte auch die teilweise Aufführung unter das Aufführungsrecht fallen, wenn das Stück nur seinen Charakter behielt. Wichtiger war den Verlegern jedoch der Wegfall des Aufführungsvorbehalts. Die nur fakultativ bestehende Möglichkeit eines Aufführungsrechtes mußte in ein absolutes Recht umgewandelt werden. Das fakultative Recht brachte nach Ansicht des Verbandes den Künstlern Schaden, da diese nicht vorhersehen konnten, ob der Aufdruck des Aufführungsvorbehalts ihnen zum Nachteil gereichen würde, wenn deshalb ihr Werk nicht gespielt und ein tantiemefreies Werk bevorzugt würde. Auch sollte es kein ungebührliches Opfer des Konzertveranstalters sein, dem Komponisten ein Honorar zukommen zu lassen. Wenn der Aufführungsvorbehalt aufgehoben werden sollte, so sollte dies rückwirkend geschehen, damit auch Komponisten bereits veröffentlichter Werke dieses Recht zugute käme.
Der Verein bemängelte darüber hinaus den fehlenden Schutz des Herausgebers von Inedita. Herausgeber kritischer Gesamtausgaben älterer Meister und hand-

274 Schumann, Börsenverein und Musikalienhandel, S. 25 f.; Kawohl, Music Copyright, S. 6 ff.
275 Eingabe des Vereins deutscher Musikalienhändler vom 18. Juli 1885, BArch, R 3001/6349, Bl. 13 ff.

schriftlicher Werke musikgeschichtlicher Natur waren gegenüber Nachdruck völlig schutzlos. Aufgrund des Nachdruckrisikos wurden daher solche Werke kaum verlegt[276].
Unter dem Vorsitz von Hase überreichte der Verein am 10. Juli 1885 dem Reichskanzler eine Eingabe, die wesentliche Schwachpunkte des Gesetzes vom 11. Juni 1870 aus Sicht der Musikverleger aufzählte und eine Revision des Gesetzes zumindest in den angesprochenen Punkten wünschte. Die noch andauernden Verhandlungen der Berner Konvention böten Gelegenheit, § 11 der Berner Konvention, der der jetzigen deutschen Rechtslage hinsichtlich des Aufführungsvorbehalts entsprach, im Sinne der vorgeschlagenen Regelung zu ändern[277].
In einer zweiten Schreiben vom 10. Juli 1888 forderte der Verein einen stärkeren Schutz vor Einzelabschriften von Noten. Auch diese sollten, wenn sie nicht ausschließlich zum privaten Gebrauch seien, als Nachdruck zu betrachten sein[278].

V. Der Börsenverein der Deutschen Buchhändler

Der Börsenverein sah eine Revision des Urheberrechtsgesetzes bereits in seiner Eingabe an den Reichskanzler Anfang 1886 für unumgänglich an[279]. Die Eingabe markierte den Beginn der Arbeit des Börsenvereins an der Reform des Urheberrechtsgesetzes. Wie schon beim Gesetz von 1870 und bei der Gründung der Berner Union wollte der Börsenverein auch die Reformierung des Gesetzes von 1870 mitgestalten. Mit Bezug auf die vorangegangene Eingabe des Vereins Deutscher Musikalienhändler äußerte er sein großes Interesse daran, das Urheberrechtsgesetz an die Anforderungen anzupassen, die sich im Laufe der Zeit herausgestellt hatten. Als notwendige Änderungen erachtete der Börsenverein die Anpassung des Gesetzes von 1870 an die Bestimmungen der Berner Union, um Inländern nicht ein niedrigeres Schutzniveau als Ausländern zukommen zu lassen, sowie den Schutz der Herausgeber von Inedita. Ersteres sollte auch die Befreiung des Schutzes gegen Nachdruck von jeglichen Formalitäten beinhalten.

---

[276] Eingabe des Vereins deutscher Musikalienhändler vom 18. Juli 1885, BArch, R 3001/6349, Bl. 20 ff., 23 f.
[277] Eingabe des Vereins deutscher Musikalienhändler vom 18. Juli 1885, BArch, R 3001/6349, Bl. 13 ff., 20 ff.
[278] Eingabe des Vereins deutscher Musikalienhändler vom 10. Juli 1888, BArch, R 3001/6349, Bl. 208 f.
[279] Eingabe des Börsenvereins vom 15. Januar 1886, BArch, R 3001/6349, Bl. 69 f.

VI. Der Beginn der Reformarbeiten im Reichsjustizamt

1. Das Reichsjustizamt und seine Stellung im Gesetzgebungsverfahren

Die Revision des Urheberrechts sollte maßgeblich im Reichsjustizamt ausgearbeitet werden[280]. Die Bezeichnung als Amt weist bereits auf Herkunft und Kompetenzen dieser obersten Justizbehörde des Deutschen Reichs hin.

Die Verfassung des Deutschen Reichs gab in Art. 17 dem Reichskanzler die Verantwortlichkeit für die vom Kaiser ausgefertigten und verkündeten und vom Kanzler gegengezeichneten Reichsgesetze. Um die anfallenden Arbeiten als Kanzler bewältigen zu können, schuf Bismarck bereits 1867 das Bundeskanzleramt. In dessen Zuständigkeit fielen alle Angelegenheiten, die keiner anderen Behörde ausdrücklich zugeteilt worden waren, also auch die Justizangelegenheiten.

Mit der Reichsgründung 1871 änderte das Amt seinen Namen in Reichskanzleramt. Aus der darin 1875 gegründeten juristischen Abteilung ging 1877 das Reichsjustizamt hervor[281]. Zu den Kompetenzen zählten unter anderem die Vorbereitung der in das Gebiet der Rechtspflege fallenden Gesetzesentwürfe, die Vertretung derselben in den Ausschüssen des Bundesrats, sowie zusammen mit dem Bevollmächtigten zum Bundesrat, die Vertretung im Reichstag und die Bearbeitung der Ausführungsbestimmungen zu diesen Gesetzen[282].

Das Reichsjustizamt war eine kleine Behörde, an deren Spitze ein Staatssekretär stand[283]. Während der Arbeit an der Urheberrechtsnovelle standen dem Reichsjustizamt nacheinander fünf Staatssekretäre vor[284]. Von 1879 bis 1889 war dies Hermann von Schelling. Ihm folgten für jeweils kurze Amtszeiten Otto Karl von Öhlschläger, 1889-1891, Robert Julius Bosse, 1891-1892, und Eduard Hanauer, 1892-1893. Arnold Nieberding brachte mit seiner Amtszeit von 1893 bis 1909 wieder personelle Kontinuität in das Reichsjustizamt. Die Behörde war in Berlin beheimatet.

Besonders eng arbeitete das Reichsjustizamt mit dem Reichsamt des Inneren zusammen[285]. Das Reichsamt des Inneren war 1879 aus dem Rumpf des aufgeteilten Reichskanzleramts hervorgegangen. In sein Ressort fiel die Zuständigkeit für wirtschaftspolitische Gesetze[286].

---

280 Zur Geschichte des Reichsjustizamts: Hattenhauer, Vom Reichsjustizamt zum Bundesministerium der Justiz; Schulte-Noelke, Das Reichsjustizamt.

281 Hattenhauer, Vom Reichsjustizamt zum Bundesministerium der Justiz, S. 21.

282 Schulte-Noelke, Das Reichsjustizamt, S. 32 f.

283 Schulte-Noelke, Das Reichsjustizamt, S. 23.

284 Zu den Biographien der Staatssekretäre siehe Hattenhauer, Vom Reichsjustizamt zum Bundesministerium der Justiz, S. 35 ff.

285 Zum Reichskanzleramt, ab 1879 Reichsamt des Inneren, Huber, Deutsche Verfassungsgeschichte seit 1789, Band III, S. 835 f.; an der Spitze des Amtes im hier relevanten Zeitraum standen die Staatssekretäre Karl- Heinrich von Boetticher, 1880-1897, und Arthur Graf von Posadowsky-Wehner, 1897-1907.

286 Goldschmidt, Das Reich und Preußen im Kampf um die Führung, S. 282 ff.

Die politische Stellung des Reichsamtes des Inneren wurde dadurch aufgewertet, daß der Staatssekretär gleichzeitig preußischer Staatsminister und regelmäßig Stellvertreter des Reichskanzlers war. Als Stellvertreter des Reichskanzlers war er faktisch ständiger Vorsitzender des Bundesrates. So konnte er seine Politik sowohl der preußischen Regierung als auch dem Bundesrat nahebringen[287].
Die abgeschlossenen Gesetzesentwürfe wurden dem Kaiser vor der Einbringung in den Bundesrat zur Genehmigung vorgelegt[288]. Nach der Zustimmung von Bundesrat und Reichstag wurde das Gesetz vom Kaiser ausgefertigt und verkündet (Art. 17 BRV)[289].
Dominiert wurde der Bundesrat von Preußen, das selber 17 von 58 Stimmen besaß. Zusammen mit den traditionell zu Preußen stehenden norddeutschen Kleinstaaten hatte Preußen die Mehrheit im Bundesrat[290].
Die von den Regierungen benannten bevollmächtigten Vertreter zum Bundesrat hielten zumeist Schlüsselpositionen im Mächtespiel zwischen Bundesrat, Reichsleitung und den einzelnen Ämtern inne. Der Staatssekretär des Reichsjustizamts war zugleich preußischer Bevollmächtigter zum Bundesrat. Stellte dieser eine vom Reichsjustizamt ausgearbeitete Gesetzesvorlage vor, so wurde er üblicherweise von weiteren Beamten des Reichsjustizamts, die als Kommissare der Reichsverwaltung im Bundesrat auftraten, unterstützt[291].
Die Preußische Regierung und das Reichsjustizamt übten durch diese Ämterverknüpfung wechselseitigen Einfluß aufeinander aus. Für die Instruktion des Bevollmächtigten zum Bundesrat war das Preußische Außenministerium, also gleichzeitig der Reichskanzler, in Absprache mit dem Staatsministerium zuständig. Nur in diesem Rahmen konnte sich der Bevollmächtigte, der ja nicht als Staatssekretär des Reichsjustizamts im Bundesrat auftreten konnte, bewegen. An den Beratungen des Staatsministeriums über die Instruktionen an den preußischen Bundesratsbevollmächtigten konnte der Staatssekretär mit beratender Stimme teilnehmen[292].
Aufgrund der engen Verflechtung waren die Möglichkeiten des Reichsjustizamts, eine Gesetzesinitiative gegen den Widerstand Preußens einzubringen, äußerst beschränkt. Dadurch erklärt sich die Absprache der Gesetzesentwürfe zwischen Reichsjustizamt und dem wesentlich größeren preußischen Justizministerium[293].
Die eigentliche Arbeit des Bundesrates fand in den Ausschüssen statt. Ab den 80er Jahren des letzten Jahrhunderts hatte der Staatssekretär des Reichsjustizamts den ständigen Vorsitz im Justizausschuß. Der Ausschuß bestand aus sieben mit jeweils

[287] Schulte-Noelke, Das Reichsjustizamt, S. 64.
[288] Huber, Deutsche Verfassungsgeschichte seit 1789, Band III, S. 922 ff.
[289] Zum Bundesrat Huber, Deutsche Verfassungsgeschichte seit 1789, Band III, S. 848 ff.
[290] Huber, Deutsche Verfassungsgeschichte seit 1789, Band III, S. 855.
[291] Schulte-Noelke, Das Reichsjustizamt, S. 70.
[292] Schulte-Noelke, Das Reichsjustizamt, S. 71 f.
[293] Schulte-Noelke, Das Reichsjustizamt, S. 69.

einer Stimme stimmberechtigten Mitgliedern, Baden, Bayern, Preußen, Sachsen, Württemberg sowie zwei wechselnden Kleinstaaten. Im Ausschuß wurden die Gesetze meist soweit vorbereitet, daß sie vom Bundesrat nur noch genehmigt wurden[294].

Die vom Bundesrat beschlossenen Gesetzesentwürfe wurden an den Reichstag weitergeleitet[295]. In der Regel wurden die Gesetzesentwürfe bis zur Vorlage zum Reichstag nicht veröffentlicht, so daß weder die Abgeordneten noch die Öffentlichkeit Kenntnis vom Inhalt hatten. Die Entwürfe wurden im Reichstag vom Staatssekretär des Reichsjustizamts, anderen Vertreter der Regierung sowie von den Kommissaren des Bundesrates vertreten. Diese traten gemeinsam im Namen der „verbündeten Regierungen" auf. Dem Staatssekretär des Reichsjustizamts kam dabei häufig eine Vermittlerrolle zwischen der Regierung, Preußen und dem Bundesrat zu[296]. Seine Einbindung in jedes Stadium des Gesetzesentwurfs, die Ausarbeitung in seinem Amt, die Genehmigung durch den Bundesrat und die Verabschiedung im Reichstag sowie seine Ämterverbindung mit der Hegemonialmacht Preußen machten den Staatssekretär des Reichsjustizamts zur zentralen Figur jeder in sein Ressort fallenden Gesetzesinitiative[297].

2. Der Beginn der Reformarbeiten

Nach außen blieben die Eingaben der Schriftsteller, der Musikalienhändler und des Börsenvereins zunächst folgenlos. Innerhalb des Reichsjustizamts regten sie jedoch eine Reform der Urheberrechtsgesetzgebung an, die möglicherweise auch den Schutz von Inedita einbeziehen sollte. Bereits die von der Reichsregierung zu den Verhandlungen zur Berner Union entsandten Kommissare sprachen sich 1885 in einem Bericht für eine Revision des Urheberrechts im Anschluß an die Berner Union aus[298]. Als geeigneter Zeitpunkt für eine Revision kam für das Reichsjustizamt der Abschluß der Verhandlungen in Betracht. Spätestens zu diesem Zeitpunkt würde Klarheit über das Schutzniveau der Berner Übereinkunft bestehen[299]. Im März 1887, ein halbes Jahr nach Unterzeichnung der Konvention, steckte das Reichsjustizamt den Rahmen der Reform ab[300]. Zu regelnde Fragen waren der Schutz der Inedita, die Dauer des urheberrechtlichen Schutzes überhaupt, Voraussetzung und Dauer des Übersetzungsrechts sowie der Schutz von musikalischen Arrangements. Umfassend sollte das Aufführungsrecht geregelt werden, insbe-

---

[294] Schulte-Noelke, Das Reichsjustizamt, S. 72 f.

[295] Zum Reichstag siehe Huber, Deutsche Verfassungsgeschichte seit 1789, Band III, S. 860 ff.

[296] Schulte-Noelke, Das Reichsjustizamt, S. 75.

[297] Schulte-Noelke, Das Reichsjustizamt, S. 76.

[298] Brief des Reichsjustizamts an das Reichsamt des Inneren vom 13. Februar 1890, BArch, R 3001/6349, Bl. 306 f.

[299] Brief des Reichsjustizamts an das Preußisches Justizministerium vom 24. Dezember 1885, BArch, R 3001/6349, Bl. 52-59, 59; Denkschrift, BArch, R 3001/6349, Bl. 95 f.

[300] Denkschriften, BArch, R 3001/6349, Bl. 88 ff., 93 ff.

sondere der Wegfall des Vorbehalts sowie der Schutz nicht szenischer und nur auszugsweiser Aufführungen.
Den Schutz der Inedita wollte das Reichsjustizamt von eher pragmatischen Erwägungen abhängig machen. Es galt zu klären, ob der Schutz eine Gefahr für die Wissenschaft darstellen würde. Schließlich wurde er durch das Urheberrechtsgesetz von 1870 von der Kommission des Reichstags mit der Begründung abgelehnt, „es würde eine Gefahr für die Wissenschaft sein, wenn der erste Herausgeber einer alten Handschrift gegen eine andere und vielleicht bessere Bearbeitung derselben geschützt ist. Sein Anspruch kann sich nur auf seine eigene Produktion, also auf den kritischen Kommentar, die erläuternde Anmerkung, aber keinesfalls auf die von ihm aufgefundene Handschrift selbst beziehen, deren geistiger Inhalt nicht von ihm selbst erzeugt worden ist." Einen Anhaltspunkt für eine neu zu fassende Regelung sollte § 11 des bayerischen Urheberrechtsgesetzes von 1865 bieten[301]. Diese Vorschrift beruhte, genau wie die durch die Kommission abgelehnte Regelung auf dem 1857 vom Börsenverein der sächsischen Regierung vorgelegten Entwurf für ein neues Urheberrechtsgesetz[302].
Hinsichtlich der Dauer des urheberrechtlichen Schutzes erwog das Reichsjustizamt eine Verlängerung. Frankreich und Belgien gewährten 50 Jahre und Italien 80 Jahre Schutz nach dem Tod des Schöpfers. Da die Berner Union vom Prinzip des Fristenausgleichs ausging, also vom Grundsatz, daß die Frist in keinem Land länger sein konnte, als im Herkunftsland, würde die Beibehaltung der kurzen deutschen Frist zu einer deutlichen Benachteiligung deutscher Werke im nahen europäischen Ausland führen. Weiterhin wurde eine Änderung der Schutzfrist nachgelassener Werke erwogen. Würde die Frist solcher Werke vom Tod ab gerechnet, so könnte ein Werk schon kurz nach seiner Veröffentlichung schutzlos werden, so geschehen bei den Briefen Schumanns, die 1884 veröffentlicht und 1886 bereits frei wurden. Hingegen würde ein post mortem unter einem Pseudonym veröffentlichtes Werk länger geschützt. Daher sollte nachgelassenen Werken mindestens ein Schutz von zehn Jahren nach Veröffentlichung gewährt werden[303].
Hinsichtlich des Aufführungsrechtes erwog das Reichsjustizamt, einen präventiven Schutz gegen unbefugte Aufführungen einzurichten. Beispielhaft befand es hierfür die italienische Regelung, nach der der Urheber sein Werk in ein Register eintragen ließ, und der Veranstalter der Aufführung der Präfektur eine schriftliche Einwilligung des Autors oder anderer Berechtigter vorlegen mußte (§§ 2, 3, 14 des italienischen Urheberrechtsgesetz von 19. September 1882)[304].

---

[301] Zu § 11 des bayerischen Urheberrechtsgesetz siehe Kap. 3 A. III.
[302] Denkschrift, BArch, R 3001/6349, Bl. 91.
[303] Denkschrift, BArch, R 3001/6349, Bl. 109 ff.
[304] Denkschrift, BArch, R 3001/6349, Bl. 98 f.

Neben diesen Bestimmungen sollten noch die §§ 19, 23, 26 Abs. 1, 27, 29, 32 und 35, die Fragen der inzwischen neu geregelten Zivil- und Strafprozeßordnung betrafen, gestrichen werden[305].
Die Streichung der die Zivil- und Prozeßordnung betreffenden Paragraphen ließ sich nach Ansicht des Reichsjustizamts problemlos bewältigen. Schwieriger könnte sich die Eingliederung des Schutzes der Inedita in das Urheberrechtsgesetz gestalten, da deren Schutz sich mit dem gegenwärtigen System nicht vereinbaren lassen würde. Zu diesen Fragen sollten daher schriftliche Gutachten herausragender Wissenschaftler eingeholt werden. Zu den übrigen Fragen sollten sachverständige Schriftsteller, Komponisten, Verleger und Theaterdirektoren angehört werden[306].
Das Reichsjustizamt beauftragte die Professoren Weizsäcker, Ihering, Dahn, Kohler, Mommsen und Spitta, den Reichsgerichtsrat a.D. Baehr sowie Dr. von Hase mit der Verfassung von Gutachten zu der Frage, „..ob und inwieweit demjenigen, welcher ein bisher ungedrucktes Werk, auf dessen Schutz niemand mehr Anspruch erhebt, mit Genehmigung dessen, der über das Manuskript zu verfügen berechtigt ist, herausgibt, ein gesetzlicher Schutz gewährt werden solle, und im Bejahungsfalle, ob und inwieweit dieser Schutz etwa auch auf die Herausgabe bereits gedruckter, nicht mehr geschützter Werke, insbesondere die Herausgabe eines berichtigten oder kritisch bearbeiteten Textes solcher Werke auszudehnen sein müßte."[307] Bis auf Kohler sprachen sich alle Gutachter für den Schutz aus. Das Reichsjustizamt ließ das preußische Justizministerium wissen, daß es selber die Ansichten Mommsens und von Hases für praktikabel befände, diese wichtige Frage aber im Einvernehmen mit dem Ministerium regeln wollte[308]. Das preußische Justizministerium befürwortete den Schutz ebenfalls und erklärte das Gutachten Kohlers kurzerhand als für den praktischen Gebrauch ungeeignet[309].
Auf Basis der bisher gesammelten Materialien sollte der königliche Appelationsrath a.I. Geheimer Justizrat Dr. Planck aus Göttingen, ein Jurist, der auch in der Kommission zur Ausarbeitung des Entwurfs für das Bürgerliche Gesetzbuch tätig war, einen Reformentwurf erstellen. Das Reichsjustizamt teilte ihm dabei mit, die erforderlichen Abänderungen würden wohl keine Kodifikation des Urheberrechtes notwendig machen, sondern sich im Rahmen der Gesetze vom 11. Juni 1870 und vom 9. und 10. Januar 1876 bewerkstelligen lassen. Dieser Auftrag war ein Anhängsel zu Plancks eigentlicher Aufgabe, dem Entwurf eines Verlagsrechts. Da das Verlagsrecht nicht mit in den Entwurf eines Bürgerlichen Gesetzbuches aufgenommen wurde, sollte Planck einen Entwurf für die Regelung in einem Spezi-

[305] Denkschrift, BArch, R 3001/6349, Bl. 98.
[306] Denkschrift, BArch, R 3001/6349, Bl. 99 f.
[307] Brief des Reichsjustizamts an den deutschen Kaiser vom 7. März 1887 mit der Bitte um Genehmigung zur Einholung der Gutachten, BArch, R 3001/6349, Bl. 86 f.
[308] Brief des Reichsjustizamts an das Preußischen Justizministerium vom 2. Juli 1887, BArch, R 3001/6349, Bl. 202 f.
[309] Brief des Preußischen Justizministeriums an das Reichsjustizamt vom 12. Juli 1887, BArch, R 3001/6349, Bl. 202 f.

algesetz erstellen. Aufgrund des inneren Zusammenhangs des Verlagsrechts mit dem Urheberrecht sollte er letzteres gleich mitbehandeln[310]. Planck behandelte die urheberrechtlichen Fragen zunächst in Form einer Denkschrift und befand eine baldige Umsetzung als unbedingt nötig[311]. Die Gesetze vom 9. und 10. Januar 1876 waren ebenfalls reformbedürftig, da die Berner Übereinkunft in Art. 4 und in Ziffer 1 des Schlußprotokolls auch Kunstwerke und Photographien einbezog. Dennoch wurden die Gesetze in getrennten Entwürfen behandelt.

3. Zur Zuständigkeit von Reichsjustizamt und Reichsamt des Inneren

Die Zuständigkeit des Reichsamtes des Inneren für wirtschaftspolitische Gesetze führte zwangsläufig zu Überschneidungen mit der Ressortzuständigkeit des Reichsjustizamts, so auch bei der Revision der Urheberrechtsgesetze[312]. 1889 unterrichtete das Reichsamt des Inneren das Reichsjustizamt von einer geplanten Revision des Urheberrechtsgesetzes zum Schutz von Werken der bildenden Künste vom 9. Januar 1876. Das Reichsjustizamt hingegen war der Ansicht, die Revision der Urheberrechtsgesetze von 1870 und 1876 würde in sein Ressort fallen, da die Gesetzgebung vorwiegend rechtlicher Natur war, die Korrespondenz mit dem Büro der ALAI und die Teilnahme an den Berner Verhandlungen vom Reichsjustizamt ausgingen und Eingaben zu den Gesetzen teils beim Reichskanzler und teils beim Reichsjustizamt eingingen. Auch sah das Reichsjustizamt die Zusammenhänge zwischen den Gesetzen als so eng an, daß eine Trennung der Revisionsarbeiten an den Gesetzen nicht ohne Nachteile für die Qualität der Revision zu vollziehen wäre. Gleiches befand das Reichsjustizamt für die in seinem Haus voranschreitende Vorbereitung eines Verlagsgesetzes, die ebenfalls eng mit der Revision des Gesetzes vom 11. Juni 1870 verbunden war[313]. Das Reichsamt des Inneren war zwar auch der Ansicht, die Anpassung des Gesetzes vom 11. Juni 1870 an die Regelungen der Berner Union wäre vorwiegend juristischer Natur und griff sicherlich auch in die Urheberrechtsgesetze von 1876 über[314]. Im Gegensatz zum erstgenannten Gesetz käme jedoch bei den letztgenannten Gesetzen das konkrete Bedürfnis der einzelnen Kunst- und Industriezweige in erster, und die Anpassung an die allgemeinen Grundsätze der Urheberrechtsgesetzgebung erst in zweiter Linie in Betracht, so daß die Teilung der Gesetze auch bereits innerlich begründet sei. Daher betrachtete sich das Reichsamt des Inneren zunächst für die Revision der Gesetze von 1876 zuständig. Die vom Reichsjustizamt schließlich angebotene Übernahme der Revisionsarbeiten am Gesetz vom 11. Juni 1870 und die Vorberei-

---

[310] Brief des Reichsjustizamts an Planck vom 24. Mai 1889, BArch, R 3001/6349, Bl. 267 ff., 273.
[311] Brief von Planck an das Reichsjustizamt vom 5. November 1889, BArch, R 3001/6349, Bl. 294 ff.
[312] Schulte-Noelke, Das Reichsjustizamt, S. 64.
[313] Brief des Reichsjustizamts an das Reichsamt des Inneren vom 13. Februar 1890, BArch, R 3001/6349, Bl. 306 f.
[314] Zu den Gesetzen von 1876 siehe Kap. 1 C.I.

tung des Verlagsgesetzes durch das Reichsamt des Inneren lehnte das Reichsamt ab mit dem Hinweis, die Revision würde überwiegend auf rechtlichen Erwägungen beruhen und das mit dem Gesetz vom 11. Juni 1870 zusammenhängende Verlagsgesetz wäre ausschließlich von privatrechtlicher Bedeutung. Beide Ressorts wollten jedoch in diesen Fragen weiter zusammenarbeiten[315]. Somit führte die Zuständigkeitsregelung zu einer getrennten Bearbeitung der Gesetze von 1870 und 1876.

B. Die ersten Entwürfe

I. Neuregelung anstelle von Nachbesserung

Der Umfang der erforderlichen Änderungen am Gesetz vom 11. Juni 1870 ließ das Reichsjustizamt wohl zu dem Schluß kommen, daß eine komplette Neuregelung des Urheberrechts der Nachbesserung einzelner Stellen vorzuziehen wäre.
Jedenfalls hatte das Reichsjustizamt bereits im Frühjahr 1893 anstelle einzelner Nachbesserungsvorschläge einen ersten komplett neuen Entwurf aufgestellt[316]. Damit lag das Reichsjustizamt vor beziehungsweise zeitgleich zu den anderen Gruppen, die sich erhofften, noch auf die Gesetzgebung Einfluß nehmen zu können. Albert Osterrieth veröffentlichte 1893 einen für den Allgemeinen Deutschen Journalisten- und Schriftstellertag geschaffenen Entwurf[317]. Eine vom Börsenverein eingesetzte Kommission nahm die Arbeit zur Reform des Urheberrechtsgesetzes im selben Jahr erst auf[318]. Der erste Entwurf der ALAI wurde 1896 beschlossen[319]. Aus der zeitlichen Abfolge erklärt sich, daß die nach dem Entwurf des Reichsjustizamts dort eingegangenen Entwürfe die Gesetzgebung nicht mehr in grundsätzlichen Fragen zum Wesen und zum Aufbau des Gesetzes beeinflussen konnten, sondern lediglich in einzelnen, im praktischen Gebrauch jedoch nicht minder relevanten Punkten. Da der Entwurf des Reichsjustizamts nicht veröffentlicht wurde, konnte er auch seinerseits nicht die Entwürfe der einzelnen Interessengruppen beeinflussen.

II. Der Arbeitsentwurf des Reichsjustizamts

Im Mai 1893 schlug das Reichsjustizamt dem Reichsamt des Inneren vor, einen von ihm ausgearbeiteten Entwurf zu beraten. In wichtigen Fragen sollte Einverständnis erzielt werden, bevor der Entwurf dann mit Schriftstellern, Komponisten

---

[315] Brief des Reichsamtes des Inneren an das Reichsjustizamt vom 2. April 1890, BArch, R 3001/6349, Bl. 330 f.
[316] BArch, R 3001/6350, Bl. 66-80.
[317] Osterrieth, Die Reform des Urheberrechts.
[318] Börsenverein der Deutschen Buchhändler (Hg.), Beschlüsse des außerordentlichen Ausschusses, S. 5 ff.
[319] Maillard, Entwurf eines internationalen Gesetzes über Urheberrecht, GRUR 1896, S. 334.

und Verlegern besprochen werden sollte[320]. Seitens des Reichsjustizamts sollten der Direktor des Reichsjustizamts Dr. Gutbrod, der Geheime Ober-Regierungsrat Freiherr von Seckendorff sowie der Geheime Regierungsrat Dr. Dungs teilnehmen. Das Reichsamt des Inneren wollte sich vom Geheimen Regierungsrat Hauß vertreten lassen[321]. Die im Sommer 1893 anstehende Beratung des Gesetzes wurde weiter hinausgeschoben, da man die Verhandlungen für die Pariser Konferenz zur Revision der Berner Übereinkunft 1896 abwarten wollte. Deshalb fand erst drei Jahre später, am 27. Juni 1896, die erste Beratung statt[322].

Die offensichtlichste Änderung des Arbeitsentwurfs gegenüber dem Gesetz vom 11. Juni 1870 war der neue Aufbau[323]. Die Abschnitte waren nicht mehr gegliedert nach der Art des zu schützenden Werkes, sondern nach „Gegenstand des Urheberrechts und berechtigten Personen“ (§§ 1-8), „Inhalt des Urheberrechts“ (§§ 9-18) und der „Dauer des Urheberrechts“ (§§ 19-25). Es folgen Abschnitte über „Entschädigung, Strafen, Sicherungsmaßregeln“ (§§ 26-33), „Verfahren“ (§§ 34-37), „Verjährung“ (§§ 38-41), über die Führung der Eintragsrollen (§§ 42-45) sowie Schlußbestimmungen (§§ 46-54).

Inhaltlich wurden die Vorschriften an die Regelungen der Berner Union angepaßt. Das Recht zur Übersetzung wurde zehn Jahre ab der Veröffentlichung geschützt (§ 22 Abs. 2) und von den Formerfordernissen in § 6 des Gesetzes vom 11. Juni 1870 befreit. § 13 Abs. 2 gestattete die Herstellung von Instrumenten, die der mechanischen Wiedergabe von Musikstücken dienten. § 7 b des Gesetzes vom 11. Juni 1870 wurde dahingehend erweitert, daß lediglich Artikel politischen Inhalts und Tagesneuigkeiten generell nachgedruckt werden durften, andere, und nicht nur „größere“ Artikel, nur nachgedruckt werden durften, wenn der Autor sich nicht das Recht vorbehielt, und schließlich Erzeugnisse der schönen Literatur und wissenschaftliche Ausarbeitungen gar nicht nachgedruckt werden durften. Diese Regelung ging hinsichtlich des Nachdruckverbotes für Werke der Wissenschaft entsprechend § 7b des Gesetzes vom 11. Juni 1870 über Art. 7 der revidierten Berner Union hinaus.

Gestrichen wurden in dem Entwurf alle Regelungen aus dem Gesetz vom 11. Juni 1870, die Fragen der Zivil- und Strafprozeßordnung enthielten, beziehungsweise allgemein anerkannte Rechtssätze (§§ 19, 20 Abs. 1, 22 Abs. 1, 23, 26 Abs. 1, 29, 30, 32, 35 und 55).

Der Kreis der geschützten Werke (§§ 1, 5b, 43, 45 des Gesetzes vom 11. Juni 1870) blieb im Entwurf gleich.

---

[320] Brief des Reichsjustizamtes an das Reichsamt des Inneren vom 18. Mai 1893, BArch, R 3001/6350, Bl. 49 f.

[321] Brief des Reichsjustizamtes an das Reichsamt des Inneren vom 11. Juli 1893, BArch, R 3001/6350, Bl. 64 f., und Antwortbrief vom 2. August 1893, BArch, R 3001/6350, Bl. 118.

[322] Siehe undatierten Vermerk, BArch, R 3001/6350 Bl. 118 und Notiz von von Seckendorff und Dungs vom 27. Juni 1896, BArch, R 3001/6350 Bl. 157a.

[323] BArch, R 3001/6350, Bl. 66-80; die folgenden Paragraphen beziehen sich, soweit nicht anders gekennzeichnet, auf den Entwurf.

§ 7 des Entwurfs erklärte die Zwangsvollstreckung in das Urheberrecht gegenüber dem Urheber oder dessen Erben für unzulässig, sofern das Werk noch nicht erschienen war.

Die Befugnisse des Urhebers wurden erweitert. Dem Urheber wurde das Recht zur ausschließlichen Vervielfältigung gewährt. Durch die Streichung des Wortes „mechanisch" konnte er so auch gegen handschriftliche Abschriften, sofern er dadurch einen Schaden erlangte, vorgehen (§§ 9, 10 des Entwurfs). Er erhielt die ausschließliche Befugnis zur gewerbsmäßigen Verbreitung seines Werkes (§ 9 Abs. 1). Diese war nach § 25 des Gesetzes vom 11. Juni 1870 nur strafrechtlich und mit Beschränkung auf Nachdruckexemplare geschützt. So konnte der Autor nicht gegen die Verbreitung von Werken, die zwar legal hergestellt worden waren, jedoch dem Verlagsvertrag zuwider verbreitet wurden, vorgehen[324]. Bis zum Erscheinen eines Werkes hatte der Autor ein ausschließliches öffentliches Vortragsrecht (§ 9 Abs. 3).

Der Entwurf erkannte ein eigenes Bearbeiterurheberrecht an (§ 11), nicht jedoch für Übersetzungen, Übertragungen in eine andere Mundart und musikalische Arrangements, die dem Autor vorbehalten bleiben sollten.

Für den Gemeingebrauch sollten Sammlungen von Werken verschiedener Komponisten, die nach ihrer Beschaffenheit ausschließlich für den „Elementarunterricht" bestimmt waren, frei sein. Hier wurde die in § 47 des Gesetzes vom 11. Juni 1870 genutzte Bezeichnung „Schulzwecke" wohl entsprechend den Wünschen des Vereins Deutscher Musikalienhändler enger gezogen.

§ 12 Nr. 2 des Entwurfs schränkte § 7 c, d des Gesetzes von 1870 mehr ein, indem er den Nachdruck von amtlichen Drucksachen mit Ausnahme von Gesetzen, amtlichen Erlassen und Entscheidungen von einem an die Spitze des Werkes gesetzten Vorbehalt abhängig machte.

Die Dauer des Schutzes wurde auf 30 Jahre nach dem Tod des Urhebers und zehn Jahre nach der Veröffentlichung erweitert, so daß auch nach dem Tod des Urhebers veröffentlichte Werke mindestens zehn Jahre Schutz genießen würden (§ 19).

Die §§ 27 bis 29 erklärten nicht mehr auch die fahrlässige, sondern nur noch die vorsätzliche Verletzung der wichtigsten urheberrechtlichen Befugnisse für strafbar. Neu aufgenommen in § 28 wurde der strafrechtliche Schutz des Autors vor der öffentlichen Aufführung einer nicht von ihm genehmigten dramatischen Bearbeitung seines Werkes. § 44 gewährte dem Autor strafrechtlichen Schutz vor unbefugter Veröffentlichung seines Werkes.

Inhalt und Systematik des Entwurfs blieben weit hinter den Erkenntnissen der Lehre zurück. Die Dreiteilung des Urheberrechts blieb erhalten. Obwohl Lehre und Rechtsprechung den Begriff des Nachdrucks weit über seine ursprüngliche Bedeutung ausgedehnt hatten, baute der Entwurf Befugnisse und Schranken des Urheberrechts wieder um diesen Begriff auf. Im Vokabular und Aufbau war der

[324] Allfeld, Urheberrecht, § 25 Abs. 1, Nr. 3.

Entwurf noch in vielen Punkten dem Gesetz von 1870 verhaftet. Die Verletzung urheberrechtlicher Befugnisse wurde immer noch als „Nachdruck“ bezeichnet. Schranken des Urheberrechts wurden nach wie vor als Ausnahme des Nachdruckverbotes („Als Nachdruck ist es nicht anzusehen...“) behandelt. Gleiches galt für das Bearbeiterurheberrecht gemäß § 11 des Entwurfs („Als Nachdruck ist nicht anzusehen die Bearbeitung eines geschützten Werkes, sofern sie eine eigentümliche Schöpfung darstellt. Als eigentümliche Schöpfung gilt nicht 1. Die Übersetzung eines Werkes in eine fremde Sprache; ...“).

Zwar ließ der Entwurf durch die Zusammenfassung der geschützten Werke und der ausschließlichen Befugnisse erkennen, daß diese Ausfluß desselben Rechts sein sollten, aber zu einem umfassenden Verwertungsrecht fand er nicht. So waren das Veröffentlichungsrecht und das Recht zur Dramatisierung nur strafrechtlich geschützt. Ebenso erkannte der Entwurf zwar durch das Verbot der Zwangsvollstreckung in das Urheberrecht das Urheberpersönlichkeitsrecht an, vermied jedoch eine Aussage über das Wesen des Urheberrechts. Der Entwurf zog die Schranken des Urheberrechts nach reinen Praktikabilitätsgründen und ließ jeden Rückschluß auf ein zugrunde liegendes Prinzip vermissen. Hier sei auf die Befristung des Übersetzungsrechtes auf zehn Jahre, die Freigabe der Herstellung mechanischer Musikinstrumente, den abgeschwächten Schutz von Zeitungsartikeln und die Beschränkung des Schutzes auf unveröffentlichte Vorträge verwiesen.

Mehrere Änderungsvorschläge wurden noch nicht berücksichtigt. Der Schutz der Inedita, die Verlängerung der Schutzfrist, der Wegfall des Aufführungsvorbehalts sowie ein zivilrechtlicher Schutz vor Dramatisierung fanden keine Aufnahme in den Entwurf.

In dem Entwurf drückten sich bereits die Zielrichtungen der Reform aus. Die persönlichen Rechte des Urhebers sollten mehr Berücksichtigung finden, wie der Schutz vor Vollstreckung in das Urheberrecht und vor unbefugter Veröffentlichung zeigt. Der Urheber sollte besser vor der mittelbaren Ausnutzung seines Werkes, zum Beispiel durch Dramatisierung, geschützt werden und das Gesetz soll an die Regelungen der Berner Union angepaßt werden.

Von den auf der Konferenz zur Revision der Berner Übereinkunft getroffenen zwei Richtungsentscheidungen, nämlich der Freigabe mechanischer Musikinstrumente und dem Wunsch, den Aufführungsvorbehalt unionsweit abzuschaffen, wurde die erste bereits im Sinne der Fabrikanten mechanischer Musikinstrumente umgesetzt. Dem Entwurf kommt grundsätzliche Bedeutung zu, da sich die weiteren Reformarbeiten des Reichsjustizamts an ihm orientierten.

III. Der Entwurf des deutschen Schriftstellerverbandes

1. Die Kommission des Allgemeinen Deutschen Journalisten- und Schriftstellertages 1892

Von verschiedenen Seiten wurde auf dem Allgemeinen Deutschen Journalisten- und Schriftstellertag in Dresden 1892 der Wunsch geäußert, auf eine Neuregelung des Urheber- und des Verlagsrechts hinzuwirken. Aufgrund dieser Anregung setzte der Journalisten- und Schriftstellertag einen aus Schriftstellern, Verlegern und Rechtssachverständigen bestehenden Ausschuß ein, der ein Jahr später einen revidierten, das Verlagsrecht mitumfassenden Entwurf für ein neues Urheberrechtsgesetz vorstellen sollte[325].

Freiherr Friedrich-Wilhelm von Biedermann, Martin Hildebrand, Wolfgang Kirchbach, Professor Josef Kürschner, Robert Kulka, Robert von Kupffer, Franz Matthes, Philipp Pfahler und Albert Osterrieth als Rechtssachverständiger wurden in den Ausschuß gewählt.

Der Ausschuß nahm unmittelbar nach seiner Einsetzung die Arbeit auf und beriet im April 1893 in Leipzig einen Gesetzesentwurf. Dabei wurde er seinem Auftrag nur halb gerecht. Das Verlagsrecht konnte er aufgrund der Kürze der zur Verfügung stehenden Zeit noch nicht regeln. Da das Verlagsrecht nach Ansicht des Ausschusses auf dem Urheberrecht aufbauen würde, konnte dies jedoch auch noch nach Billigung des Urheberrechtsentwurfs in Angriff genommen werden. Die Regelung in einem gemeinsamen Gesetz empfand der Ausschuß ohnehin als untunlich. Während das Urheberrecht ein geschlossenes System darstellte, müßte das Verlagsrecht durch Einzelbestimmungen den Interessenzwiespalt zwischen Autor und Verleger ausgleichen. Eine Zusammenlegung würde daher der Einheitlichkeit der urheberrechtlichen Regelungen schaden.

Auf dem Allgemeinen Deutschen Journalisten- und Schriftstellertag 1893 in München wurde der Entwurf, nachdem er zuvor in der Zeitschrift „Das Recht der Feder“ veröffentlicht worden war, einstimmig angenommen. Mit einer Petition wurde der Entwurf dem Reichstag und der Reichsregierung vorgelegt. Der Reichstag ging über die Petition zur Tagesordnung über, da er in der Petition die Reformbedürftigkeit der Urheberrechtsgesetze für nicht genügend begründet befand[326].

2. Der Inhalt des Entwurfs

Die maßgebliche Prägung empfing der Entwurf durch die Mitarbeit Osterrieths. Er selber bezeichnete später den Charakter der Arbeit als rein juristisch und von einem gewissen Doktrinismus nicht frei[327]. Seine Vorstellung vom Urheberrecht als immerwährendes geistiges Eigentum setzte Osterrieth in dem Gesetzesentwurf

---

[325] Zur Arbeit des Ausschusses Osterrieth, Die Reform des Urheberrechts, S. 5 f.

[326] Osterrieth, Materialien zur Reform des Urheberrechts, S. 331.

[327] Osterrieth, Materialien zur Reform des Urheberrechts, S. 331.

konsequent um. Neben der durch den Begriff „geistiges Eigentum“ bezeichneten rein wirtschaftlichen Beziehung spannte sich zwischen dem Schöpfer und seinem Werk ein persönlichkeitsrechtliches Band. Im Gegensatz zum immerwährenden geistigen Eigentum würde es jedoch mit dem Tod des Schöpfers erlöschen[328].
Der Entwurf arbeitete auf einem hohen Abstraktionsgrad. Dies spiegelt sich rein äußerlich in seiner Kürze von 21 Paragraphen gegenüber den 62 Paragraphen des Gesetzes von 1870 wieder. Der Schutz des Gesetzes gilt jeder „geistigen Schöpfung“ und nicht mehr einzeln aufgezählten Werkarten (§ 2). Damit hob der Entwurf die Dreiteilung des Urheberrechts auf. Die §§ 3 und 4 gewährten dem Schöpfer Schutz vor jeder Beeinträchtigung der persönlichen Beziehung des Urhebers zu seinem Werk. Daneben gewährte § 7 dem Schöpfer das Recht der ausschließlichen unbeschränkten Herrschaft über sein Werk. Der umfassende Schutz wurde nur an wenigen Stellen durchbrochen. § 5 vermutete die Zustimmung des Urhebers mangels eines besonderen Vorbehalts zur Wiedergabe politischer Zeitungsartikel und Reden in Zeitungen sowie die Aufnahme von Teilen eines Werkes in selbständige Werke zu wissenschaftlichem oder pädagogischem Zweck. § 6 erklärte die Wiedergabe öffentlicher Verhandlungen, staatlicher Akte und amtlicher Bekanntmachungen für frei. § 10 erlaubte Nutzungen des Werkes, die den Schöpfer in der wirtschaftlichen Ausbeutung seines Werkes nicht beeinträchtigten. Schließlich galt das immerwährende geistige Eigentum nach 30 Jahren der Nichtausübung als aufgegeben (§ 11). Das geistige Eigentum war voll oder teilweise übertragbar und vererblich (§ 9). Soweit die persönlichen Rechte des Schöpfers zur wirtschaftlichen Nutzung nötig waren, konnten auch diese übertragen werden (§ 12). Gepfändet werden konnte nur, soweit der Autor seine Zustimmung zu Verfügungen über sein Geisteswerk gegeben hatte.
Der strafrechtliche Schutz entsprach dem Schutz körperlichen Eigentums vor Diebstahl (§ 16). Der Entwurf wollte auch Geisteswerke von Ausländern einbeziehen. Die Übergangsbestimmungen befanden, daß bei Inkrafttreten dieses Gesetzes jede Erweiterung der Rechte dem geistigen Eigentümer des Werkes zugute kommen sollte (§ 21). Wer dies war, sollte durch Auslegung der geschlossenen Verträge bestimmt werden.
Der Entwurf war frei von Kasuistik. Osterrieth wollte den Gerichten Grundsätze zur Hand geben, nach denen sie entschieden konnten. In seiner Gesamtheit war der Entwurf als Maximalforderung zu verstehen. Das immerwährende geistige Eigentum, die umfassenden ausschließlichen Verwertungsrechte und der strafrechtliche Schutz gewährten den Werkschöpfern weitreichende Rechte. Osterrieth konnte hier die Prinzipien seiner Urheberrechtstheorie mit den Interessen der Schriftsteller in völligen Einklang bringen[329].
Im Börsenblatt des deutschen Buchhandels wurde der Entwurf einer Kritik unterzogen. Hinsichtlich des Systems des Entwurfs beurteilte Voigtländer wohlwollend

[328] Zum Entwurf Osterrieth, Die Reform des Urheberrechts, S. 7 ff, S. 23 ff.
[329] Zu Osterrieths Theorie vom Geistigen Eigentum siehe Kap. 2 F. IV.

die Behandlung des Urheberrechts als „... in so eigenartiger und sinnvoller Weise, ..., daß die Arbeit voraussichtlich auf die Fortbildung der Urheberrechtslehre und den Gang der Gesetzgebung von Einfluß sein wird." Er kritisierte jedoch das immerwährende geistige Eigentum, indem er die Frage nach der sittlichen Berechtigung des Erben, der nichts für das geistige Eigentum leistete, stellte. Den Individualschutz des Urhebers zu seinen Lebzeiten empfand Voigtländer als zu weitgehend, insbesondere, als dieser auch den Schutz vor der Kürzung eines Theaterstückes durch die Regie umfaßte. Andererseits wäre der Schutz mit der Begrenzung auf Lebzeit des Autors auch zu kurz, da analog auch Verstorbene gegen Beleidigungen geschützt wurden[330].

Mit der Verlängerung der Schutzfrist sprach Voigtländer bereits einen Punkt an, dem der Buchhandel besonders ablehnend gegenüber stand. Der Buchhandel befürchtete eine Störung der Geschäfte durch Neuverhandlung der bereits abgeschlossenen Verträge sowie das Aufleben des Schutzes für bereits frei gewordene Werke[331].

IV. Der Entwurf des Börsenvereins

1. Die Arbeit des außerordentlichen Ausschusses zur Revision des Urheberrechts bis 1896

Der Börsenverein beschloß auf seiner Hauptversammlung im Jahr 1893, einen außerordentlichen Ausschuß zur Revision der bestehenden Gesetze über das Urheberrecht einzusetzen. Auch das Gesetz, betreffend das Urheberrecht an Werken der bildenden Künste, vom 9. Januar 1876 sowie das Gesetz, betreffend den Schutz der Photographie gegen unbefugte Nachbildung, vom 10. Januar 1876 erschienen dem Börsenverein reformbedürftig[332].

Die Arbeit des Ausschusses schloß sich unmittelbar an die von 1890 bis 1893 vom Börsenverein erstellte Verlagsordnung für den deutschen Buchhandel an. Diese Verlagsordnung erarbeitete der Börsenverein in Ermangelung eines einheitlichen deutschen Verlagsgesetzes, um sie dem Geschäftsverkehr der Verlage zugrunde zu legen und sie daneben dem Reichskanzler zur Berücksichtigung bei Erstellung eines Verlagsgesetzes zu überlassen[333].

In den Ausschuß wählte der Vorstand mit dem Wahlausschuß aus den Mitgliedern des Börsenvereins Dr. Erich Ehlermann, Alfred von Hölder, Otto Mühlbrecht, Fritz Schwartz, Ernst Seemann, Wilhelm Spemann und Robert Voigtländer. An

---

[330] Voigtländer, Der Osterriethsche Entwurf eines Gesetzes für das Urheberrecht, S. 3730-3732.

[331] Börsenverein der Deutschen Buchhändler (Hg.), Beschlüsse des außerordentlichen Ausschusses, S. 70 ff.

[332] Zur Arbeit des Ausschusses: Börsenverein der Deutschen Buchhändler (Hg.), Beschlüsse des außerordentlichen Ausschusses, S. 3, 5 ff.

[333] Börsenverein der Deutschen Buchhändler (Hg.), Beschlüsse des außerordentlichen Ausschusses, S. 38; zur Verlagsordnung: Vogel, Die Entwicklung des Verlagsrechts, S. 149 ff.

den folgenden Sitzungen nahm Dr. Eduard Brockhaus bis 1895 in seiner Funktion als Vorsitzender des Börsenvereins und nach seinem Rücktritt 1895 als Privatmann teil. Der Ausschuß bearbeitete die Urheberrechtsgesetze in vier Lesungen. Die erste Lesung fand vom 29. November bis zum 1. Dezember 1893 in Leipzig statt. Am 20. April 1894 wurden die vom Ausschuß als besonders wichtig erachteten Punkte des Gesetzes mit einer größeren Anzahl von Verlegern besprochen. Im selben Jahr folgte vom 17. bis zum 19. Oktober die zweite Lesung der Gesetze. Der Ausschuß erachtete es für wichtig, noch vor Fertigstellung seiner Arbeit die Reichsregierung von den Wünschen des Buchhandels in Kenntnis zu setzen und wandte sich im März 1895 mit der Bitte an das Reichsjustizamt, einen Vertreter zu der dritten Lesung der Gesetze zu entsenden. Dazu schlug der Verein den Geheimen Regierungsrat Dr. Dungs vor, da dieser bereits der Lesung 1893 beigewohnt hatte. Das Reichsjustizamt entsprach der Bitte und entsandte ihn zu der Lesung vom 20. bis zum 22. März 1895[334]. Dungs war im Reichsjustizamt bereits seit längerer Zeit mit der Revision des Urheberrechts betraut.
Zur vierten Lesung vom 6. bis zum 8. November 1895 wurde der Kreis der Beteiligten erweitert. Dr. Karl Dziaßko, Professor in Göttingen, Dr. Ernst Hasse, Professor in Leipzig und Reichstagsabgeordneter, sowie Hermann Pantenius, Chefredakteur der Zeitschrift „Daheim", wurden als schriftstellerische Sachverständige geladen. Als juristische Sachverständige wurden Dr. Paul Schmidt, früherer Generalsekretär des Börsenvereins, jetzt Rechtsanwalt in Leipzig, und Dr. Albert Osterrieth eingeladen. Osterrieth war 1896 Nachfolger Schmidts als Redakteur der Zeitschrift für Gewerblichen Rechtsschutz, (seit 1896 Zeitschrift für Urheberrecht und Gewerblichen Rechtsschutz) und als Geschäftsführer des Grünen Vereins[335]. Als Sachverständiger für die Belange der Zeitungsverleger zog der Ausschuß den Verleger Franz Xaver Bachem heran.
Der vierten Beratung zugrunde lag eine Zusammenfassung der ersten drei Lesungen. Die Beteiligung der Sachverständigen brachte gegenüber den bisherigen Beschlüssen keine wesentlichen Unterschiede, wie der Ausschußbericht betont, „... wohl aber in vielen Punkten, darunter den wichtigen, völlige Übereinstimmung."[336]
Die Ergebnisse der Beratungen wurden von Robert Voigtländer unter dem Titel „Vorschläge zum Reichsgesetz, betreffend das Urheberrecht an Schriftwerken, Abbildungen, musikalischen Kompositionen und dramatischen Werken. Vom 11. Juni 1870" zusammengefaßt. Am 3. Mai 1896 beschloß die Hauptversammlung des Börsenvereins, dem Reichskanzler den Bericht zur Berücksichtigung bei einer Revision der bestehenden Gesetze über Urheberrecht einzureichen und diese

[334] Brief des Börsenvereins an das Reichsjustizamt vom 7. März 1895, BArch, R 3001/6350, Bl. 137, Antwortbrief des Reichsjustizamtes vom 11. März 1895, BArch, R 3001/6350, Bl. 138.
[335] Krieger/Bühling, 100 Jahre Grüner Verein, S. 16 f.
[336] Börsenverein der Deutschen Buchhändler (Hg.), Beschlüsse des außerordentlichen Ausschusses, S. 7.

Schriften zu publizieren[337]. Am 4. Juli 1896 wurde die erfolgte Eingabe vom Reichsamt des Inneren an das Reichsjustizamt weitergeleitet[338].

2. Aufbau und Inhalt des Börsenvereinsentwurfs

Gegenüber den anderen Entwürfen behielt der Entwurf des Börsenvereins von 1896 den Aufbau der geltenden Gesetze bei. Änderungsvorschläge wurden nur jeweils mit Bezug auf den entsprechenden Paragraphen gemacht. Der Ausschuß stellte ausdrücklich den Gesetzen keinen allgemeinen Rechtssatz voran, der sich dem Wesen des Urheberrechts theoretisch näherte und die bisherige Dreiteilung durch Herausstellen der Gemeinsamkeiten hätte aufheben können. Lediglich bemerkte er in seinem Bericht: „Ferner entspräche es der in den letzen Jahren klar ausgebildeten Rechtsanschauung, zum Ausdruck zu bringen, daß das Recht des Urhebers zweierlei sei: vermögensrechtlicher und persönlicher Art." Ebenso lehnte er die Beantwortung der Frage, ob die Dreiteilung beizubehalten sei, ab. „Doch wog allerdings im Ausschusse die Ansicht vor, daß die Dreiteilung für den praktischen Gebrauch vorzuziehen sei." [339] Gerade weil der Ausschuß sich der Problematik einer Neuordnung der Gesetze durch neue Rechtskonstruktionen bewußt war, ging er auf diese nicht näher ein. Er erachtete es ausschließlich als seine Aufgabe, dem künftigen Gesetzgeber von den in der Praxis des Buchhandels entstandenen Wünschen Kenntnis zu geben.

Die einzelnen Vorschläge waren rein an den Interessen des Börsenvereins ausgerichtet[340]. Ein System lag ihnen nicht zugrunde. Voran stellte Voigtländer die Überlegung, seit dem Privilegienzeitalter wäre das Recht des Verlegers immer weiter hinter dem des Autors zurückgetreten. Die Wandlung des Verlagsrechtes von einem ursprünglichen Recht zu einem nur noch aus dem Urheberrecht des Autors abgeleiteten Rechtes ginge zu Lasten des Buchhandels und würde einen Fehler des Rechtszustandes darstellen[341].

Aus diesem Gedanken sollte in zwei wesentlichen Punkten der Schutz des Gesetzes erweitert werden. Das Gesetz sollte ein eigenes Recht des Verlegers als Besteller eines Werkes anerkennen. Dem § 2 des Gesetzes vom 11. Januar 1876 nachgebildet, sollte „...der Eigentümer von Zeitungen, Zeitschriften, enzyklopädischen Sammelwerken, von Erzeugnissen kartographischer, photographischer und ähnlicher Anstalten Träger des Rechtsschutzes für die in seinem Hause und Auf-

---

[337] Börsenverein der Deutschen Buchhändler (Hg.), Beschlüsse des außerordentlichen Ausschusses, S. 3.

[338] Brief des Reichsamts des Inneren an das Reichsjustizamt vom 4. Juli 1896, BArch, R 3001/6350, Bl. 154.

[339] Börsenverein der Deutschen Buchhändler (Hg.), Beschlüsse des außerordentlichen Ausschusses, S. 52 ff., S. 53.

[340] Zu den folgenden Paragraphen siehe die jeweiligen Bemerkungen in: Börsenverein der Deutschen Buchhändler (Hg.), Beschlüsse des außerordentlichen Ausschusses, S. 52 ff.

[341] Börsenverein der Deutschen Buchhändler (Hg.), Beschlüsse des außerordentlichen Ausschusses, S. 42 ff.

trage von anderen Personen gefertigten Arbeit sein...." Das Fehlen einer solchen Regelung stellte nach Ansicht des Börsenvereins eine Benachteiligung des Buchgewerbes gegenüber der Industrie dar.
Ebenfalls in das Gesetz aufgenommen werden sollte der Schutz der Inedita. Angelehnt werden sollte der Schutz an den Vorschlag von Otto Baehr, der zu dieser Frage bereits ein Gutachten für das Reichsjustizamt geschrieben hatte. Er knüpfte den Schutz an das Eigentum am Text an. Dem Eigentümer sollte auf Antrag zehn Jahre Schutz gegen Nachdruck gewährt werden. Gleichzeitig konnte der Eigentümer beliebig vielen Verlegern die Herausgabe gestatten.
In § 1 des Gesetzes von 1870 sollten die Worte „auf mechanischem Wege" gestrichen werden, da die damalige Rechtsanschauung dem Autor viele weitergehende Rechte der Vervielfältigung zuwies[342]. Der Ausschuß schlug mehrere Erweiterungen der Befugnisse des Urhebers vor. Dem Urheber sollte auch die handschriftliche Abschrift, es sei denn, sie diente dem privaten Gebrauch, vorbehalten werden (§ 4). Persönliche Briefe sollten vor Veröffentlichung geschützt werden (§ 5). Der Urheber sollte die ausschließliche Befugnis zur Dramatisierung seines Werkes haben. Die Rechte des Urhebers musikalischer Kompositionen sollten um den Schutz der Melodie und um den Schutz vor der Herstellung von auswechselbaren Notenblättern für mechanische Musikinstrumente mit ihren Kompositionen erweitert werden (§ 46 des Entwurfs). Das Recht der öffentlichen Aufführung sollte nicht mehr von einem Vorbehalt des Urhebers abhängig sein (§ 50 des Entwurfs). Hinsichtlich der letzten beiden Änderungsvorschläge berücksichtigte der Börsenverein ausdrücklich die Wünsche des Vereins deutscher Musikalienhändler.
Hinsichtlich des Schutzes vor Übersetzungen sprach sich der Ausschuß für eine Anpassung an die Regelungen der Berner Konvention aus (§ 6). Ausdrücklich insistierte er gegen die auf dem Schriftstellertag in München erhobene Forderung, das ausschließliche Übersetzungsrecht als Verbietungsrecht 30 Jahre nach Tod des Autors, entsprechend den anderen Urheberrechten, anzuerkennen. Die kurze Schutzfrist wäre aus Zweckmäßigkeitsgesichtspunkten, wie dem Interesse an guten Übersetzungen ausländischer Werke und der geistigen Anstrengung, die auch der Übersetzer erbringen müßte, gerechtfertigt. Übersetzungen würden im übrigen entweder kurz nach Veröffentlichung des Werkes erfolgen oder gar nicht.
Nicht verlängert werden sollte die 30-jährige Schutzfrist (§ 8). Durchschnittlich erstreckte sich nach Darstellung des Börsenvereins der Schutz eines Werkes auf 50-60 Jahre. Dies war ein Zeitraum, der die Lebensfähigkeit der großen Mehrzahl aller je erschienenen Bücher bei weitem überdauerte. Überdauerten solche Werke diesen Zeitraum, so müßten sie von einem anderen Verfasser den wandelnden Verhältnissen neu angepaßt werden. Eine Verlängerung der Frist hätte jedoch auf die Menge und Güte der Literatur keinen positiven Einfluß, da nur in wenigen Fäl-

---

[342] Die folgenden Paragraphen beziehen sich –soweit nicht anders bezeichnet- jeweils auf den Entwurf des Börsenvereins und auf das Urheberechtsgesetz von 1870.

len Autoren 30 Jahre nach ihrem Tod überhaupt noch gefragt wären. Anders läge das Interesse im Musikalienhandel, da Werke der Musik sich nur langsamer durchsetzen würden und generell länger verlagsfähig wären als Bücher. Sollte dennoch die Frist verlängert werden, so müßten Übergangsregelungen gefunden werden, die den Verlagsverträgen nicht zuwider liefen. Auf keinen Fall sollte die Frist bei bereits frei gewordenen Werken wieder aufleben. Ebenfalls sollten nicht alle Vorteile der Verlängerung den Schriftstellern zugute kommen und alle Nachteile den Verlegern. Damit wandte sich die Kommission gegen die Forderung des deutschen Schriftstellerverbandes, die den Verlagen bei geschlossenen Verlagsverträgen aufgrund der verlängerten Schutzfrist eine Nachzahlungspflicht gegenüber den Autoren auferlegen wollte.

Die §§ 5c, d, 10 gehörten nach Ansicht des Börsenvereins in ein Verlagsgesetz, da sie lediglich das Verhältnis zwischen Autor und Verleger zum Gegenstand hatten. Die §§ 5c und d bezeichneten den Druck von Werken entgegen dem Verlagsvertrag als Nachdruck. Der Börsenverein sprach sich nur gegen eine Streichung aus, da er sich nicht dem Vorwurf der Einseitigkeit aussetzen wollte. § 10 erklärte, daß der Herausgeber eines periodisch erscheinenden Werkes einzelne darin erschienene Aufsätze, falls nicht anders vereinbart, zwei Jahre nach ihrem Erscheinen anderweitig abdrucken durfte.

Enger gezogen werden sollten die Schranken des Urheberrechts. Die in den § 7a und § 47b gestattete Aufnahme von Werken in Sammlungen sollte aufgrund des damit betriebenen Mißbrauchs dahingehend eingeschränkt werden, daß die Entlehnung aus einem anderen Werk weder ein Fünfzehntel von dem Umfang des benutzten noch ein Fünfzehntel von dem Umfang des benutzenden Werkes überschreiten dürfte. Der Begriff „zum Schulgebrauch“ in § 47b sollte ebenfalls näher spezifiziert werden. Die Quellenangabe sollte Urheber und Quelle und nicht eins von beiden umfassen.

§ 7b sollte dahingehend eingeschränkt werden, daß lediglich der Abdruck tatsächlicher Mitteilungen und Nachrichten sowie Äußerungen zu politischen Tagesfragen in Zeitungen nicht mehr als Nachdruck anzusehen wäre. Mit der bisherigen Freigabe einzelner Artikel aus Zeitschriften mit Ausnahme novellistischer und wissenschaftlicher Werke wurde großer Mißbrauch betrieben, da ganze Zeitungen nur aus nachgedruckten Artikeln bestanden. Ebenso sollte die Freigabe des Abdrucks von Abbildungen für die Erläuterung eines Textes enger gezogen werden (§ 44 des Entwurfs). Die mittlerweile durch photomechanische Verfahren leicht herstellbaren Abbildungen hatten zu einer Ausbeutung fremder Bilder bei der Ausschmückung von Texten geführt.

§ 48 gestattete die Nutzung eines bereits veröffentlichten Werkes als Text zu einer musikalischen Komposition. Der Börsenverein schlug vor, dieses Nutzungsrecht noch dahingehend zu erweitern, daß dem Komponisten auch die Kürzung des Textes gestattet würde.

Mit der Entscheidung, in dem Entwurf nicht auf die prinzipiellen Grundlagen des Urheberrechts einzugehen und nicht die Entwicklungsfähigkeit der dem geltenden Gesetz zugrunde liegenden Prinzipien zu prüfen, wich der Börsenverein von seiner zur Vorbereitung des der sächsischen Regierung 1857 übergebenen Entwurfs befolgten Praxis ab. Die Verbesserungsvorschläge zu den geltenden Regelungen auf Basis der bisherigen Erfahrungen mit ihnen wurden maßgeblich von den Interessen des Börsenvereins und damit des Buchhandels geprägt. Zwar nahm der Börsenverein bei einzelnen Regelungen eine Abwägung mit den Interessen der Allgemeinheit und den Autoren vor. Osterrieth kritisiert jedoch, daß sich eine solche juristisch schwierige Materie nicht vom reinen Interessenschwerpunkt beherrschen lassen könnte und betrachtet die Arbeit daher als reine Materialsammlung für die inhaltlichen Anforderungen des Börsenvereins an ein neues Gesetz[343]. Unklar ließe, so die Kritik Osterrieths, die Kommission auch, aus welchen praktischen Gründen sie die Dreiteilung des Urheberrechts aufrecht erhalten wollte. Er zog aus den Materialien den Schluß, die Interessen des Buchhandels würden sich eben nicht mit denen des durch die anderen Urhebeberrechtsgesetze geschützten Kunsthandels decken. Es sollte jedoch nicht ein Buch- und ein Kunsthandelsrecht geschaffen werden, sondern ein einheitliches Urheberrecht[344].

V. Die Arbeit der Association littéraire et artistique internationale

Die ALAI hatte bereits seit ihrer Gründung 1876 ständig an der Ausgestaltung des nationalen und internationalen Urheberrechts gearbeitet. Die wiederholte Beratung urheberrechtlicher Fragen auf den jährlich stattfindenden Kongressen hatte zur Beschlußfassung über bestimmte Grundsätze geführt, die von dem französischen Anwalt Georges Maillard zu einem Gesetzesentwurf zusammengefaßt wurden. Der erste Entwurf basierte auf einem von Maillard für den Dresdner Kongreß im Jahr 1895 ausgearbeiteten Bericht[345]. Er stellte weniger einen geschlossenen Entwurf dar als eine Fixierung moderner Grundsätze der Urheberrechtsgesetzgebung. Zweck des Entwurfs war die Antwort auf die Probleme, die bei der Erweiterung des Rechtsschutzes durch die Berner Union aufkamen. Da die wesentlichen Probleme bei der Erweiterung des Rechtsschutzes in den unterschiedlichen Gesetzgebungen der Mitgliedsländer lagen, sollte der Entwurf als Leitlinie für die Mindestrechte bei der Revision der Gesetzgebungen der einzelnen Mitgliedsländer gelten[346]. Auf den Kongressen von Bern 1896, Monaco 1897, Turin 1898 und Heidelberg 1899 blieb der Entwurf auf der Tagesordnung[347]. Nach der Vornahme ein-

343 Osterrieth, Materialien zur Reform des Urheberrechts, S. 331.
344 Osterrieth, Materialien zur Reform des Urheberrechts, S. 336.
345 Osterrieth, Materialien zur Reform des Urheberrechts, S. 331.
346 Siehe die Erklärung von Maillard, abgedruckt in: Musterentwurf eines Urheberrechtsgesetzes, S. 6465.
347 Siehe zu den einzelnen Kongressen: Maillard, Entwurf eines internationalen Gesetzes über Urheberrecht nach den Beschlüssen des Berner Kongresses der Association littéraire et artistique in-

zelner Änderungen wurde er auf dem Kongreß der ALAI im Jahr 1900 erneut verhandelt[348]. Der Entwurf diente als Leitlinie für die Kritik der ALAI an der Gesetzgebungsreform.

§ 1 des Entwurfs nach den Beschlüssen der Berner Konferenz räumte dem Urheber jedes Geisteswerkes das Recht ein, es in beliebiger Form zu veröffentlichen und zu vervielfältigen[349]. Die Schutzfrist betrug 80 Jahre (§ 2). Für anonyme Werke wurde sie ab der Veröffentlichung gerechnet (§ 3). § 5 schützte den Herausgeber von posthumen Werken, das heißt von Werken, die nicht zu Lebzeiten des Schöpfers veröffentlicht worden waren, für ebenfalls 80 Jahre. Behördliche Akten und Gerichtsentscheidungen sollten nach § 6 nicht dem Gesetz unterfallen. § 7 erklärte die öffentliche Aufführung, die Übersetzung, die Dramatisierung und jede andere Art der Umarbeitung ohne Einwilligung des Autors für unzulässig. Die Einwilligung des Autors wurde jedoch in § 8 für bestimmte Zwecke, z.B. Zitate, sowie für die Wiedergabe von politischen oder anderen öffentlichen Reden vermutet. § 10 erklärte, daß jede Rechtsübertragung immer einschränkend auszulegen war und gewährte dem Autor auch bei der Rechtsübertragung noch die Möglichkeit der Verfolgung des Nachdrucks. § 11 erklärtet jede nach § 7 unzulässige Wiedergabe sowie die wissentliche Einfuhr und den Verkauf von unrechtmäßigen Nachbildungen für strafbar.

VI. Vergleich der Entwürfe Maillards, Osterrieths und des Börsenvereins

Ein Vergleich der Entwürfe offenbart die gegensätzlichen Interessen von Schriftstellern und Verlegern, die auch die spätere Diskussion prägen sollten. Während Maillard und Osterrieth den Schutz an jede geistige Schöpfung anknüpfen wollten, hielt der Entwurf des Börsenvereins die Dreiteilung des Urheberrechts aufrecht und wollte auch den Schutz privater Briefe und Inedita eingliedern. Die Forderung des Börsenvereins nach Anerkennung eines Bestellerurheberrechts diente offensichtlich nur dem Vorteil der Herausgeber eines Werkes. Zwar forderte der Entwurf des Börsenvereins genau wie die Entwürfe von Maillard und Osterrieth ein ausschließliches Recht zur Vervielfältigung und das vorbehaltslose Aufführungsrecht. Dafür zog der Börsenverein jedoch die Schranken der ausschließlichen Befugnisse enger, indem er die Aufnahme einzelner Werke in Sammlungen sowie die Nutzung und Kürzung von Texten für Kompositionen gestattete, während Maillard und Osterrieth die Einwilligung zur bestimmten Nutzungen lediglich vermuteten, beziehungsweise von einem Vorbehalt abhängig machten.

---

ternationale, S. 334; zum Kongreß in Monaco 1897: Association littéraire et artistique internationale; Der Turiner Kongreß der Association littéraire et artistique internationale 1898; zum Heidelberger Kongreß1899: Der XXI. Kongreß der Association littéraire et artistique internationale.

[348] Zum Pariser Kongreß 1900, Internationaler Kongreß für litterarisches und künstlerisches Eigentum.

[349] Maillard, Entwurf eines internationalen Gesetzes über Urheberrecht nach den Beschlüssen des Berner Kongresses der Association littéraire et artistique Internationale.

Auch fehlte im Börsenvereinsentwurf die ausdrückliche Anerkennung der persönlichen Interessen des Urhebers. Schließlich war der Börsenverein gegen eine Verlängerung der Schutzfrist und auch nur für eine auf zehn Jahre verkürzte Schutzfrist für Übersetzungen, wohingegen Maillard und Osterrieth im Interesse der Schriftsteller eine Verlängerung der Schutzfrist und die Gleichbehandlung von Übersetzungen forderten.
Einig waren Maillard, Börsenverein und Osterrieth sich hinsichtlich der Notwendigkeit des Wegfalls des Aufführungsvorbehalts, des Schutzes vor der Wiedergabe durch mechanische Musikinstrumente sowie der Ausweitung des Schutzes von Zeitungsartikeln.

C. Die Besprechung des Arbeitsentwurfs im Reichsjustizamt

Der im Reichsjustizamt 1993 ausgearbeitete Entwurf wurde erst am 27. Juni 1896 von von Seckendorff und Dungs mit einem Kommissar des Reichsamts des Inneren beraten[350]. Die aus der Besprechung hervorgegangenen Änderungen beruhten auf den auf der Pariser Konferenz gefaßten Beschlüssen, den Anregungen des Börsenvereins und den Anregungen des Reichsamtes des Inneren[351].

[350] Zum Entwurf siehe Kap. 3 B. II.
[351] Notiz von von Seckendorff und Dungs vom 27. Juni 1896, BArch, R 3001/6350, Bl. 157a; die einzelnen Änderungen sind im Rahmen des Entwurfs vom Juni 1898, S. 117 ff. dargestellt.

Kapitel 4 - Die Vorbereitungen für den Entwurf von 1899

A. Einleitung

Mit Schreiben vom 27. April 1897 bat der Reichskanzler den Deutschen Kaiser um die Genehmigung der Aufstellung eines Entwurfs über ein neues Gesetz zum Schutz von Werken der Literatur und Tonkunst[352]. Zwar hätte sich das Gesetz vom 11. Juni 1870 als erster gleichmäßiger Schutz für das ganze Reichsgebiet durchaus bewährt. Mittlerweile, so führte der Reichskanzler aus, entspräche das Gesetz jedoch nicht mehr dem Stand der Reichsgesetzgebung. Das Gesetz wäre an die Entwicklung des internationalen Urheberrechts anzugleichen, namentlich hinsichtlich der Angleichung des Schutzes gegen Übersetzungen und des Schutzes vor dem Abdruck aus Zeitungen. Auch wäre das geltende Recht in einzelnen Punkten zu ergänzen. Schriften, die erst nach dem Tod des Autors herausgegeben würden, bedürften eines gewissen zeitlichen Schutzes. Auch müßte der Schutz des Urhebers selber erweitert werden. Er müßte auch auf die nicht mechanische Vervielfältigung des Werkes ausgedehnt werden. Die persönlichen Interessen des Urhebers sollten stärker berücksichtigt werden und sein Schutz gegen die mittelbare Ausnutzung seines Werkes müßte ausgedehnt werden. Die Frage, ob die Zwangsvollstreckung in das Urheberrecht statthaft wäre, bedürfte der gesetzlichen Entscheidung. Gleiches gälte für die Frage, ob sich der Schutz von Werken der Tonkunst auch auf die Verwendung durch mechanische Musikinstrumente erstreckte[353].

In engem Zusammenhang mit diesem Gesetzesvorhaben stand eine weitere Aufgabe der Reichsgesetzgebung, für die ebenfalls um die Genehmigung ersucht wurde. Da das Verlagsrecht weder im Bürgerlichen Gesetzbuch noch im Handelsgesetzbuch Berücksichtigung gefunden hatte, war auch hier eine Regelung erforderlich[354].

Der Kaiser genehmigte beide Vorhaben[355]. Das Reichsjustizamt begann, wie schon mit dem Reichsamt des Inneren besprochen, daraufhin mit den Vorbereitungen für eine erste Besprechung mit verschiedenen nicht der Regierung angehörigen Sachverständigen für den Oktober 1898. Während dieses erste Treffen nur informatorischen Charakter haben sollte, war für die endgültige Beratung noch eine Begutachtung durch verschiedene Sachverständigenausschüsse im Mai 1899

[352] Brief des Reichskanzlers an den Deutschen Kaiser vom 27. April 1897, BArch, R 3001/6351, Bl. 1-4.

[353] Brief des Reichskanzlers an den Deutschen Kaiser vom 27. April 1897, BArch, R 3001/6351, Bl. 1 f.

[354] Brief des Reichskanzlers an den Deutschen Kaiser vom 27. April 1897, BArch, R 3001/6351, Bl. 3.

[355] Siehe Vermerk des Kaisers auf dem Brief des Reichskanzlers an den Deutschen Kaiser vom 27. April 1897, BArch, R 3001/6351, Bl. 3.

geplant. Da die Revisionsarbeiten mittlerweile publik wurden, nahmen verschiedene Interessengruppen ihre Arbeit auf, um auf den Entwurf Einfluß zu nehmen und wandten sich an die Reichsregierung. Um für den Wegfall des Aufführungsvorbehalts eine Verwertung der Aufführungsrechte zu sichern, gründete Oscar von Hase die Anstalt für musikalische Aufführungsrechte. Richard Strauss wollte die Interessen der Komponisten gegenüber den Verlegern stärker vertreten und rief die Genossenschaft Deutscher Komponisten ins Leben. Vor der Veröffentlichung des Gesetzesentwurfs folgte im Juni 1899 noch eine letzte Beratung der Regierungsvertreter im Reichsjustizamt.

B. Die Anstalt für musikalische Aufführungsrechte

I. Zweck und Form der Anstalt

Für Komponisten und Musikalienverleger war einer der wichtigsten Punkte der Gesetzesreform eine Änderung des Aufführungsrechts. Der Kern des Gesetzes vom 11. Juni 1870 war der Schutz gegen Nachdruck. Der Schutz gegen alle übrigen Formen der Wiedergabe eines Werkes war ohne System an diesen angegliedert. Hinsichtlich des musikalischen Schutzes führte dies zu einer Ungleichbehandlung der beiden wesentlichen Formen der Wiedergabe eines musikalischen Werkes. Während der Schutz gegen Nachdruck vorbehaltlos gewährt wurde, wurde der Schutz gegen unberechtigte Aufführungen erheblich eingeschränkt. Er wurde von der Bedingung abhängig gemacht, daß sich der Komponist auf den Werkstücken ausdrücklich das Aufführungsrecht vorbehielt.[356].

Diese Ungleichbehandlung führte dazu, daß der dem Aufführungsrecht innewohnende wirtschaftliche Wert tatsächlich nur in geringem Maße realisiert werden konnte. Der Komponist selber war fast niemals in der Lage, die Voraussetzungen für den Schutz seiner Aufführungsrechte zu erfüllen. Da er sein Werk zum Druck in die Hände eines Verlegers geben mußte, hatte er als wirtschaftlich schwächerer Vertragspartner keinerlei Möglichkeiten, den Verleger zum Aufdruck des Vorbehalts zu veranlassen. Häufig wurde er darüber hinaus durch die verlegerische Macht veranlaßt, auch die ausschließlichen Aufführungsrechte mit abzutreten. Der Verleger hingegen tat nur alles erforderliche, um den maximalen Absatz der von ihm verlegten Werke zu gewährleisten. Zu einer darüber hinausgehenden wirtschaftlichen Nutzung der Aufführungsrechte fehlten die Mittel und zunächst auch das Interesse. Während der Verleger in Bezug auf sein eigentliches Geschäft lediglich Musikalienhändler beliefern mußte, war die Erteilung von Aufführungsrechten an die vielfältigen Gruppen, die musikalische Aufführungen veranstalteten, wesentlich unübersichtlicher. Noch schwieriger war daneben eine Kontrolle der

[356] Siehe §§ 1, 4 und § 50 Abs. 2 S. 2 des Gesetzes vom 11. Juni 1870.

Aufführungsrechte oder gar eine gerichtliche Verfolgung von Verstößen[357]. Dementsprechend wenige Werke wurden daher durch den Aufdruck eines Vorbehalts überhaupt geschützt. Lediglich ca. 1000 von 70.000 bis 80.000 Originalwerken erhielten zwischen 1871 und 1900 den Aufdruck[358].
Auf der anderen Seite stellte die Rechtslage auch die Nutzer von Aufführungsrechten vor die schwierige Aufgabe, den jeweiligen Rechtsinhaber ausfindig zu machen und das Nutzungsentgelt für die Aufführung zu verhandeln. Für kleine Gesangsvereine, die ein abendfüllendes Programm mit Werken unterschiedlicher Komponisten vorbereiteten, wäre dies ein mühsames Unterfangen gewesen.
Abhilfe aus diesem Dilemma sollte die Gründung einer Anstalt zur zentralen Wahrung der Aufführungsrechte schaffen. Verbunden war die Gründung dieser Anstalt mit einer Gesetzesänderung. Der Aufführungsvorbehalt als Schutzvoraussetzung sollte wegfallen, um eine umfassende Nutzung der Rechte zu gewährleisten[359]. Die deutsche Delegation führte bereits in ihrer Denkschrift zu den Verhandlungen zur Revision der Berner Übereinkunft in Paris 1896 an, daß eine Ausweitung des Schutzes von Musikwerken nur mit der Gründung einer Anstalt zur Wahrung der Aufführungsrechte möglich wäre. Vorbild für eine solche Anstalt war die 1851 in Paris gegründete Société des Auteurs, Compositeurs et Editeurs ("SACEM"). Mit der wirtschaftlichen Verwertung und der Verwaltung der Aufführungsrechte machte sie seit ihrer Gründung stetig steigende Umsätze, die im Jahr 1898 bereits 2.017.570 Francs betrugen. Die Gesellschaft zog ihre Aufführungshonorare in Frankreich sowie im Ausland ein. Systematisch tat sie dies bereits in Elsaß-Lothringen und gelegentlich auch in anderen Gebieten des Deutschen Reichs. Auch mehrere deutsche Komponisten waren Mitglieder der Anstalt. 1898 beschloß jedoch die Société, keine deutschen Mitglieder mehr aufzunehmen, solange nicht französischen Komponisten in Deutschland eine entsprechende Anstalt zur Verfügung gestellt würde[360].
Noch auf der Jahrestagung der ALAI in Dresden im Jahr 1895 wurde die Frage der Gründung einer solchen Anstalt, nachdem sich zahlreiche ausländische Teilnehmer vehement dafür ausgesprochen hatten, von deutscher Seite kontrovers diskutiert. Von Hase, der Vorsitzende des Vereins Deutscher Musikalienhändler, lehnte die Gründung und die generelle Einführung von Konzerttantiemen vehement ab. Sie beeinträchtige die Freiheit der Kunst und damit eines der Grundprinzipien der Aufklärung. Die Musikpflege würde somit schwer geschädigt. Ihm entgegen trat nicht etwa ein Komponist, sondern ein weiterer Verleger. Hugo Bock vermittelte

---

[357] Genossenschaft Deutscher Komponisten (Hg.), Materialien zur Begründung einer Deutschen Centralstelle, S. 2 f.
[358] Jäger, Der Musikalienhandel, S. 50.
[359] Eingabe von von Hase an das Auswärtige Amt vom 26.01.1898, BArch, R 3001/6351, Bl. 65-76, 65 f.
[360] Zu Geschichte und Aufbau der Société siehe Genossenschaft Deutscher Komponisten (Hg.), Materialien zur Begründung einer Deutschen Centralstelle, S. 12 ff.

das Bild eines Vereines, der auf bescheidene Weise Gebühren in vernünftiger Weise erheben solle, um so Komponisten und deren Witwen ein Auskommen zu gewähren. Bocks Ausführungen stießen gerade bei Verlegern auf großen Zuspruch. Möglicherweise ließen die positive Grundhaltung zahlreicher Verleger und die Ausführungen der deutschen Delegation zur Revision der Berner Übereinkunft von Hase zu dem Schluß kommen, die Gründung der Anstalt wäre nur noch eine Frage der Zeit. Jedenfalls gaben von Hase und der Verein Deutscher Musikalienhändler rasch ihren Widerstand auf und nahmen die Gründung einer Anstalt zur Wahrung der Aufführungsrechte selber in die Hand[361].

Nach den Statuten sollte die Anstalt im wesentlichen dieselben Aufgaben wie die Société übernehmen[362]. Sie sollte im ganzen Reichsgebiet sowohl für Deutsche als auch für Ausländer die Aufführungsrechte wahrnehmen. Im Gegensatz zur Société, die nur zahlenden Mitgliedern offenstand, sollte eine Mitgliedschaft in der Anstalt nicht erforderlich sein. Vielmehr sollten alle Aufführungsrechte generell und ausschließlich von der Anstalt wahrgenommen werden. Lediglich die jetzt schon vorbehaltlos geschützten Aufführungsrechte an dramatisch-musikalischen Werken könnten freiwillig der Anstalt zur Wahrnehmung überlassen werden. Um zu gewährleisten, daß die Anstalt ausschließlich die Rechte wahrnehmen konnte, wünschte sich von Hase eine Erwähnung der Anstalt im Gesetz ähnlich den Sachverständigenvereinen. Der Nutzer sollte der Anstalt jeweils pauschale und angemessene Gebühren bezahlen. Damit das öffentliche Musikleben nicht unter der Verwertung der Aufführungsrechte leiden würde, sollten öffentliche Veranstaltungen von Schule, Kirche und Heer ganz von der Gebührenpflicht enthoben werden. Da größtenteils die Urheberrechte, und damit auch die Aufführungsrechte, an die Verleger übertragen worden waren, sollten die Verleger die Hälfte der Erträge den Komponisten zukommen lassen. Die Anstalt wollte sich unter die Oberaufsicht des Reichs stellen, um zu gewährleisten, daß die immer weitere Ausdehnung der Urheberrechte nicht zu Lasten des öffentlichen Musiklebens gehen würde. Auch sollten so gewisse Auswüchse, wie sie in Frankreich beim Eintreiben der Gebühren durch Agenten der Société vorkamen, in Deutschland verhindert werden[363]. Das Reichsjustizamt wurde immer wieder mit Berichten über die rigorosen Methoden der auf Provisionsbasis arbeitenden Agenten der Société in Frankreich und in Elsaß-Lothringen konfrontiert[364]. Von Hase befürchtete wohl, daß die Berichte das Reichsjustizamt gegen die Befürwortung einer solchen Anstalt einnehmen könnten.

---

[361] Ausführlich zur Vorgeschichte der Gründung der GEMA siehe Dümling, Musik hat ihren Wert, S. 39 ff.

[362] Eingabe von von Hase an das Auswärtige Amt vom 26.01.1898, BArch, R 3001/6351, Bl. 65.

[363] Eingabe von von Hase an das Auswärtige Amt vom 26.01.1898, BArch, R 3001/6351, Bl. 66 ff.

[364] Siehe die Ausführungen im Protokoll der Beratung vom 12. April 1898 im Auswärtigen Amt, BArch, R 3001/6351, Bl. 77-86, 79.

Gegründet werden sollte die Anstalt gemeinsam vom Verein Deutscher Musikalienhändler und vom Deutschen Musikverein. Nachdem der Urheberrechtsausschuß des Vereins Deutscher Musikalienhändler und das Direktorium des Deutschen Musikvereins einem ersten Satzungsentwurf zugestimmt hatten, legte von Hase den Satzungsentwurf nebst Erläuterungen der Reichsregierung in einer Eingabe vom 26. Januar 1898 vor[365].

II. Die Haltung der Reichsregierungen zur Anstalt

Die Eingabe von Hases warf für die an der Urheberrechtsreform beteiligten Ämter viele Fragen auf. Unter dem Vorsitz des Wirklichen Geheimen Rates Reichardt vom Auswärtigen Amt berieten am 12. April 1898 der Legationsrat Dr. Goebel von Harrant vom Auswärtigen Amt, der Geheime Ober-Regierungsrat Hauß vom Reichsamt des Inneren und als Vertreter des Reichsjustizamts der Direktor des Reichsjustizamts, der Geheime Oberregierungsrat Freiherr von Seckendorff, und der Geheime Regierungsrat Dr. Dungs über die Eingabe. Als Vertreter des Preußischen Kultusministeriums nahm der Kaiserliche Wirkliche Geheime Rat Professor Dambach an der Besprechung teil[366].

Dungs als Vertreter des Reichsjustizamts sprach sich für von Hases Eingabe und die Gründung einer Anstalt unter der Oberaufsicht des Reichs aus[367]. Insbesondere wenn der ungenügende Schutz durch den Vorbehalt wegfiele, sollte eine solche Anstalt am Platz sein, die einerseits Urhebern zu ihrem Recht verhelfen und andererseits das Publikum vor willkürlicher Übervorteilung schützen würde. Da das Reichsjustizamt besonders diesen Ausgleich im Auge hatte, befürwortete Dungs auch die Oberaufsicht durch die Reichsregierung. So könnten die Statuten der Satzung nur mit Einwilligung der Reichsregierung geändert werden. Besonders relevant wäre dies bei den die Allgemeinheit schützenden Regelungen der Satzung, wie der Freistellung der Aufführungen von musikalischen Werken bei Veranstaltungen von Schule, Kirche und Heer. Gerade die Aufrechterhaltung dieser Regelungen dürfte nicht im alleinigen Ermessen der Anstalt stehen. Schließlich würde die Reichsregierung dem Wegfall des Vorbehaltsschutzes und der Gründung der Anstalt gerade im Vertrauen auf das Bestehen dieser Regelung zustimmen. Da in Deutschland die Tätigkeiten in der Anstalt hauptsächlich ehrenamtlich wahrgenommen werden sollten, bestünde keine Gefahr, daß wie in Frankreich auf Provisionsbasis arbeitende Agenten die Gebühren eintreiben würden. Die von den Aufführungsgebühren geforderte Abgabe von einem Prozent erschien moderat. Problematisch befand Dungs jedoch einzelne andere Statuten der Satzung. Insbesonde-

---

[365] Eingabe von von Hase an das Auswärtige Amt vom 26.01.1898, BArch, R 3001/6351, Bl. 65-76.

[366] Protokoll der Beratung vom 12. April 1898 im Auswärtigen Amt, BArch, R 3001/6351, Bl. 77.

[367] Protokoll der Beratung vom 12. April 1898 im Auswärtigen Amt, BArch, R 3001/6351, Bl. 77 ff.

re wäre unklar, wie die Anstalt als juristische Person des Reichs und nicht der einzelnen Länder anerkannt werden könnte[368].
Einen gegenteiligen Standpunkt vertrat der Vertreter des preußischen Kultusministeriums Dambach[369]. Gerade weil in anderen Ländern wie Frankreich und der Schweiz solche Gesellschaften Anlaß zu größten Mißlichkeiten gegeben hatten, sollte auf keinen Fall eine Reichsbehörde die Oberaufsicht übernehmen. Eine Oberaufsicht oder selbst nur die Zusammenarbeit mit einer Reichsbehörde würde von der Anstalt lediglich zu Reklamezwecken mißbraucht. Würde das Reich solche Zugeständnisse machen, so würden Dramatiker und Künstler bald ähnliche Ansprüche stellen. Vielmehr sollte die Anstalt als ganz gewöhnlicher Verein betrachtet werden. Wollte dieser die Rechte einer juristischen Person erlangen, so müßte er sich dazu an die einzelnen Regierungen wenden. Das Reich hätte damit nichts zu tun. Daneben bemängelte Dambach insbesondere Art. 12 des Satzungsentwurfs, nach dem sich jeder Komponist unabhängig von seiner Mitgliedschaft in der Anstalt, den Bestimmungen derselben unterwerfen müßte. Dies würde eine zu große Beeinträchtigung der Freiheit des Urhebers darstellen. Abschließend schlug er vor, zunächst das Gesetz zu verabschieden, bevor man sich mit der Angelegenheit näher beschäftigte.
Das Reichsamt des Inneren teilte die Bedenken Dambachs[370]. Dennoch befürwortete Hauß die Gründung einer Anstalt und schlug vor, sie zumindest in den Motiven zum Gesetz zu erwähnen. Eine Oberaufsicht könnte jedoch in Frage kommen, wenn die Anstalt Erfolge vorzuweisen habe. Jetzt würde ein Eintreten der Reichsregierung nur zugunsten der Komponisten viele andere Kreise beunruhigen. Insbesondere wäre dies der Fall, wenn zum Eintreten für die Anstalt auch noch der Wegfall des Vorbehalts käme.
Der Vorsitzende Reichardt sprach drei Punkte an[371]. Jede Einmischung in die Gründung und die inneren Angelegenheiten der Gesellschaft hielt er für unangebracht. Dennoch hielt er die Gründung für wünschenswert. Ihre Nützlichkeit würde sie zeigen, wenn erst der Vorbehalt wegfiele. Eine entsprechende unionsweite Regelung wurde bereits auf der Pariser Konferenz zur Sprache gebracht und nur nicht verabschiedet, da man sich von der Notwendigkeit überzeugt hatte, daß im Interesse der nationalen Musikpflege in den Mitgliedsländern Ausnahmen von dem unbedingten Schutz zugunsten des Heeres, der Schulen und anderer Vereinigungen gemacht werden müßten. In Deutschland müßte dafür gesorgt werden, daß nicht nur einseitig die Rechte von Komponisten und Verlegern, sondern auch die

[368] Protokoll der Beratung vom 12. April 1898 im Auswärtigen Amt, BArch, R 3001/6351, Bl. 79.
[369] Protokoll der Beratung vom 12. April 1898 im Auswärtigen Amt, BArch, R 3001/6351, Bl. 80 f.
[370] Protokoll der Beratung vom 12. April 1898 im Auswärtigen Amt, BArch, R 3001/6351, Bl. 81 f.
[371] Protokoll der Beratung vom 12. April 1898 im Auswärtigen Amt, BArch, R 3001/6351, Bl. 83 f.

des Publikums gewahrt werden. Dies sollte nicht durch die Satzung der Anstalt, sondern durch bestimmte Regelungen im Gesetz gewährt werden.
Die Vertreter kamen überein, von Hase mitzuteilen, daß man der Gründung der Anstalt wohlwollend entgegensah, eine Oberaufsicht durch das Reich jedoch ablehnte[372]. Von einer speziellen Prüfung der Statuten der Satzung hätte man Abstand genommen, da diese von der Gestaltung des Urheberrechtsgesetzes abhängen würde. Jedoch bestünden bereits jetzt Bedenken hinsichtlich der Fassung von Artikel 12, der sowohl Verleger als auch Komponisten ohne den freiwilligen Beitritt zur Anstalt ihren Statuten unterwarf.

III. Die Gründung der Anstalt

Von Hase ließ sich durch diese Antwort nicht entmutigen. Die in einigen Punkten abgeänderte Satzung legte er am 11. Mai 1898 dem Verein Deutscher Musikalienhändler zur Genehmigung vor. Am 27. Juni 1898 genehmigte der zur Mitverwaltung der Anstalt berufene Allgemeine Deutsche Musikverein ebenfalls die Satzung. Von Hase wurde zum Vorsitzenden der Anstalt gewählt. Da zu diesem Zeitpunkt keine Oberaufsicht durch das Reich zu erwarten war, erklärte die Satzung lediglich ihre Bereitschaft, sich jederzeit unter eine Reichsaufsicht zu stellen. Umgehend unterrichtete von Hase das Auswärtige Amt von der Gründung der Anstalt. Dabei stellte er einmal mehr heraus, daß der Wegfall des Vorbehalts, wie schon in der Pariser Denkschrift angekündigt, Grundbedingung für ein erfolgreiches Wirken der Anstalt wäre. Gleichzeitig bat er um Nachricht, ob die Reichsregierung Einwände gegen die Satzung hätte[373]. Die beteiligten Ressorts schenkten der Anfrage keine Beachtung mehr. Jede weitere Stellungnahme sollte erst nach der Revision des Urheberrechts erfolgen[374].

IV. Die Gründung der Genossenschaft Deutscher Komponisten

Schon kurze Zeit nach der Gründung der Anstalt sollte sich herausstellen, daß die vorläufige Zurückhaltung der Reichsregierung die richtige Entscheidung gewesen war. So wurde sie in die nun folgenden Streitigkeiten nur am Rande mit einbezogen.
Schon bei der Generalversammlung des Allgemeinen Deutschen Musikvereins am 27. Juni 1898 regte sich seitens der dort nur spärlich erschienenen Komponisten Widerstand gegen einzelne Regelungen der Satzung. Insbesondere das Teilungsverhältnis der Tantiemen für die bereits an die Verleger übertragenen Aufführungsrechte, von denen die eine Hälfte an die Verleger und die andere an die

[372] Protokoll der Beratung vom 12. April 1898 im Auswärtigen Amt, BArch, R 3001/6351, Bl. 84 ff.
[373] Brief von von Hase an das Auswärtige Amt vom 20. Mai 1898, BArch, R 3001/6351, Bl. 101-103.
[374] Brief des Reichsjustizamts und des Reichsamtes des Inneren an das Auswärtige Amt vom 11. Juni 1898, BArch, R 3001/6351, Bl. 104.

Komponisten gehen sollte, erschien zahlreichen Komponisten nicht annehmbar. Sie wollten an der neu geschaffenen Möglichkeit der wirtschaftlichen Verwertung ihrer Werke in größerem Umfang beteiligt werden. Auf der anderen Seite stellten es die Verleger als besonderes Entgegenkommen ihrerseits heraus, auch diejenigen Komponisten, die ihre Rechte an die Verleger abgetreten hätten, überhaupt an den Tantiemen zu beteiligen. Eine Einigung im Sinne der Interessen der Komponisten war innerhalb des Allgemeinen Deutschen Musikvereins nicht leicht zu erzielen, da im Verein auch zahlreiche Verleger mit gegensätzlichen Interessen und auch noch Musikliebhaber und Kommissions- und Sortimentsbuchhändler Mitglieder waren, die diesen Fragen ebenfalls gleichgültig bis ablehnend gegenüber standen. Um die Frage mit einem weiteren Kreis von Komponisten, die teilweise noch gar nicht von der Verhandlung erfahren hatten, zu erörtern, stellte der Kapellmeister Friedrich Rösch auf der Versammlung einen Antrag auf Vertagung. Der Antrag wurde jedoch abgelehnt und der Allgemeine Deutsche Musikverein stimmte trotz der Bedenken der Komponisten der Gründung der Anstalt zu. Die anwesenden Komponisten fühlten sich von der Versammlung übergangen und in ihren Interessen verletzt.
Im Anschluß an die Versammlung verfaßte Richard Strauss ein Rundschreiben an alle deutschen Komponisten, in dem er den Sachverhalt erläuterte und sich für eine Verlängerung der Schutzfrist und eine günstigere Verteilung der Tantiemen aussprach[375]. Angesichts der nahen Revision des Urheberrechtsgesetzes rief er die Komponisten auf, sich selber für ihre Rechte stark zu machen. Es wäre ein Irrtum gewesen, dies dem Allgemeinen Deutschen Musikverein zu überlassen. Seine Ausführungen stießen auf großen Zuspruch. In einem zweiten Rundschreiben berief er eine Versammlung aller deutschen Komponisten für den 30. September 1898 ein, auf der eine über alle ästhetischen Differenzen hinweggehende Interessenvertretung gegründet werden sollte. Am Vormittag des 30. Septembers 1898 gründeten insgesamt 50 Komponisten die Genossenschaft Deutscher Komponisten, um gemeinsam gegen die Übermacht der Verleger angehen zu können. Sie äußerte zunächst einmündigen Protest gegen die Gründung der Anstalt und erklärte ihre Statuten für unannehmbar[376].

C. Die Vereinigten Fabrikanten von mechanischen Musikwerken in Deutschland

Die Hersteller mechanischer Musikinstrumente nahmen die anstehende Urheberrechtsreform zum Anlaß, gegen eine für sie mißliche Rechtslage vorzugehen[377].

---

[375] Ausführlich zur Gründung der Genossenschaft Deutscher Komponisten siehe Dümling, Musik hat ihren Wert, S. 47 ff.
[376] Verhandlungsschrift über die außerordentliche Generalversammlung der Genossenschaft Deutscher Komponisten, S. 9 f.; Rundbrief von Richard Strauss vom Juli 1898, S. 14 ff.
[377] Brief der Deutschen Vereinigten Fabrikanten von mechanischen Musikinstrumenten, eingegangen beim Reichsjustizamt am 11. Dezember 1897, BArch, R 3001/6351, Bl. 24-32.

Seit der Herophon-Entscheidung des Reichsgerichtshofs vom 19. Dezember 1888 sahen sich die Hersteller zunehmend Ansprüchen von den Inhabern der Rechte an den für die mechanischen Musikinstrumente genutzten Musikstücken ausgesetzt. Durch diese neue Situation wurden die Fabrikanten gezwungen, Nachforschungen über die Rechtsinhaberschaft anzustellen. Dies war für in- und ausländische Musikstücke mangels Zentralstelle äußerst schwierig. Bei größeren Werken waren die Rechte oft geteilt. So hielt zum Beispiel A. Fürstner in Berlin die Rechte an der Oper „Carmen“ von Georges Bizet, aber ohne eines ihrer bekanntesten Lieder, die „Habanera“, deren Rechte von der Firma H. Schott & Söhne in Mainz wahrgenommen wurden. Selbst Fabrikanten, die die vermeintlichen Rechte erworben hatten, sahen sich von dritter Seite und teilweise von mehreren Verlegern gleichzeitig in Anspruch genommen. Manche Forderungen empfanden die Fabrikanten als maßlos. Sie berichteten von einem M. Benjamin aus Hamburg, der für den Walzer „Lustige Brüder“ von der Fa. Doss & Heidegger 1.000 Mark forderte, während er selber die Rechte billig aus einer Konkursmasse erworben hatte. Der Komponist hatte lediglich 90 Mark erhalten[378].
Der Verein Deutscher Musikalienhändler ging mittlerweile geschlossen gegen die Fabrikanten vor. Er erstellte ein Verzeichnis aller von den Herstellern mechanischer Musikinstrumente genutzten Werke, in das Einsicht genommen werden konnte. Den Rechtsinhabern riet er zu einem kulanten Umgang mit den Fabrikanten und zur Überlassung der Rechte gegen eine einmalige Zahlung[379]. Teilweise führte dies dazu, daß Verleger erst die Rechte an Stücken erwarben, nachdem diese durch mechanische Musikinstrumente Popularität gewonnen hatten, um dann gegen die Fabrikanten vorzugehen. Einer solchen Forderung sah sich unter anderem 1897 der Fabrikant Wilhelm Otto Spaethe ausgesetzt, gegen den Henry Litollf's Verlag aus Braunschweig vorging[380].
Die Fabrikanten befürchteten, durch diese Entwicklung von ausländischen Firmen vom deutschen Markt gedrängt zu werden. In Österreich, England, Italien, Frankreich und der Schweiz sahen sich die Hersteller nicht derartigen Ansprüchen ausgesetzt und konnten daher günstiger produzieren. Die auf den Export ausgelegten deutschen Fabrikanten fühlten sich dieser Konkurrenz nicht gewachsen. Sie führten aus, ein ganzer Industriezweig mit 4.300 Arbeitsplätzen und einem weltweit erhandelten Umsatz von 15 Millionen Mark würde durch die Rechtsprechung des Reichsgerichts gefährdet.
Um eine Änderung der Rechtslage herbeizuführen, ersuchten die Vereinigten Fabrikanten den Reichstag, entweder eine Übereinkunft der Mitgliedsstaaten der Ber-

[378] Brief der Deutschen Vereinigten Fabrikanten von mechanischen Musikinstrumenten, eingegangen beim Reichsjustizamt am 11. Dezember 1897, BArch, R 3001/6351, Bl. 27 ff.
[379] Mitteilungen des Vereins der Deutschen Musikalienhändler Nr. 40, Leipzig, Oktober 1897, BArch, R 3001/6351, Bl. 50.
[380] Brief der Vereinigten Fabrikanten von mechanischen Musikwerken an das Reichsjustizamt vom 28. Juni 1898, BArch, R 3001/6351, Bl. 159-164, 159 ff.

ner Union dahingehend herbeizuführen, daß Fabrikation und Verkauf auch solcher mechanischer Musikinstrumente und deren Tonträger nicht unter den Nachdruck fallen würden, oder dies in einer Gesetzesnovelle zum Gesetz vom 11. Juni 1870 zum Ausdruck zu bringen[381].

Die Eingabe der Fabrikanten ging sowohl beim Reichsjustizamt als auch beim Reichsamt des Inneren ein. Beide Ressorts sahen keinen besonderen Handlungsbedarf mehr, da sie sich bereits bei den kommissarischen Beratungen über den Gesetzesentwurf einig waren, eine Ausnahmeregelung für mechanische Musikinstrumente aufzunehmen[382].

Der äußerst progressive Vorschlag des Musikverlags Henry Litolff, die Herstellung und den Vertrieb grundsätzlich zu gestatten, aber an den Anspruch auf eine angemessene Vergütung zu koppeln, fand danach auch keine Berücksichtigung mehr[383].

D. Cosima Wagner und die Schutzfrist für musikalische Werke

Die Sorge um die Werke ihres 1883 verstorbenen Gatten brachte Cosima Wagner dazu, sich an den Reichskanzler zu wenden[384]. Sie hatte von den Vorbereitungen einer Revision des Urheberrechtsgesetzes und von einer anstehenden Besprechung mit Sachverständigen gehört.

Aus Angst vor Veränderung der Werke Wagners durch Dritte, vor einer Banalisierung seiner Werke und eventuell auch zur längeren Sicherung der Tantiemen drückte sie ihren Wunsch aus, die Schutzfrist für musikalische Werke zumindest von 30 auf 50 Jahre zu verlängern. Es lag ihr jedoch besonders daran, eine Klausel aufzunehmen, die für Werke besonderer Art einen immerwährenden, dem Privileg entsprechenden Schutz vorsieht. „Euer Durchlaucht hohen Sinn brauche ich nicht darauf aufmerksam zu machen, welch einen Schmerz es allen Gläubigen bereiten müßte, wenn ein Werk, das die erhabenen Mysterien des Christenthums zum heiligen Gegenstande hat, jemals von der Stätte, wo es, man darf dies behaupten, die feierliche Erbauung einer andächtigen Kunstgemeinde findet, entführt und dem gewöhnlichen Theater preisgegeben würde." Sollte sich der Schutz durch Privileg als unmöglich erweisen, „...so würde ich mir erlauben, die Verlängerung der Schutzfrist von 30 auf 50 Jahre dem Interesse Eur. Durchlaucht zu empfehlen, indem wenigstens soviel Zeit damit gewonnen wäre und es zu hoffen stünde, daß, wenn 50 Jahre lang Parsifal geborgen war, seine stete Einwirkung auf die Gemüter

---

[381] Petition der Vereinigten Fabrikanten von Musikinstrumenten in Deutschland, beim Reichsjustizamt eingegangen am 11. Dezember 1897, BArch, R 3001/6351, Bl. 40-44.

[382] Siehe Kap. 4 E. II. und Brief des Reichsamts des Inneren an das Reichsjustizamt vom 23. September 1897, BArch, R 3001/6351, Bl. 56.

[383] Eingabe von Henry Litolff's Musikverlag, Braunschweig, an das Reichsjustizamt vom 27. Juni 1899, BArch, R 3001/6352, Bl. 180a-c.

[384] Brief von Cosima Wagner an den Reichskanzler vom 27. August 1898, BArch, R 3001/6351, Bl. 156.

es dahin bringen wird, daß man ihm dann sein gerechtes Leben für ewig sichert."[385]

Der Reichskanzler übersandte das Schreiben von Cosima Wagner dem Reichsjustizamt zur Prüfung[386]. Obwohl das Schreiben bei der weiteren Arbeit am Entwurf eines neuen Urheberrechtsgesetzes keine Rolle mehr spielte, sah sich doch aufgrund des Versuchs der Einflußnahme von Frau Wagner jeder Befürworter einer Verlängerung der Schutzfrist dem Vorwurf ausgesetzt, er wollte eine „lex Wagner" schaffen.

E. Die Besprechung mit den Sachverständigen

I. Die Vorbereitungen

Nach der Zustimmung des Reichskanzlers zur Erstellung eines neuen Urheberrechtsentwurfs begann das Reichsjustizamt mit der Vorbereitung einer Beratung des Entwurfs im kleineren Kreis mit Sachverständigen und Regierungsvertretern. Unter dem Vorsitz des Reichsjustizamts sollten das Reichsamt des Inneren, das Auswärtige Amt, das Königlich Preußische Ministerium für geistliche, Unterrichts- und Medizinalangelegenheiten und das Königlich Preußische Justizministerium kommissarisch vertreten werden[387]. Der Preußische Minister für geistliche Angelegenheiten, die Regierungen von Bayern, Sachsen und Württemberg sowie der Börsenverein des deutschen Buchhandels wurden gebeten, geeignete Persönlichkeiten zur Begutachtung der Grundzüge des Gesetzes vorzuschlagen[388]. Kaum wurde bekannt, daß das Reichsjustizamt zu einer Besprechung einlud, kamen zahlreiche Anfragen von Interessengruppen, die ebenfalls teilnehmen wollten. Das Reichsjustizamt lehnte in der Regel mit der Begründung ab, der Entwurf sollte später der Öffentlichkeit bekannt gemacht werden. Die verschiedenen Gruppen würden dann noch Gelegenheit bekommen, sich zu äußern. Auch sollte in der Besprechung erst einmal die Richtung bestimmter Wünsche festgestellt werden, ohne eine endgültige Gesetzesvorlage zu schaffen. Der Zweck der Besprechung machte eine Beschränkung der Sachverständigen erforderlich[389]. Unter anderem wurde auch die Anfrage der Vereinigten Fabrikanten mechanischer Musikinstrumente, an

[385] Brief von Cosima Wagner an den Reichskanzler vom 27. August 1898, BArch, R 3001/6351, Bl. 156.

[386] Brief der Reichskanzlei an das Reichsjustizamt vom 1. September 1898, BArch, R 3001/6351, Bl. 155.

[387] Briefe des Reichsjustizamts an Reichsamt des Inneren vom 21. Mai 1897 und an das Preußische Kultusministerium vom 30. Dezember 1897, BArch, R 3001/6351, Bl. 5 f., 54 f.

[388] Brief des Reichsjustizamts an das Reichsamt des Inneren vom 8. Januar 1898, BArch, R 3001/6351, Bl. 57.

[389] Siehe unter anderem die Anfragen des Vereins der Fachpresse vom 21. September 1898 und des Vereins Deutscher Zeitungsverleger vom 10. Oktober 1898, BArch, R 3001/6351, Bl. 189, 230, und die Absagen des Reichsjustizamts vom 25. September 1898 und vom 19. Oktober 1898, BArch, R 3001/6351, Bl. 191, 231.

der Besprechung teilzunehmen, von Reichsjustizamt abschlägig beschieden[390]. Die sächsische Regierung unterstützte daraufhin das Ansinnen der Fabrikanten. Sie hatte ein besonderes Interesse am Gedeihen dieses Industriezweiges, da mehrere größere Unternehmen in Leipzig und Umgebung ansässig waren. Das Reichsjustizamt antwortete der sächsischen Regierung, die Anwesenheit der Fabrikanten wäre bereits aus dem Grund nicht erforderlich, weil ihrem einzigen Ansinnen, der Freistellung mechanischer Musikinstrumente, ohnehin entsprochen würde[391]. Ende September 1898 und damit nur wenige Tage vor Beginn der Besprechung teilte Richard Strauss dem Amt mit, daß die deutschen Komponisten kurz vor der Gründung der Genossenschaft Deutscher Komponisten ständen. Auch arbeitete Friedrich Rösch gerade eine Denkschrift aus, die die besonderen Interessen der Komponisten bei der Urheberrechtsreform berücksichtigen würde. Er bat darum, einen von den Komponisten zu bestimmenden Vertreter an den Verhandlungen teilhaben zu lassen, damit auch die Interessen der Komponisten Beachtung fänden. Nach anfänglichem Zögern entsprach das Reichsjustizamt dieser Bitte und lud den inzwischen von der Versammlung als Vertreter gewählten Friedrich Rösch zur Beratung ein[392].

II. Der Entwurf vom Juni 1898

Den Verhandlungen zugrunde lag ein Gesetzesentwurf des Reichsjustizamts vom Juni 1898. Der Entwurf schloß sich in Inhalt und Aufbau an den bereits dargestellten ersten Arbeitsentwurf an[393]. Gegenüber dem Gesetz vom 11. Juni 1870 finden sich wesentliche Änderungen. In den §§ 4, 5 wurde Verlegern von Zeitschriften und Inhabern von gewerblichen Betrieben unter gewissen Umständen ein Unternehmerurheberrecht zuerkannt. Nach § 7 Abs. 2 war der Erwerber eines Rechtes des Urhebers nicht ohne dessen Einwilligung zu Änderungen an dem Werk befugt. § 8 erklärte die Zwangsvollstreckung in das Urheberrecht zu Lebzeiten des Urhebers für unzulässig und beschränkte die Zwangsvollstreckung gegen die Erben auf bereits erschienene Werke. § 10 gab dem Urheber ein ausschließliches gewerbsmäßiges Verbreitungsrecht. § 11 erklärte auch die nicht mechanische Vervielfältigung mit Ausnahme der Vervielfältigung zum persönlichen Gebrauch für unzulässig. Die §§ 12 Nr. 1, 22 befreiten das Übersetzungsrecht entsprechend Art. 1, III der Pariser Zusatzakte vom 4. Mai 1896 von Förmlichkeiten und glichen

---

390 Eingabe der Vereinigung vom 7. Juli 1898, Absage vom Reichsjustizamt vom 12. Juli 1898, BArch, R 3001/6351, Bl. 125a, 125b.

391 Brief der sächsischen Regierung vom 16. Juli 1898, Antwort des Reichsjustizamts vom 20. Juli 1898, BArch, R 3001/6351, Bl. 138a, 138c.

392 Brief von Richard Strauss vom 21. September 1898, der zunächst vom Reichsjustizamt am 25. September 1898 abschlägig beantwortet wurde. Schließlich wurde mit Schreiben vom 28. September 1898 doch ein Vertreter geladen, BArch, R 3001/6351, Bl. 192, 194, 198.

393 Entwurf Juni 1898, BArch, R 3001/6351, Bl. 111-123, abgedruckt im Anhang I; zum Arbeitsentwurf siehe Kap. 3 B. II.

den Schutz vor Übersetzung dem Originalwerk an, wenn der Berechtigte binnen zehn Jahren ab Erscheinen selber eine Übersetzung in der Sprache erscheinen ließ, für die er den Schutz beanspruchte. § 13 Abs. 1 Nr. 1 gestattete den Abdruck von Gesetzesbüchern, amtlichen Erlassen und Entscheidungen. Andere amtliche Schriften sollten nur abgedruckt werden dürfen, wenn der Abdruck nicht vorbehalten wurde. Entsprechend Art. 1, IV des Pariser Zusatzabkommens wurde der zulässige Nachdruck von Zeitungsartikeln beschränkt (§ 13 Abs. 2 Nr. 2). § 14 ließ die Nutzung von Musikwerken für mechanische Musikinstrumente, ausdrücklich auch für solche mit auswechselbaren Walzen, Scheiben und Bändern etc. zu. § 19 erweiterte die Schutzfrist dahingehend, daß nicht nur 30 Jahre ab dem Tod des Schöpfers vergangen sein müßten, sondern auch zehn Jahre seit der Veröffentlichung. Erfolgte die Veröffentlichung nicht binnen 30 Jahren ab dem Tod des Urhebers, so wurde vermutet, daß das Urheberrecht dem Eigentümer des Werkes zustand. § 28 Abs. 2 gewährte strafrechtlichen Schutz vor einer Aufführung einer vom Autor nicht genehmigten dramatischen Bearbeitung seines Werkes. Die §§ 29 Abs. 1, 3 erklärten nicht mehr auch die fahrlässige, sondern nur noch die vorsätzliche Verletzung der wichtigsten urheberrechtlichen Befugnisse für strafbar. § 44 schützte das Veröffentlichungsrecht des Urhebers an geschützten Werken sowie an Texten, an denen mangels Schöpfungshöhe kein urheberrechtlicher Schutz bestand, insbesondere an Privatbriefen.
Ein kurzer Vergleich mit dem Arbeitsentwurf aus dem Jahr 1893 zeigt, welche Änderung die informelle Besprechung mit dem Reichsamt des Inneren am 27. Juni 1896 gebracht hat[394]. Der Entwurf wurde den Beschlüssen der Pariser Urheberrechtskonferenz angepaßt und der Wunsch des Börsenvereins nach Aufnahme eines Unternehmerurheberrechts wurde berücksichtigt. Aufgenommen wurde der Schutz des Urhebers vor unbefugten Veränderungen seines Werkes. Eindeutig drückte der Entwurf durch die Erweiterung des Wortlautes, die Freigabe von Musikstücken für mechanische Musikinstrumente würde auch für solche mit Scheiben, Walzen Bänder und ähnlichem gelten, aus, daß eine Gesetzesänderung entgegen der geltenden Rechtsprechung zugunsten der Fabrikanten eintreten sollte. Der ursprüngliche Wortlaut des Entwurfs von 1893 entsprach dem der Berner Übereinkunft und hätte damit noch die Möglichkeit der Auslegung gegeben, er würde nicht für Musikinstrumente mit auswechselbaren Tonträgern gelten.

III. Der Verlauf der Beratungen

1. Zeitpunkt und Teilnehmer

Die Beratungen mit den Sachverständigen fanden in zwei Abschnitten statt. Im ersten Abschnitt vom 10. bis zum 15. Oktober 1898 wurden die für die Revision des Urheberrechts wichtigsten Fragen im allgemeinen besprochen. Den Beratun-

---

[394] Notiz von von Seckendorff und Dungs vom 27. Juni 1896, BArch, R 3001/6350, Bl. 157a

gen lag der Entwurf vom Juni desselben Jahres zugrunde. Unter dem Vorsitz des Staatssekretärs des Reichsjustizamts Dr. Nieberding nahmen seitens des Reichsjustizamts noch Dr. Gutbrod, Freiherr von Seckendorff, Dr. Dungs, seitens des Reichsamts des Inneren der Vertreter Hauß, vom Auswärtigen Amt Dr. Goebel von Harrant, vom Königlich Preußischen Ministerium der geistlichen, Unterrichts- und Medizinalangelegenheiten Professor Dr. Dambach und der Vertreter Müller und vom Königlich Preußischen Justizministerium der Vertreter Wiebe teil.
An geladenen Sachverständigen waren erschienen die Verlagsbuchhändler Beck, Brockhaus, Engelhorn, dieser auch in seiner Funktion als erster Vorsteher des Börsenvereins der deutschen Buchhändler, Mühlbrecht, Spemann und Voigtländer. Es erschienen die Professoren Birkmeyer, Brunner, der Lehrer an der Königlichen Akademie der Tonkunst in München Gluth und Löschhorn, Lehrer am akademischen Institut für Kirchenmusik in Berlin. An Musikalienhändlern erschienen Kommerzienrat Bock, Dr. von Hase als Vorsitzender des Vereins der deutschen Musikalienhändler und der Musikalienverleger Dr. Strecker (sein Verlag Schott und Söhne verlegte die Werke Richard Wagners). Als Schriftsteller waren der Vorsteher der deutschen Schriftstellergenossenschaft Hildebrandt und Dr. Rodenberg, der Herausgeber der Deutschen Rundschau geladen. Weiterhin erschienen der Kapellmeister Rösch, der Konzertdirektor Wolff, der Universitätsrichter Geheimer Regierungsrat Daude und der Justizrat und Rechtsanwalt beim Kammergericht Berlin Dr. Fischer[395].
Das offensichtliche Mißverhältnis zwischen Verlegern und Musikalienhändlern gegenüber allen anderen Berufsgruppen wurde seitens der Tagespresse kommentiert. Auf den Vorwurf der Parteinahme zugunsten der Verleger und Händler stellte das Reichsjustizamt klar, daß die Beratung nur informatorischen Charakter hätte und der Entwurf im einzelnen noch von besonderen Sachverständigengruppen besprochen würde[396].
Der zweite Abschnitt der Besprechungen fand vom 12. bis zum 18. Mai 1899 statt. Auf Basis der Besprechung vom Oktober 1898 erörterten drei gesonderte Gruppen von Sachverständigen diejenigen Teile des Entwurfs, die für dichterische Erzeugnisse, für musikalische Werke und für die Tagespresse bedeutsam waren. Den Beratungen lag der Entwurf vom Juni 1898 in abgeänderter Form zugrunde. Als wesentliche Neuerungen enthielt der Entwurf ein vorbehaltsloses Aufführungsrecht, die Freigabe des Aufführungsrechts für bestimmte unentgeltliche Veranstaltungen, die Aufnahme des Rechts zur Dramatisierung als ein dem Autor ausschließlich zustehendes Bearbeitungsrecht und die Verlängerung der Schutzfrist für musikalische Werke auf 50 Jahre[397].

[395] Protokoll zu der Beratung vom 10. Oktober 1898, BArch, R 3001/6352, Bl. 15-21, 15.
[396] Die Reform des Urheberrechts, GRUR 1898, S. 303-304, 304.
[397] Die nach Sachgruppen getrennten Entwürfe finden sich, jedoch bereits mit Abänderungsvorschlägen, in BArch, R 3001/6352, Bl. 81-97.

An allen drei Besprechungen nahmen seitens der Regierung Dr. Nieberding, Dr. Gutbrod und Dr. Dungs teil. Seitens der Sachverständigen war Professor Brunner bei allen Besprechungen zugegen[398].
Bei den Besprechungen der ersten Gruppe am 12. Mai 1898 waren außerdem als Vertreter des Auswärtigen Amts Dr. Goebel von Harrant, die Schriftsteller Kirchbach, von Leixner, Dr. Osterrieth sowie der Geheime Justizrat Wichert und der Geheime Legationsrat Dr. von Wildenbruch zugegen[399].
Bei der Besprechung der Vorschriften über Werke der Tonkunst am 15. Mai 1898 nahm seitens der Regierung noch der Vertreter des Reichsamtes des Inneren Hauß teil. Als Sachverständige waren der Kommerzienrat Bock, Dr. von Hase, Kapellmeister Rösch, Musikalienverleger Challier, der Direktor des Philharmonischen Chores in Berlin, Ochs, Professor Sommer, der Kapellmeister und Komponist Richard Strauss und der Vorsitzende des Allgemeinen Deutschen Musikerverbandes Vogel anwesend[400].
Die Vorschriften über die Tagespresse wurden am 18. Mai 1898 mit dem Verleger der Kölner Volkszeitung Dr. Bachem, den Chefredakteuren ten Brink, Dahms, Professor Kropatschek, Dr. Nordtmann, dem Justizrat Dr. Fischer, dem Verleger der Danziger Zeitung Kafemann, dem Verleger der Pommerschen Reichspost Malkewitz, dem Eigentümer und Redakteur der Badischen Landeszeitung Reuß, dem Verlagsbuchhändler Springer und dem Redakteur der Frankfurter Zeitung Stein besprochen[401].
Inhaltlich gelangte aus den Besprechungen nichts an die Öffentlichkeit. Die Sachverständigen wurden regelmäßig gebeten, die besprochenen Entwürfe und den Inhalt der Beratungen vertraulich zu behandeln[402]. Damit sie keine Kenntnis von dem sie nicht direkt betreffenden Inhalt des Gesetzes erlangten, erhielten sie zur Beratung jeweils Entwürfe, die nur die Regelungen für die jeweils zu besprechende Werksart enthielten[403].

2. Die Beratung vom 10. bis zum 15. Oktober 1898

Dr. Nieberding leitete die Beratung ein mit der Erklärung, es wäre das Ziel der Reformarbeiten, das Gesetz vom 11. Juni 1870 mit der fortgeschrittenen Rechtsanschauung, die insbesondere in den internationalen Verträgen zum Ausdruck gelangt wäre, sowie mit der Entwicklung des literarischen und musikalischen Verkehrs in Einklang zu bringen. Nicht beabsichtigt wäre es, das Gesetz in seinen Grundzügen umzugestalten. Auch hätte der zugrunde liegende Entwurf keinen

---

398 Protokolle der Beratungen vom 12., 15., und 18. Mai 1899, BArch, R 3001/6352, Bl. 153-167.
399 Protokoll der Beratung vom 12. Mai 1899, BArch, R 3001/6352, Bl. 153-158, 153.
400 Protokoll der Beratung vom 15. Mai 1899, BArch, R 3001/6352, Bl. 159-163, 159.
401 Protokoll der Beratung vom 18. Mai 1899, BArch, R 3001/6352, Bl. 164-167.
402 Siehe die Hinweise am Ende jeder Besprechung, BArch, R 3001/6352, Bl. 21, 158, 163, 167.
403 Siehe die einzelnen Entwürfe, BArch, R 3001/6352, Bl. 88-97.

amtlichen Charakter und kennzeichnete nicht die Stellungnahme der Reichsregierung, sondern diente nur als Diskussionsgrundlage[404].
Die ausgiebigen Beratungen führten zu verschiedenen Änderungen im Entwurf. In § 1 Nr. 3 wurde klarstellend aufgenommen, daß auch plastische Abbildungen unter den Schutz des Entwurfs fielen. § 3 Abs. 2 gestand bei Sammelwerken, falls kein Herausgeber genannt war, dem Verleger die Urheberrechte am Sammelwerk zu. Geteilter Meinung waren die Teilnehmer über das Unternehmerurheberrecht in § 4. Nach § 4 Abs. 1 war bei Zeitschriften und ähnlichen Sammelwerken der Herausgeber als Urheber anzuerkennen, wenn der Verfasser nicht selbst genannt war. § 4 Abs. 2 schaffte dem Inhaber eines gewerblichen Betriebes ein originäres Unternehmerurheberrecht an den von seinen Angestellten geschaffenen Werken. Fischer, Spemann und Voigtländer begrüßten die Vorschrift als bemerkenswerten Fortschritt und machten lediglich redaktionelle Anmerkungen. Brunner wies auf Widersprüche hin, die sich aus der Anerkennung eines originären Unternehmerurheberrechts ergeben würden. Die Schutzfrist müßte ab dem Tod des Unternehmers gerechnet werden und die Zwangsvollstreckung wäre, obwohl der Unternehmer kein persönlichkeitsrechtlich zu wertendes Interesse an dem Werk hätte, untersagt. Dambach und Hildebrandt schlugen vor, den Paragraphen ganz zu streichen. Dem schloß sich Rodenberg an mit der Bemerkung, diese Vorschrift würde Verfasser von Zeitschriftenartikeln gänzlich schutzlos stellen. Der Vertreter des Königlich Preußischen Ministeriums der geistlichen, Unterrichts- und Medizinalangelegenheiten schloß sich den Bedenken an und erklärte, die durch ihn vertretene Behörde würde sich schwerlich mit so weitgreifenden Änderungen einverstanden erklären, da sich die Vertreter der Schriftsteller dagegen ausgesprochen hätten und ein tatsächliches Bedürfnis nicht nachgewiesen worden wäre.
Widerspruch wurde ebenfalls gegen § 5 geäußert, nach dem juristische Personen, die ein Werk veröffentlichten, als Urheber angesehen wurden, wenn der Verfasser nicht genannt wurde. Hildebrandt schlug vor, die juristischen Personen unbeschadet der Rechte des Verfassers nur noch hinsichtlich der Verfolgung des Nachdrucks als Urheber anzusehen.
Ausgiebig diskutiert wurde § 7, nach dem grundsätzlich keine Änderungen an einem Werk bei Übertragung der Rechte zulässig waren. Insbesondere seitens der Musikalienverleger und seitens des Konzertdirektors Wolff wurde geltend gemacht, gewisse Änderungen zum Beispiel durch Kürzungen oder die Herstellung von Auszügen müßten erlaubt sein, um das musikalische Leben in Deutschland nicht zu gefährden. Für kleinere Orchester wäre es unmöglich, ohne Änderungen Stücke aufzuführen.
Ein gewisses Mißverständnis über das Verhältnis von Bearbeitung und Neuschöpfung offenbarte die Kritik von Beck und Voigtländer an § 12, der dem Bearbeiter eines Werkes, der eine neue Schöpfung zeugte, ein eigenes Urheberrecht zuges-

[404] Protokoll zu der Beratung vom 10. Oktober 1899, BArch, R 3001/6352, Bl. 15-21; zu den einzelnen Vorschlägen siehe die Bemerkungen unter den jeweiligen Paragraphen im Protokoll.

tand. Voitgländer erklärte, jedenfalls nach wirtschaftlicher Sicht stellte jede Bearbeitung, also auch die freie, einen Eingriff in das Recht des Schöpfers dar. Daher müßte sich der Urheber dieses Recht vorbehalten können und die Möglichkeit haben, Bearbeitungen erst nach einem gewissen Zeitablauf zuzulassen. Mit diesem Versuch, die auf einem bereits vorhandenen Werk beruhende Neuschöpfung abzuschaffen, konnte er sich jedoch nicht durchsetzen.

3. Die Verhandlung zu den Vorschriften betreffend die Dichtkunst

Ein halbes Jahr später folgte die Beratung der Vorschriften des Entwurfs, die die Werke der Dichtkunst betrafen. Die Kritik der Schriftsteller richtete sich im besonderen gegen einzelne für sie nachteilige Regelungen.
Einmütig sprachen sich die Sachverständigen gegen das Unternehmerurheberrecht aus. Es widerspräche den Grundsätzen des Gesetzes. Allenfalls dürfte im Gesetz die Vermutung für eine Übertragung des Urheberrechts ausgesprochen werden. Jede andere Regelung sahen die Sachverständigen als zu weitgehend an. Zweck des Gesetzes wäre schließlich der Schutz der Autoren und nicht der Unternehmer.
Hinsichtlich der Aufzählung der urheberrechtlichen Befugnisse wurde eine alle Verwertungsmöglichkeiten umfassende Generalklausel vermißt. Die Sachverständigen zählten insbesondere die sie betreffenden Schutzlücken auf. So wäre eine Lesung in Dialogform, da sie keine dramatische Aufführung wäre, nicht gegen öffentliche Aufführungen geschützt. Das Verbot der Verbreitung eines Werkes wäre durch den Begriff „gewerbsmäßig" ungebührlich eingeschränkt. Der Schutz gegen öffentliche Vorträge wäre nur auf noch nicht erschienene Werke beschränkt[405].
Ebenfalls kritisiert wurde die Freigabe von Gedichten, Aufsätzen oder Teilen eines Schriftwerks für die Aufnahme in Sammlungen für Kirchen-, Schul- oder Unterrichtsgebrauch oder zu einem eigentümlichen literarischen Zweck. Die Sachverständigen wiesen noch einmal auf den häufigen Mißbrauch dieser Regelung hin. Ihre Werke würden auf diese Weise für Anthologien, Abrißkalender und ähnliches herhalten. Eine Abgabe dafür würde den Verlegern nicht schaden. Auch die ohnehin teuren Schulbücher würden dadurch nicht bedeutend verteuert werden. Ein Vertreter des Reichsjustizamts erwiderte auf die Bedenken, eine Änderung dieser auch gegenwärtig geltenden Rechtslage würde den schärfsten Widerspruch hervorrufen. Dem Mißbrauch der Vorschrift könnten die Schriftsteller entgegentreten, indem sie häufiger die Gerichte in Anspruch nähmen, wenn ihre Werke in Sammlungen aufgenommen würden, die an sich nicht einem der privilegierten Zwecke dienten.
Zweifel äußerten die Sachverständigen an der Vorschrift, nach der ein Schriftwerk nach seinem Erscheinen als Text zu einem Werk der Tonkunst genutzt und auch in Verbindung mit diesem abgedruckt werden durfte. Mit dieser Einschränkung

[405] Protokoll der Beratung vom 12. Mai 1899, BArch, R 3001/6352, Bl. 153-158, 154 f.

würden sich Schriftsteller nur schwerlich abfinden. Hinsichtlich der Verpflichtung zur Quellenangabe bei Zitaten wurde angeregt, diese schärfer zu fassen.
Als ungerechtfertigte Schlechterstellung faßten die Sachverständigen die unterschiedlichen Schutzfristen von 50 Jahren für Werke der Tonkunst und von 30 Jahren für schriftstellerische Werke auf. Eher wäre für beide Teile die 30-jährige Schutzfrist beizubehalten[406].

4. Streitigkeiten zwischen Komponisten und Verlegern

Zwischen der Gründung der Genossenschaft Deutscher Komponisten am 30. September 1898 und der für den 15. Mai 1899 angesetzten Besprechung zwischen Regierung und Musiksachverständigen nahmen die Spannungen zwischen der Genossenschaft und den Musikalienverlegern ständig zu.
Ein erster Verständigungsversuch zwischen Friedrich Rösch als gewähltem Vertreter der Genossenschaft und von Hase am 31. Oktober 1898 scheiterte. Rösch weigerte sich, die Komponisten der Satzung der Anstalt für musikalische Aufführungsrechte zu unterwerfen. Schon auf ihrer Versammlung am 30. September 1898 bezeichneten die Komponisten die Satzung der Anstalt als unannehmbar[407]. Die Weigerung der Komponisten führte dazu, daß die Hauptversammlung der Anstalt für musikalische Aufführungsrechte am 21. Januar 1899 in Leipzig beschloß, vorerst auf die Erhebung von Gebühren zu verzichten und den Betrieb vorläufig einzustellen.
Eine Kommission bestehend aus Vertretern des Vorstandes der Anstalt, des Vereins der Deutschen Musikalienhändler und der Genossenschaft sollte erneut eine Einigung herbeiführen[408]. Weitere Verständigungsversuche scheiterten nach Darstellung der Genossenschaft vor allem am Widerwillen von Hases, Kompromisse zu Lasten der Verleger einzugehen. Daraufhin trat eine eigenständige Gruppe von sechs Berliner Verlegern an, um eine Einigung mit den Komponisten zu erzielen. Dieser Verständigungsversuch erwies sich als fruchtbar. Komponisten und Verleger einigten sich auf eine Verteilung der Tantiemen aus den Aufführungsrechten von einem Viertel für die Verleger und drei Vierteln für die Komponisten. Die Gruppe der Berliner Verleger bemühte sich schließlich, maßgebende Leipziger Verleger von einer solchen Regelung zu überzeugen und die Zustimmung des Vereins Deutscher Musikalienhändler zu erlangen, damit der Weg für eine Neuregelung der Anstalt frei würde.
Die Hauptversammlung des Vereins Deutscher Musikalienhändler nahm jedoch die von den Berliner Verlegern und den Komponisten ausgehandelten Grundsätze nur mit bestimmten Ausführungsbestimmungen an. Dies veranlaßte die Kompo-

[406] Protokoll der Beratung vom 12. Mai 1899, BArch, R 3001/6352, Bl. 156 ff.
[407] Genossenschaft Deutscher Komponisten (Hg.), Verhandlungsschrift über die außerordentliche Generalversammlung der Genossenschaft Deutscher Komponisten, S. 10.
[408] Protokoll der Hauptversammlung der Anstalt für musikalische Aufführungsrechte am 21. Januar 1899 in Leipzig, S. 163 f.

nisten, von der Einigung zurückzutreten. Auf Antrag von „Rösch und Genossen" beschloß der Allgemeine Deutsche Musikverein auf seiner Hauptversammlung am 11. Mai 1899 in Dortmund, von der Anstalt für musikalische Aufführungsrechte zurückzutreten, was satzungsgemäß die Auflösung der Anstalt zur Folge hatte[409]. Am 14. Mai 1899 fand ein letzter Verständigungsversuch zwischen den Parteien statt. Die Zeit drängte. Am folgenden Tag waren Vertreter beider Parteien zur Beratung des Entwurfs in das Reichsjustizamt eingeladen. Der Wegfall des Aufführungsvorbehalts hing eng mit der gerade gescheiterten Gründung einer Anstalt zur Wahrung der Aufführungsrechte zusammen. Gleichzeitig knüpften die Komponisten ihre Zustimmung zu einer besonders von den Verlegern geforderten Verlängerung der Schutzfrist an eine auch ihnen zugute kommende Erweiterung der Aufführungsrechte. Würden die Verleger alleine eine Verlängerung der Schutzfrist fordern, befürchteten diese, sie würden mit dem Argument zurückgewiesen, eine Verlängerung käme ehe nur den Verlegern, und nicht den Komponisten selber zugute[410]. Ohne eine Einigung in diesen Punkten könnten sie den Wegfall des Vorbehalts und die Verlängerung der Schutzfrist generell gefährden. Dennoch konnte keine Einigung in den strittigen Punkten herbeigeführt werden[411].

5. Die Verhandlung zu den Vorschriften betreffend die Werke der Tonkunst

Aufgrund der gerade gescheiterten Verhandlungen war die Beratung mit den Sachverständigen zu den Vorschriften, die Werke der Tonkunst betrafen, in einigen Fragen von gegenläufigen Interessen geprägt. Die Beratung zwischen Vertretern der Musiker und Komponisten, Vertretern des Musikalienhandels und –verlags und der Regierung brachte gerade bei den Neuerungen unterschiedliche Auffassungen zu Tage.

Einigkeit herrschte darin, den Schutz „erkennbarer Bestandteile" eines Musikstücks durch den Schutz der Melodie zu ersetzen. Die Freigabe von Schriftwerken zur Nutzung als Text für Kompositionen wurde ebenfalls begrüßt. Sie sollte dahingehend erweitert werden, daß auch der Abdruck des Werkes im Programmheft zulässig sein sollte, eventuell gegen eine Gewinnbeteiligung zugunsten des Autors[412].

Umstritten war die Freigabe mechanischer Musikinstrumente. Von Hase führte aus, mit den Fabrikanten wären trotz mehrfacher Versuche keine Verhandlungen über eine angemessene Vergütung möglich. Seitens der Sachverständigen und

---

409 Genossenschaft Deutscher Komponisten (Hg.), Verhandlungsschrift über die außerordentliche Generalversammlung der Genossenschaft Deutscher Komponisten, S. 11 f.

410 Von Musikverleger Hugo Bock initiierter Aufruf, An die deutschen Musikverleger, 15. Juni 1899, BArch, R 3001/6352, Bl. 143 f.

411 Genossenschaft Deutscher Komponisten (Hg.), Verhandlungsschrift über die außerordentliche Generalversammlung der Genossenschaft Deutscher Komponisten, S. 12.

412 Protokoll der Beratung vom 15. Mai 1899, BArch, R 3001/6352, Bl. 159-163, 159f.

Verleger wurde eine der derzeitigen Rechtsprechung entsprechende Regelung, d.h. nur die Freigabe für mechanische Musikinstrumente ohne auswechselbare Tonträger, befürwortet. Demgegenüber wollte das Reichsjustizamt die zwischen 12.000 und 15.000 in dieser Industrie beschäftigten Arbeiter nicht gefährden. Zur Sicherung dieser Existenzen wäre die Freigabe notwendig. Strauss, Challier und Bock erklärten im Laufe der Diskussion, sie könnten mit Rücksicht auf das in anderen Fragen erklärte Entgegenkommen hinsichtlich der Wünsche der Komponisten dieser Regelung als Ausnahme zustimmen[413].

Allseits begrüßt wurde der Wegfall des Vorbehalts für die Aufführungsrechte. Der Kommissar des Reichsjustizamts regte angesichts der gerade gescheiterten Gründung der Anstalt für musikalische Aufführungsrechte im Interesse des Verkehrs nochmals die Gründung eines Syndikats an, das nicht durch gesetzliche Regelung, sondern aufgrund freier Vereinbarung der Verleger und Komponisten untereinander zu errichten wäre. Von mehreren Seiten kritisiert wurde die zusammen mit der Streichung des Vorbehalts in den Entwurf aufgenommene Freistellung der Aufführungsrechte für Volksfeste, wohltätige Veranstaltungen, bei denen die Mitwirkenden keine Vergütung erhielten, Aufführungen von Vereinen, bei denen nur Mitglieder und zu ihrem Hausstand gehörende Personen teilnahmen und die Aufführungen von umherziehenden Musikern. Einigkeit bestand nur hinsichtlich der Freistellung von Aufführungen von Schule und Kirche. Die anderen Regelungen wären zu leicht zu umgehen. Der großen Anzahl von Gesangsvereinen wäre eine geringe Gebühr durchaus zuzumuten. Dies wäre insbesondere für das zu gründende Syndikat wichtig, da dieses, um die Kosten für den einzelnen gering zu halten, eine Vielzahl von Einnahmequellen haben müßte. Die Freigabe für umherziehende Musiker begünstigte die Tingeltangelmusik. Demgegenüber ermahnte der Vorsitzende die Sachverständigen, keine zu weitgehenden Forderungen zugunsten der Komponisten und Verleger zu stellen, da dies zu Lasten des Entwurfs gehen würde.

Bezüglich der Verlängerung der Schutzfrist stellten die Komponisten umgehend fest, sie würden einer Verlängerung nur zustimmen, wenn auch sie und nicht nur die Verleger direkte Vorteile daraus erlangen würden. Die Anfrage des Kommissars des Reichsjustizamts, ob die Komponisten für den Fall, daß die Verlängerung der Schutzfrist für alle Rechte an Musikwerken scheitern würde, auch lediglich einer Verlängerung der Schutzfrist für das Aufführungsrecht zustimmen würden, bejahten sie[414]. Zunächst bestand keine Einigkeit zwischen Komponisten und Verlegern in Bezug auf die Frage, wie mit Werken zu verfahren wäre, die ohne Vorbehalt erschienen waren. Während die Komponisten geltend machten, die Aufführungsrechte an diesen Werken müßten bei den Komponisten aufleben, erklärten die Verleger, daß auch sie nicht völlig von der Verwertung ausgeschlossen sein dürften. Von Hase schlug vor, drei Viertel der Gebühren den Komponisten und

---

[413] Protokoll der Beratung vom 15. Mai 1899, BArch, R 3001/6352, Bl. 160.

[414] Protokoll der Beratung vom 15. Mai 1899, BArch, R 3001/6352, Bl. 161 f.

ein Viertel den Verlegern zukommen zu lassen und fand damit einhellige Zustimmung. Bei der Frage, wem bei Verlängerung der Schutzfrist von 30 auf 50 Jahre nach Ablauf der ursprünglichen Schutzfrist die Verlängerung zugute kommen sollte, entzweiten sich Komponisten und Verleger jedoch erneut. Im Entwurf sollten nach Ablauf der bisherigen Schutzfrist die Rechte an dem Werk, wenn sie vorher an einen Verleger übertragen worden waren, wieder an den Schöpfer zurückfallen. Der Verleger sollte nur befugt sein, das Werk weiterhin, jedoch nicht mehr ausschließlich, herzustellen und zu verbreiten. Dem Erben des Komponisten blieb die Möglichkeit, das Werk auch bei einem Dritten verlegen zu lassen. Dafür sollte den Nachkommen die Hälfte des Gewinns des ersten Verlegers gebühren. Für die Verleger erschien die Möglichkeit, dann bei der Verwertung Konkurrenz von Dritten ausgesetzt zu sein, unakzeptabel. Die Komponisten verlangten für den Fall der Gewährung eines ausschließlichen Rechts für die Verleger einen höheren Gewinnanteil für die Komponisten. Die Verlegern erwiderten darauf, sie würden in diesem Fall lieber auf die Verlängerung der Schutzfrist verzichten[415].

6. Die Verhandlungen zu den Vorschriften, die die Tagespresse betreffen

Einheitlich vertraten die Sachverständigen zu Fragen der Tagespresse ihre Interessen gegenüber den Kommissaren der Regierung.

Die Regelungen über das Unternehmerurheberrecht wurden einhellig abgelehnt. Ein Bedarf hierfür bestände für die Tagespresse nicht. Vielmehr wäre das Interesse der Verleger mit dem Abdruck des Werkes im Wesentlichen erschöpft. Nach einem gewissen, im Verlagsgesetz festzusetzenden Zeitraum soll entsprechend § 10 des Gesetzes vom 11. Juni 1870 der Verfasser wieder über den Artikel verfügen können.

Nicht nur amtliche Entscheidungen, wie im Entwurf vorgesehen, sollten zum Abdruck freigegeben werden, sondern sämtliche „zur Kenntnisnahme des Publikums bestimmten Verhandlungen der Behörden" sowie generell jeder öffentlich gehaltene Vortrag[416].

Begrüßt wurde von den Sachverständigen die freie Übernahme von Tagesneuigkeiten mit der Pflicht zur Quellenangabe, sofern die Übernahme in unveränderter Form erfolgte. Auf den Einwand, auch bei der in der Form veränderten Wiedergabe von Neuigkeiten sollte doch die Quelle angegeben werden, wurde geantwortet, dies würde auf eine Art Neuigkeitenschutz hinauslaufen. Auch wäre der Nachweis, wer von wem die tatsächliche Mitteilung übernommen hätte, schwer zu führen. Die Sachverständigen beantragten, den Abdruck politischer Artikel generell, und nicht nur, wenn dieser ohne Vorbehalt erschienen war, zuzulassen. Allgemein sprachen sie sich für die Einführung einer deutlicheren Quellenangabe aus.[417]

---

[415] Protokoll der Beratung vom 15. Mai 1899, BArch, R 3001/6352, Bl. 162 f.

[416] Protokoll der Beratung vom 18. Mai 1899, BArch, R 3001/6352, Bl. 164-167, 164 f.

[417] Protokoll der Beratung vom 18. Mai 1899, BArch, R 3001/6352, Bl. 165 f.

Grundsätzliches Verständnis brachten die Vertreter der Tagespresse dem strafrechtlichen Schutz von Privatbriefen und anderen privaten Schriften, die mangels Werkqualität nicht unter § 1 fielen, entgegen. Der Kommissar erläuterte, die gegenwärtige Rechtsentwicklung machte einen stärkeren Schutz der Persönlichkeit erforderlich. Dennoch betonten die Vertreter der Tagespresse, daß als Ausnahme vom Verbot zumindest eine im öffentlichen Interesse stehende Veröffentlichung auch ohne Einwilligung des Verfassers oder dessen Erben zulässig sein müßte. Auch sollte zehn Jahre nach dem Tod des Verfassers eine Veröffentlichung generell zulässig sein. Sie formulierten einen entsprechenden Änderungsantrag[418].

7. Das Verständigungsprogramm zwischen Komponisten und Verlegern

Die Entzweiung zwischen Musikalienverlegern und Komponisten während der Beratung brachte beide in eine mißliche Lage. Durch die Reform konnten beide Parteien Vorteile von außerordentlicher Bedeutung erreichen. Die Verleger hatten ein eminentes Interesse an der Verlängerung der Schutzfrist für musikalische Werke rückwirkend auf 50 Jahre. Wenn sie diesen Wunsch alleine vortragen würden, so hätte er keinerlei Aussicht auf Verwirklichung. Petitionierten dagegen die Komponisten gemeinsam mit den Verlegern um die verlängerte Schutzfrist, so würde sie ihnen gewährt werden. Dies käme, wie die Verhandlungen am 15. Mai 1899 gezeigt hatten, nur in Betracht, wenn auch die Komponisten von der Verlängerung profitieren können[419]. Insbesondere waren sie an einer Erweiterung der Aufführungsrechte interessiert, die die zu gründende Tantiemenanstalt wahrnehmen sollte. An diese Erweiterung knüpften sie ihre Zustimmung zur Verlängerung der Schutzfrist[420]. Die gemeinsamen Interessen machten eine erneute Verständigung unumgänglich. Unter dem Vorsitz von Osterrieth beriet die Genossenschaft mit den Musikalienverlegern Bock, Challier, Simrock, Alwin und Oskar Cranz und Strecker vertraulich die Punkte des Gesetzesentwurfs, an denen eine Einigung im Mai gescheitert war. Die Beratung fand am 7. und 8. Juni 1899 in Berlin statt und führte schließlich zu einer völligen Verständigung in den strittigen Punkten. Am 9. Juni 1899 wurde das Verständigungsprogramm in Form einer gemeinsamen Petition an das Reichsjustizamt überreicht[421].
Im wesentlichen wurde in der Eingabe erbeten, hinsichtlich der Werke, deren Schutzfrist bereits erloschen war oder die ohne Vorbehalt erschienen waren,

---

[418] Protokoll der Beratung vom 18. Mai 1899, BArch, R 3001/6352, Bl. 167.
[419] Von Hugo Bock initiierter Aufruf, An die deutschen Musikverleger, 15. Juni 1899, BArch, R 3001/6352, Bl. 143 f.
[420] So die Schilderung Friedrich Röschs, Genossenschaft Deutscher Komponisten (Hg.), Verhandlungsschrift über die außerordentliche Generalversammlung der Genossenschaft Deutscher Komponisten, S. 13.
[421] Genossenschaft Deutscher Komponisten (Hg.), Verhandlungsschrift über die außerordentliche Generalversammlung der Genossenschaft Deutscher Komponisten, S. 12; Eingabe der Genossenschaft Deutscher Komponisten, der Vertreter des Musikalienverlags und der Vertreter des Musikalienhandels vom 8. Juni 1899, BArch, R 3001/6352, Bl. 145-149.

rückwirkend die Aufführungsrechte bei den Komponisten wieder aufleben zu lassen. Bei Werken, deren Schutzfrist noch fortlief, sollte dem bisherigen Verleger mit der verlängerten Frist die ausschließliche Befugnis zur Vervielfältigung und Verbreitung erhalten bleiben. Als Ausgleich sollten die Verleger nach Ablauf der ursprünglichen Schutzfrist den Erben des Komponisten 50% des Reingewinns zukommen lassen[422].

Verleger und Komponisten hielten in ihrem Verständigungsprogramm fest, daß unter der Führung der Genossenschaft eine Tantiemenanstalt ins Leben gerufen werden sollte. Unterstützt werden sollte die Gründung von allen sich der Verständigung anschließenden einzelnen Verlegern. Eine Beteiligung des Vereins Deutscher Musikalienhändler lehnte man aufgrund der früheren Auseinandersetzungen ab. Um die Gründung voranzutreiben, waren Rösch und Osterrieth bereits in der letzten Maiwoche 1899 nach Paris gereist, um die Organisation der Société des Auteurs, Compositeurs et Editeurs zu studieren[423].

Die Einigung zwischen Komponisten und Verlegern kam durch beiderseitiges Nachgeben im Verständigungsprogramm zustande. Alle erloschenen Aufführungsrechte sollten bei den Komponisten wieder aufleben. Dieser Zuwachs an Rechten zu Gunsten der Komponisten war besonders im Interesse der zu gründenden Anstalt zur Verwertung der Aufführungsrechte. Mit Rücksicht auf die dadurch zu erlangenden Vorteile waren die Komponisten nunmehr gewillt, den Verlegern bei Verlängerung der Schutzfrist für die noch geschützten Werke ein ausschließliches Vervielfältigungs- und Verbreitungsrecht gegen Zahlung von 50% des Gewinns zuzustehen und erkannten an, daß das von ihnen ursprünglich geforderte nicht ausschließliche Vervielfältigungs- und Verbreitungsrecht für die Verleger eine unbillige Härte enthalten hätte[424].

8. Die Beratung im Reichsjustizamt vom 19. und 20. Juni 1899

In der letzten Beratung des Reichsjustizamts wurde der aus den Änderungsvorschlägen erstellte Entwurf ein letztes Mal vor der Veröffentlichung behandelt. Die Beratung fand unter dem Vorsitz des Direktors des Reichsjustizamts Dr. Gutbrod statt. Als weiterer Vertreter des Reichsjustizamts war Dr. Dungs anwesend. Das Reichsamt des Inneren wurde durch Hauß vertreten. Dr. Lehmann vertrat das Auswärtige Amt. Müller nahm seitens des Königlich Preußischen Ministeriums der geistlichen, Unterrichts- und Medizinalangelegenheiten an der Besprechung

[422] Eingabe der Genossenschaft Deutscher Komponisten, der Vertreter des Musikalienverlags und der Vertreter des Musikalienhandels vom 8. Juni 1899, BArch, R 3001/6352, Bl. 147 ff.

[423] Genossenschaft Deutscher Komponisten (Hg.), Verhandlungsschrift über die außerordentliche Generalversammlung der Genossenschaft Deutscher Komponisten, S. 12 ff.

[424] Eingabe der Genossenschaft Deutscher Komponisten, der Vertreter des Musikalienverlags und der Vertreter des Musikalienhandels vom 8. Juni 1899, BArch, 3001/6352, Bl. 148 f.; vgl. auch die Äußerungen in der Verhandlungsschrift vom 15. Mai 1899 zu den §§ r, t, BArch, R 3001/6352, Bl. 162 f.

teil und Wiebe am ersten Tag für das Königlich Preußische Justizministerium[425]. Neben einzelnen redaktionellen Änderungen wurden auch inhaltliche Änderungen vorgenommen. Müller regte an, entgegen den Vorschlägen der Vertreter der Tagespresse, Vorträgen den bisherigen Schutz zu belassen und nur die Berichterstattung über dieselben für zulässig zu erklären. Keinesfalls sollte jeder öffentlich gehaltene Vortrag wiedergegeben werden dürfen. Gegen den preußischen Minister regte sich kein Widerspruch, so daß die Freigabe öffentlicher Vorträge in den neuen Entwurf nicht aufgenommen wurde. Erneut wurde von mehreren Seiten die Freigabe mechanischer Musikinstrumente kritisiert. Zu einer Änderung kam es jedoch nicht. Bedenken wurden zur Freigabe der Aufführungsrechte für bestimmte Veranstaltungen angemeldet. Der Komponist wurde hierdurch schlechter gestellt als vorher, da er sich bezüglich dieser Aufführungen die Rechte nicht mehr vorbehalten konnte. Die unterschiedliche Schutzfrist für Werke der Tonkunst und andere Werke wurde insbesondere vom Reichsamt des Inneren und vom Königlich Preußischen Ministerium für geistliche, Unterrichts- und Medizinalangelegenheiten bemängelt[426]. Vorgestellt wurden die völlig neu gestalteten Übergangsvorschriften, die den Wünschen der Musikalienverleger und der Komponisten aus ihrer Eingabe vom 9. Juni 1899 entsprachen[427].

F. Der erste veröffentlichte Entwurf

In der Beilage zum Reichsanzeiger vom 13. Juli 1899 veröffentlichte die Regierung des Deutschen Reichs schließlich das Ergebnis ihrer Vorarbeiten, den Entwurf eines Gesetzes, betreffend das Urheberrecht an Werken der Literatur und Tonkunst. Der Entwurf wurde zunächst den Bundesregierungen zugeleitet, um deren Stellungnahmen zu erhalten[428]. Gleichzeitig gab auf Veranlassung des Reichsjustizamts die Verlagsbuchhandlung J. Guttentag einen Abdruck des Entwurfs mit Erläuterungen heraus[429]. Die Veröffentlichung sollte nicht nur „...den betheiligten Berufskreisen zu einer wiederholten Würdigung der amtlichen Vorschläge Anlaß geben, sondern auch den übrigen Volkskreisen Gelegenheit bieten, die in Aussicht genommenen Abänderungen unseres Urheberrechts vom Standpunkt der allgemeinen Interessen zu prüfen, die in dieser Gesetzgebung Anspruch auf Beachtung haben."[430]

[425] Verhandlungsprotokolle vom 19.und 20. Juni 1899, BArch, R 3001/6352, Bl. 168-171, 168, 170.
[426] Verhandlungsprotokoll vom 19. Juni 1899, BArch, R 3001/6352, Bl. 168-170, 168 f.
[427] Verhandlungsprotokoll vom 20. Juni 1899, BArch, R 3001/6352, Bl. 170-171, 170, sowie die Anlage dazu, Bl. 171.
[428] Siehe Briefe des Reichskanzlers an das Staatsministerium sowie an die Bundesregierungen vom 2. Juli 1899, BArch, R 3001/6352, Bl. 186-187.
[429] Guttentag, J. (Hg.), Entwurf eines Urheberrechtsgesetzes.
[430] Guttentag, J. (Hg.), Entwurf eines Urheberrechtsgesetzes, S. 5, 7.

Vor der Veröffentlichung wurde der Entwurf grundlegend redaktionell überarbeitet. Daneben haben sich durch die Beratung mit den Sachverständigen in einzelnen Fragen wesentliche Änderungen ergeben. Nicht in den Entwurf aufgenommen wurde das Unternehmerurheberrecht. Entgegen den schon so frühzeitig geäußerten Vorschlägen des Börsenvereins des Deutschen Buchhandels hat wohl die Ansicht der Sachverständigen zu Fragen der Tagespresse, die eine solche Regelung nicht für notwendig erachteten, zu einer Streichung dieser Regelung geführt. Lediglich in § 3 wurde die Vermutung geäußert, eine juristische Person, die ohne Nennung des Verfassers ein Werk herausgab, wäre, sofern nicht anders vereinbart, als Urheber anzusehen.
Die Bedingung, innerhalb von zehn Jahren nach Veröffentlichung das Werk zu übersetzen, um die volle Schutzfrist für die Übersetzung zu erhalten, wurde gestrichen. Das Aufführungsrecht wurde ohne Vorbehalt gewährt (§ 12 Abs. 2). Das Recht zur Dramatisierung wurde in die ausschließlichen Befugnisse des Urhebers mit aufgenommen (§ 13 Nr. 3). Der Schutz von Werken der Tonkunst wurde um den Schutz der Melodie erweitert (§ 14 Abs. 2). Aufgenommen wurde die Verpflichtung zur deutlichen Quellenangabe (§§ 24, 17 Abs. 2 des Entwurfs). Gestrichen wurde entsprechend den Wünschen der Sachverständigen für Werke der Dichtkunst die Freigabe einzelner Gedichte, kleinerer Aufsätze oder kleiner Teile eines Schriftwerks für eine Sammlung zu einem eigentümlichen literarischen Zweck. Die Schutzfrist für Werke der Tonkunst wurde auf 50 Jahre erweitert (§ 32). Entsprechend den Wünschen der Sachverständigen für Fragen der Tagespresse wurde in § 44 Abs. 3 eine Regelung aufgenommen, die es gestattete, Privatbriefe auch ohne Einwilligung des Berechtigten zu veröffentlichen, wenn dies zur Mitteilung der Widerlegung einer öffentlich aufgestellten falschen Behauptung oder zur Wahrnehmung berechtigter Interessen erfolgte oder wenn seit dem Tod des Verfassers zehn Jahre vergangen waren. Die Übergangsregelungen wurden entsprechend den Wünschen der Komponisten und Verleger gestaltet. Hinsichtlich der Werke, deren 30-jährige Schutzfrist bereits abgelaufen war, wurde die Schutzfrist für die ausschließliche Befugnis zur Verbreitung und zur Vervielfältigung nicht auf 50 Jahre verlängert (§ 62 Abs. 2). War das Werk noch geschützt, so verlängerte sich der Schutz. Wurden die oben genannten Befugnisse ohne zeitliche Beschränkung an einen Verleger übertragen, so blieben sie beim Verleger, wobei die Hälfte des Reingewinns ab Ablauf der alten Frist dem Urheber oder dessen Erben gebührte (§ 65). Das Recht der öffentlichen Aufführung lebte dagegen, auch wenn es bereits nach Ablauf der alten Schutzfrist erloschen war, unbedingt wieder auf. Wurde die Befugnis zur öffentlichen Aufführung vor Inkrafttreten dieses Gesetzes an einen Dritten übertragen, so kam gleichwohl jede Verlängerung ausschließlich dem Komponisten oder dessen Erben zugute (§ 66). Lediglich zugunsten bestimmter von Bühnen erworbener Aufführungsrechte wurde hier der Grundsatz gemildert (§ 67). Die §§ 68 und 69 trafen Sonderregelungen hinsichtlich der bereits vor Inkrafttreten des Gesetzes ohne Vorbehalt gedruckten Noten.

G. Der Entwurf in der öffentlichen Diskussion

I. Einleitung

Der Aufruf der Regierung, den Entwurf eines Gesetzes, betreffend das Urheberrecht an Werken der Literatur und Tonkunst, nach dem Standpunkt des allgemeinen Interesses zu prüfen, blieb nicht ungehört. Praktisch jeder betroffene Berufsstand kam dem Aufruf nach. Zeitungen, Zeitschriften, Interessengemeinschaften aller Art, Schriftsteller und Gelehrte haben sich mehr oder weniger ausführlich zu dem Entwurf geäußert[431]. Nur wenige Änderungswünsche fanden besondere Berücksichtigung bei der Überarbeitung des Entwurfs. Dennoch sind die einzelnen Vorschläge von Interesse. Sie nehmen einen großen Teil der im Reichstag folgenden Diskussion vorweg und offenbaren die Interessengegensätze. Die Kritik bezog sich sowohl auf das System und die Methode des Entwurfs, als auch auf den Inhalt einzelner Regelungen.

II. Die Interessenverbände

Ausführlich berieten die verschiedenen Interessenverbände den Entwurf. Ihre Kritik veröffentlichten sie in der Regel mit dem Wunsch, ihre Interessen sollten bei der neuen Gesetzgebung mehr Berücksichtigung finden.
Vom 23. bis zum 30 September 1899 fand der 21. Jahreskongreß der ALAI in Heidelberg statt. Die Besprechung des Entwurfs bildete den Schwerpunkt des Kongresses. Nachdem Osterrieth den Entwurf vorgestellt und kritisch beleuchtet hatte, faßte der Kongreß verschiedene Änderungsbeschlüsse, die die Association als Denkschrift veröffentlichte[432]. Aufgrund der Besetzung des Kongresses waren bei den zahlreichen Abstimmungen die Schriftsteller den Verlegern zahlenmäßig überlegen. Die Verleger, unter anderem vertreten durch Herrn Engelhorn, erster Vorsteher des Börsenvereins, und Otto Mühlbrecht, konnten sich mit der Verteidigung des Entwurfs und mit Änderungsvorschlägen im Sinne der Verleger nicht durchsetzen[433].
Für den Börsenverein beriet am 19. und 20. Oktober 1899 der außerordentliche Ausschuß für Urheber- und Verlagsrecht unter dem Vorsitz des Verlegers Wilhelm Spemann den Entwurf. Der Preußische Kultusminister und Vorsitzende des Königlich Preußischen literarischen und musikalischen Sachverständigenvereins,

---

[431] Eine Zusammenfassung der Kritik findet sich bei Traumann, Der Entwurf des neuen Urheberrechtsgesetzes und die öffentliche Kritik.
[432] Denkschrift der Association littéraire et artistique internationale zum Entwurf eines Deutschen Gesetzes, betreffend das Urheberrecht an den Werken der Litteratur und Tonkunst.
[433] Der XXI. Kongreß der Association littéraire et artistique internationale, S. 8597 ff.

Daude, nahm an der Besprechung teil. Das Ergebnis der Beratungen wurde im Börsenblatt veröffentlicht und dem Reichsjustizamt unterbreitet[434].
Das Königliche Ministerium des Inneren forderte die Handelskammer zu Leipzig auf, sich nach Gehör des Börsenvereins zu dem Entwurf gutachterlich zu äußern. Auch der Verein Deutscher Musikalienhändler überreichte seine bereits im Reichsjustizamt eingereichte Kritik am Entwurf der Handelskammer mit der Bitte, sie gegenüber dem Ministerium des Inneren zu vertreten[435]. Die Firma Henry Litolff's Verlag, Braunschweig, wandte sich mit einer Eingabe zur Verlängerung der Schutzfrist an die Handelskammer und an das Reichsjustizamt[436]. Innerhalb der Handelskammer der Stadt Leipzig wurde der Entwurf vom Handelsgesetzgebungsausschuß unter dem Vorsitz von Albert Brockhaus bearbeitet[437]. Mit Beschluß vom 7. November 1899 empfahl der Ausschuß dem Ministerium einzelne Regelungen zur Änderung. Die Handelskammer genehmigte den Beschluß am 10. November 1899. Inhaltlich wichen die Vorschläge kaum von denen des Börsenvereins ab. Der Vertreter des Vereins deutscher Musikalienhändler konnte sich insbesondere nicht mit der Ablehnung der Freigabe von Musikstücken für mechanische Musikinstrumente und der Zustimmung zur Verlängerung der Schutzfrist für Musikwerke auf 50 Jahre durchsetzen[438].
Die Genossenschaft Deutscher Komponisten arbeitete durch ihren Vorsitzenden, Kapellmeister Rösch, eine Denkschrift aus. Rösch stellte im ersten Teil der Denkschrift die ungünstige soziale Lage der deutschen Komponisten, die Möglichkeit der Abhilfe durch die Erweiterung der Verwertungsrechte und die Gründung einer Anstalt zur Wahrung der Aufführungsrechte in den Vordergrund. Im zweiten Teil bewertete er die einzelnen Regelungen des Entwurfs, die Werke der Tonkunst betrafen[439].

III. Kritik an System und Methode

Im Gegensatz zu der Kritik an einzelnen Regelungen ging die allgemeine Kritik an System und Methode des Entwurfs nicht von einem reinen Interessenstandpunkt aus. Sie offenbart die bereits in den Anfängen der Reformarbeiten angelegten grundlegenden Mängel des Entwurfs. Deutlich erkennbar wird der Ausgangspunkt des Entwurfs in den Urheberrechtsgesetzen von 1870 und 1876. Zwar fanden

---

[434] Mitteilungen, Börsenblatt für den Deutschen Buchhandel 1900, S. 3727; Börsenverein der Deutschen Buchhändler (Hg.), Außerordentlicher Ausschuß für Urheber- und Verlagsrecht, Beschlüsse zum Entwurf eines Urheberrechtsgesetzes, S. 7901-7907.
[435] Eingabe des Vereins deutscher Musikalienhändler vom 27. Juni 1899, BArch, R 3001/6352, Bl. 184-185.
[436] Eingabe Henry Litolff's Verlag an das Reichsjustizamt vom 6. Juli 1899, BArch, R 3001/6352, Bl. 248.
[437] Handelskammer zu Leipzig, Bericht des Handelsgesetzgebungs-Ausschusses, S. 8802 ff.
[438] Handelskammer zu Leipzig, Bericht des Handelsgesetzgebungs-Ausschusses, S. 8805.
[439] Denkschrift der Genossenschaft Deutscher Komponisten zum Entwurf, betreffend das Urheberrecht an Werken der Tonkunst, 1899 (ohne Ortsangabe).

Birkmeyer und van Calker noch, es wäre aus praktischen Gründen eine getrennte Behandlung des künstlerischen und des literarisch-musikalischen Urheberrechts vorzuziehen, ja sogar auch das literarische wäre vom musikalischen Urheberrecht zu trennen[440]. Osterrieth hingegen befand die Trennung des literarisch-musikalischen vom künstlerischen Urheberrecht für zutiefst bedenklich[441]. Eine einheitliche Materie würde so auseinander gerissen. Die Anwendung des Urheberrechts wäre ohnehin schon schwierig. Unnötigerweise bürde dieses System der Rechtsprechung auch noch die Aufgabe auf, zwischen einzelnen Kategorien der geistigen Schöpfung Unterscheidungsmerkmale zu suchen. Augenfällig würde dies bei § 1 Ziffer 3 des Entwurfs, der das Gesetz nur für Abbildungen, die ihrem Hauptzweck nach nicht als Kunstwerke zu betrachten wären, anwendbar erklärte. Die unnötige Abgrenzung begünstigte eine Verwischung der Prinzipien des Urheberrechts. Sie führte zu einem Merkmal für die Definition eines Kunstwerks, das auf die Schutzfähigkeit ohne Einfluß wäre[442]. Osterrieth sah als Grund für die Aufrechterhaltung der Teilung die unterschiedliche Zuständigkeit des Reichsamtes des Inneren für die Gesetze von 1876 und die des Reichsjustizamts für das Gesetz vom 11. Juni 1870 und beklagte, daß weder das eine noch das andere Amt die Notwendigkeit eines einheitlichen Gesetzes eingesehen hätte[443].

Angegriffen wurde die Methode des Entwurfs, sowohl den Schutzgegenstand als auch die urheberrechtlichen Befugnisse durch Aufzählung zu bestimmen. Die Aufzählungen führten von vornherein zu einer vom Gesetzgeber an sich nicht beabsichtigten Beschränkung des Regelungsgehalts auf die genannten Einzelbestimmungen. Aufzählungen wären immer lückenhaft. Daneben trübten die Einzelregelungen den Blick auf die Grundregeln des Urheberrechts. Die in § 1 festgehaltene Aufzählung der geschützten Werkarten verführte mehr dazu, festzustellen, zu welcher Gattung ein Werk gehörte, als festzustellen, ob die jedem Werk gemeinsame Schöpfungshöhe erreicht wäre. Vorzuziehen wäre hier eine alle Werke umfassende Bezeichnung wie „geistige Schöpfung". Gleiches gälte für die Aufzählung der urheberrechtlichen Befugnisse. Zwar stellte § 12 bereits eine beträchtliche Erweiterung der Befugnisse dar, von einer umfassenden Gewährung jeglicher Nutzungsmöglichkeit war er jedoch noch weit entfernt. Es sollten die einzelnen Befugnisse in einer Definition zusammengefaßt werden, die der Rechtsprechung die Entwicklung immer neuer Einzelbefugnisse ermöglichte. Durch das Festhalten an den einzelnen Befugnissen, die zwar, wie in der Erläuterung zum Entwurf erklärt, Ausfluß eines Rechts sein sollten, würde vom Gesetzgeber noch immer der Eindruck erweckt, das Urheberrecht hätte eben nur diese zum Inhalt. Dagegen

[440] Birkmeyer, Die Reform des Urheberrechts, S. 2 f.; van Calker, Kritische Bemerkungen zu dem Entwurf eines Urheberrechtsgesetzes, S. 8 ff.

[441] So bereits Osterrieth, Materialien zur Reform des Urheberrechts, 331 ff.; Denkschrift der Association littéraire et artistique internationale, S. 282.

[442] Denkschrift der Association littéraire et artistique internationale, S. 282.

[443] Röthlisberger, Der XXI. Kongreß der Association littéraire et artistique internationale, S. 371.

spräche jedoch die Rechtsentwicklung, die ein umfassendes Verfügungsrecht anerkannte. So hätte auch das Recht der Veröffentlichung, im Entwurf nur strafrechtlich in § 44 geschützt, in § 12 Aufnahme finden müssen[444].
Dazu kamen zahlreiche Vorschläge, die auf eine einheitliche Terminologie und den Sprachgebrauch allgemein abzielten[445].
Osterrieth kam so zu dem Schluß, daß der Entwurf die Erkenntnis grundlegender Prinzipien vermissen ließe. Dieser Mangel hätte weitreichende praktische Bedeutung, da er dem Gesetz die Entwicklungsfähigkeit nehmen würde. Schon jetzt wäre abzusehen, daß der Fortschritt der Reproduktionsmittel durch die Entwicklung des Phonographen, des Telefons und des Kinemathographen zu Lücken im Gesetz führen würde. Die Wiedergabe durch diese Geräte wäre wohl kaum als Vervielfältigung, Verbreitung oder Aufführung zu betrachten. Die nächste Reform wäre daher bereits absehbar[446].

IV. Die Kritik an den einzelnen Vorschriften

1. Allgemeines

Die verschiedenen Kritiken an den einzelnen Regelungen wurden vorwiegend vom reinen Interessenstandpunkt aus getätigt. Da der Entwurf, wie schon oben erläutert, auf die Festlegung grundsätzlicher Prinzipien verzichtete und dafür auf zahlreiche Einzelbestimmungen auswich, fiel die Kritik entsprechend zersplittert aus[447].

2. Neu in das Gesetz aufzunehmende Regelungen

Der Börsenverein nahm den Aufruf zu Kritik zum Anlaß, zwei Forderungen, die bereits in früheren Entwürfen berücksichtigt worden waren, dann aber wieder gestrichen wurden, geltend zu machen. Er sprach sich erneut für die Einführung eines Unternehmerurheberrechts aus. Ebenfalls äußerte er das Bedürfnis für den Schutz von editio princeps (Inedita) für zehn Jahre[448]. Die Motive zum Entwurf lehnten einen solchen Schutz ausdrücklich ab, da hier eine Anknüpfung an den Urheber ausgeschlossen war. Auch wäre die Durchführung schwierig und der

[444] Osterrieth, Zur Reform des Urheberrechts, S. 494; hinsichtlich der Befugnisse auch Birkmeyer, Die Reform des Urheberrechts, S. 16 f.
[445] Siehe die Zusammenfassung bei Traumann, Der Entwurf des neuen Urheberrechtsgesetzes und die öffentliche Kritik, S. 81 f.
[446] Osterrieth, Zur Reform des Urheberrechts, S. 494.
[447] Zwecks übersichtlicher Darstellung beschränkt sich der Autor hier lediglich auf später berücksichtigte besonders umstrittene Kritikpunkte.
[448] Börsenverein der Deutschen Buchhändler (Hg.), Außerordentlicher Ausschuß für Urheber- und Verlagsrecht, Beschlüsse zu dem Entwurf eines Gesetzes betreffend das Urheberrecht, S. 7905; auch Birkmeyer, Der Schutz der editio princeps, mit dem Vorschlag, Art. 11 des Bayerischen Gesetzes von 1865 in den Entwurf aufzunehmen.

Schutz könnte die Interessen der Wissenschaft beeinträchtigen. Es müßte ausreichen, daß die Erläuterungen, die einem neu aufgelegten Text beigefügt wurden, ohnehin gegen Nachdruck geschützt waren[449].

3. Kritik an den Schutzvoraussetzungen

Wie in der Systematik bereits erläutert, wurde die Aufzählung der Werke, deren Urheber geschützt waren, besonders von Autoren als lückenhaft kritisiert. Die Beschränkung in § 1 Ziffer 1 auf Vorträge, die dem Zweck der Erbauung, der Belehrung oder der Unterhaltung dienten, schlösse den Urheber von Gelegenheitsreden und ähnlichem vom Schutz aus. Der Schutz von Bühnenwerken wurde nur gewährt, wenn diese dramatisch und schriftlich fixiert waren. Dadurch waren choreographische Werke oder auch Kinowerke, sofern ihre Handlungen nicht schriftlich fixiert waren, vom Schutz ausgeschlossen[450].

Die Ansichten zu § 10 des Entwurfs waren geteilt. § 10 gewährte dem Urheber auch bei Übertragung der Rechte an seinem Werk Schutz vor Veränderung desselben. Die ALAI und die Genossenschaft Deutscher Komponisten bemängelten, daß der Schutz nicht weit genug ginge, da nach dem Entwurf ein Verstoß dagegen zwar bestraft, nicht jedoch die Vernichtung der so hergestellten Werkexemplare angeordnet wurde[451]. Seitens der Verleger wurde die Strafandrohung mit 1.000 Mark (§ 45) als zu hoch angesehen. Zudem wäre zwar die grundsätzliche Tendenz des Entwurfs, die persönlichen Interessen des Urhebers stärker zu schützen, zu begrüßen. Praktisch wäre der Schutz vor jeglicher Veränderung jedoch kaum durchführbar. Bei Bühnen- und Musikwerken wären stets Änderungen erforderlich, um die Werke absatz- und spielfähig zu halten, und nicht immer wären die Urheber oder deren Erben von solchen Notwendigkeiten zu überzeugen. Die Vorschrift sollte daher auf den Schutz vor „wesentlichen" Veränderungen eingeschränkt werden[452].

4. Kritik an den Befugnissen und Schranken

Die Regelung der Befugnisse des Urhebers in § 12 wurde auch über die eingangs erläuterte Kritik hinaus als lückenhaft empfunden. Zwar wäre es grundsätzlich als Fortschritt anzusehen, das Recht der gewerbsmäßigen Verbreitung aus der Strafvorschrift des § 25 des Gesetzes vom 11. Juni 1870 in die Aufzählung der Befugnisse mit aufzunehmen. Die Beschränkung auf die „gewerbsmäßige" Verbreitung erhielt jedoch bereits wieder eine ungerechtfertigte Einschränkung. Genauso wäre

---

[449] Guttentag, J. (Hg.), Entwurf eines Urheberrechtsgesetzes, S. 40.

[450] Denkschrift der Association littéraire et artistique internationale, S. 283.

[451] Denkschrift der Genossenschaft Deutscher Komponisten, S. 346; Denkschrift der Association littéraire et artistique internationale, S. 283.

[452] Handelskammer zu Leipzig, Bericht des Handelsgesetzgebungs-Ausschusses über den Entwurf eines Urheberrechtsgesetzes, 1899, S. 8803; siehe auch die humoristische Kritik von Voigtländer, Ein Tag unter dem neuen Urheberrecht; Birkmeyer, Die Reform des Urheberrechts, S. 13 f.

das in § 12 Abs. 3 gewährte ausschließliche Recht, ein Schriftwerk oder einen Vortrag öffentlich vorzutragen, grundsätzlich als Fortschritt aufzufassen. Die Beschränkung auf noch nicht erschienene Werke wäre jedoch unbegründet[453].
Positiv wurde generell auch die Erstreckung der Befugnisse des Urhebers auf das Bearbeitungsrecht, insbesondere auf das Übersetzungsrecht und das Recht zur Dramatisierung (§ 13) beurteilt[454]. Die Genossenschaft Deutscher Komponisten befürchtete jedoch, das Recht zur Dramatisierung (§ 13 Ziffer 3) würde die freie künstlerische Bearbeitung eines Textes als Operntext unmöglich machen[455].
§ 16 Ziffer 1 und 2 stand insbesondere im Mittelpunkt der Tagespresse. Er erklärte grundsätzlich den Nachdruck bestimmter amtlicher Schriften für zulässig. Hinsichtlich amtlicher Schriften, die nicht Gesetzesbücher, Gesetze, amtliche Erlasse oder Entscheidungen darstellten, konnte jedoch die amtliche Stelle durch das Verbot des Abdrucks oder durch einen Vorbehalt den Abdruck untersagen. Nach den Motiven zum Entwurf sollte die Bestimmung Verlegern, die im Auftrag von Behörden amtliche Werke auf eigene Rechnung und mit wirtschaftlichem Risiko herausgaben, vor unlauterem Wettbewerb Dritter schützen[456]. Journalisten witterten die Gefahr, die Regierung wollte durch den Paragraphen die Publizierung geheimer Aktenstücke verhindern. Dadurch erhielt der Paragraph ein politisch-polizeiliches Moment. Er wäre ein „Kautschukparagraph", ein „Gelegenheitsgesetz". Er würde „der Presse die Daumenschrauben" anlegen und wäre reaktionär[457]. § 16 Ziffer 3 erklärte den Abdruck öffentlicher Verhandlungen aller Art in Zeitungen und Zeitschriften für zulässig. Gegen die Beschränkung auf Zeitungen und Zeitschriften wehrte sich aus naheliegenden Gründen der Buchhandel. Er hielt es aus Gründen der Information der Öffentlichkeit für dringend notwendig, öffentliche Verhandlungen auch in Buchform verbreiten zu dürfen[458]. Von unterschiedlichen Seiten wurde § 16 Ziffer 4 kritisiert. Er gewährte den freien Abdruck bestimmter öffentlicher Reden, erklärte jedoch den Abdruck als Sammlung mit Reden vorwiegend eines Verfassers für unzulässig. Vertreter der Autorenrechte hielten selbst den einmaligen Abdruck an sich für unzulässig, während Buchhändler auch das Recht zur Herausgabe von gesammelten Reden eines bestimmten Redners haben wollten, da letzterer wohl kaum ein Interesse daran hätte[459].

---

[453] Osterrieth, Zur Reform des Urheberrechts, S. 492; zum Vortragsrecht auch Wichert, Zur Reform des Urheberrechts, S. 287.
[454] Osterrieth, Zur Reform des Urheberrechts, S. 492.
[455] Denkschrift der Genossenschaft Deutscher Komponisten, S. 348 f.
[456] Guttentag, J. (Hg.), Entwurf eines Urheberrechtsgesetzes, S. 38.
[457] Zusammenfassung der Kritik der Presse in Traumann, Der Entwurf des neuen Urheberrechtsgesetzes und die öffentliche Kritik, S. 85.
[458] Börsenverein der Deutschen Buchhändler (Hg.), Außerordentlicher Ausschuß für Urheber und Verlagsrecht, Beschlüsse zu dem Entwurf eines Gesetzes betreffend das Urheberrecht, S. 7901, 7903.
[459] Traumann, Der Entwurf des neuen Urheberrechtsgesetzes und die öffentliche Kritik, S. 85 f.

Die Verstärkung des Schutzes der periodischen Presse war mit § 17 beabsichtigt. Abweichend von der früheren Rechtslage sollten durch § 17 nicht nur novellistische Erzeugnisse, sondern alle Artikel unterhaltenden Inhalts, wie Reiseberichte oder andere Schilderungen von Erlebnissen, die in Zeitungen oder Zeitschriften erschienen, vor Nachdruck geschützt werden. Artikel anderen Inhalts müßten jedoch weiterhin mit einem Abdruckverbot versehen werden (§ 17 Abs. 1 Nr. 2). So sollte die Freibeuterei kleinerer Zeitungen, die nur aus nachgedruckten Artikeln bestanden, eingeschränkt werden. Osterrieth bezeichnete den Paragraphen als mißlungenen Versuch, die vorhandenen Mißstände im Pressewesen zu beseitigen. Da sich der Abdrucksvorbehalt bereits unter dem geltenden Recht mit den Gebräuchen der deutschen Presse nicht vereinbaren ließe, wäre weiterhin eine Ausbeutung der ungeschützten Zeitungsartikel zu befürchten[460]. Ebenso wehrte sich die ALAI gegen diese Einschränkung der Rechte der Schriftsteller und sprach sich für den unterschiedslosen Schutz von Zeitungsartikeln aus[461].
§ 18 erweiterte die Rechte des Autors insoweit, als daß die Aufnahme von Werken in eine Sammlung zu einem eigentümlichen literarischen Zweck nach dem Entwurf nicht mehr ohne Einwilligung des Autors zulässig sein sollte. Wie bereits oben erläutert, wurde diese Ausnahmevorschrift zu Lasten der Autoren vielfach mißbraucht. Insbesondere der Börsenverein hielt es hingegen für unerläßlich, die Herausgabe solcher Sammlungen auch weiterhin zu gestatten. Es würde dem Interesse des Buchhandels und dem allgemeinen Bildungsbedürfnis widersprechen, wenn durch die Streichung die Erstellung von Anthologien, Kommersbüchern und anderen Liedersammlungen, von Märchensammlungen und ähnlichen Zusammenstellungen wesentlich erschwert würde. Außerdem wären solche Zusammenstellungen, wenn eine Zusammenstellung nach rein künstlerischen Gesichtspunkten nicht mehr möglich wäre, lückenhaft. Autoren hätten durch die Aufnahme in solche Sammlungen in der Regel keinen Schaden erlitten, sondern wären vielfach erst dadurch bekannt geworden[462].
Nach § 19 Abs. 1 war es nicht als Nachdruck anzusehen, wenn ein Schriftwerk nach seinem Erscheinen als Text zu einem neuen Werk der Tonkunst in Verbindung mit diesem abgedruckt wurde. Die Regelung entsprach § 48 des Gesetzes vom 11. Juni 1870. Ausgeschlossen davon waren Werke, die eigens zu einer Komposition geschrieben wurden, oder, und das ist die Neuerung des Entwurfs, Werke, die bei ihrer Veröffentlichung bereits mit einem Werk der Tonkunst verbunden waren (§ 19 Abs. 2). Komponisten bemängelten, daß man es einem Schriftwerk wohl kaum ansehen könnte, ob es jemals mit einem Werk der Ton-

---

[460] Osterrieth, Zur Reform des Urheberrechts, S. 492.
[461] Denkschrift der Association littéraire et artistique internationale, S. 284.
[462] Börsenverein der Deutschen Buchhändler (Hg.), Außerordentlicher Ausschuß für Urheber und Verlagsrecht, Beschlüsse zu dem Entwurf eines Gesetzes betreffend das Urheberrecht, S. 7901, 7903; Voigtländer, Ein Tag unter dem neuen Urheberrecht, S. 6632; Birkmeyer, Die Reform des Urheberrechts, S. 56.

kunst veröffentlicht worden war. Die Freigabe wäre daher praktisch wertlos. Als Gegenleistung für die in § 21 zu Lasten der Komponisten freigegebene Verwertung von Werken der Tonkunst für mechanische Musikinstrumente wäre § 19 deshalb erst recht nicht geeignet. § 19 Abs. 1 sollte, wie die Komponisten betonten, keinesfalls in ihrem Interesse, sondern im Interesse der öffentlichen Musikpflege dahingehend geändert werden, daß Liedertexte nicht nur in Verbindung mit den Noten, sondern auch im Konzertprogramm frei abdruckbar sein sollten. Eine dem Konzert vorausgehende Verständigung mit dem Dichter wäre in der Regel nicht möglich, da die Konzertabende oft kurzfristig geplant würden. Auch fehlte es den Schriftstellern an einer Zentralstelle, an die sich die Konzertveranstalter wenden konnten[463].

Nach den Motiven des Entwurfs gestattete § 21 einen erheblichen Eingriff in das Recht des Komponisten aus rein wirtschaftlichen Gründen. § 21 gestattete die Übertragung eines Werkes der Tonkunst auf Vorrichtungen für solche Instrumente, die der Wiedergabe von Musikstücken dienten. Begründet wurde der Eingriff, wie sich bereits in den Vorarbeiten abzeichnete, mit den Bedürfnissen der Hersteller solcher Instrumente. „Den deutschen Komponisten und Verlegern darf hier zugunsten der vaterländischen Industrie ein Entgegenkommen zugemuthet werden, wie ihnen ja auch in Betreff auf die Nutzung fremder Dichtungen (§ 19 Abs. 1) ein Entgegenkommen bewiesen wird.“[464] Verleger und Komponisten waren zu diesem Entgegenkommen nicht bereit und wichen von ihrer ursprünglich bei der Beratung im Reichsjustizamt eingenommenen Haltung ab[465]. Sie kritisierten diese der gegenwärtigen Rechtsprechung widersprechende Vorschrift. Die Industrie wäre zunächst nicht notleidend, wie die von den Unternehmen ausgezahlten Dividenden zeigen würden. Das Argument der Hersteller, auch der Komponist profitierte von der Nutzung seiner Stücke durch mechanische Musikinstrumente, da er dadurch bekannter würde, wäre nicht stichhaltig. In der Regel würden die Hersteller nur bekannte Stücke verwerten. Dies würde besonders den Verlagswert der Stücke herabdrücken. Schließlich würde der künstlerische Ausdruck der Kompositionen leiden. Die schlechte Qualität der Wiedergabe korrumpierte den Sinn für künstlerischen Vortrag sowohl zum Schaden der Komponisten, als auch zum Schaden der allgemeinen musikalischen Bildung. Für ausübende Musiker bedeutete die Freigabe einen schweren Schlag, da sie durch die mechanischen Musikinstrumente Konkurrenz erhielten. Die Komponisten würden es jedoch zumindest für recht und billig halten, ihre Werke gegen Entrichtung einer gesetzlich zu bestimmenden Abgabe freizugeben, wie dies bereits vom Henry Litolff's Verlag angeregt worden war[466].

---

[463] Denkschrift der Genossenschaft Deutscher Komponisten, S. 349.

[464] Guttentag, J. (Hg.), Entwurf eines Urheberrechtsgesetzes, S. 40.

[465] Siehe Kap. 4 E. III. 5.

[466] Denkschrift der Genossenschaft Deutscher Komponisten, S. 349 f.; siehe den Bericht des Handelsgesetzgebungsausschusses der Handelskammer Leipzig, in dem der Musikalienverleger Lin-

Der mit § 21 korrespondierende § 25 gestattete unter anderem die öffentliche Aufführung von Musikstücken durch mechanische Musikinstrumente. Die ALAI und die Genossenschaft Deutscher Komponisten kritisierten diese Freigabe heftig. Insbesondere wäre sie im Gegensatz zu § 21 noch nicht einmal durch die oben angeführten wirtschaftspolitischen Gründe gerechtfertigt. Hier würde die Gefährdung kleinerer Orchester besonders deutlich. Auch verdiente bei solchen Aufführungen in der Regel der Besitzer der Instrumente durch ein Entgelt zum Schaden der Komponisten[467].
Große Schwierigkeiten erwartete der Börsenverein durch § 23, nach dem die in § 18 Nr. 3 gestattete freie Nutzung von Schriftwerken für den Kirchen-, Schul- oder Unterrichtsgebrauch ohne Abänderung des Werkes erfolgen mußte. Für Schulzwecke wäre es nach Ansicht des Börsenvereins unbedingt notwendig, die Werke zu verändern, um sie dem Auffassungsvermögen der Schüler anzupassen. Außerdem kämen in sonst geeigneten Lesestücken häufiger einzelne Wendungen oder Ausdrücke vor, die aus ethischen oder religiösen Gründen den Gebrauch ohne Änderungsmöglichkeit in der Schule unmöglich machen würden. Dazu käme die Gefahr erheblicher Vermögenseinbußen für die Verleger. Da nahezu alle der derzeit genutzten Lesebücher Abänderungen enthielten, fielen diese unter § 64. Danach dürften die Druckvorrichtungen für die abgeänderten Bücher nur noch maximal drei Monate genutzt werden und alle Schulbücher müßten anschließend neu aufgelegt werden[468].
Die in § 26 geregelte Einschränkung des Aufführungsrechts befanden die Komponisten für schlechthin unannehmbar. § 26 gestattete die Aufführung, wenn sie keinem gewerblichen Zweck diente und die Hörer ohne Entgelt zugelassen wurden (§ 26 Abs. 1 S. 1) bei Tanzlustbarkeiten, bei Konzerten, die einem wohltätigen Zweck dienten und bei denen die Mitwirkenden keine Vergütung erhielten, bei Konzerten, die von Vereinen veranstaltet wurden, zu denen nur Mitglieder oder zum Hausstand gehörende Personen als Hörer zugelassen wurden, sowie bei Vorträgen umherziehender Musiker (§ 26 Abs. 1 S. 2 Nr. 1-4).
Gerade für die Komponisten, die ihre Aufführungsrechte über einen Vorbehalt retten konnten, würde diese Regelung einen erheblichen Rechtsverlust darstellen. Die Unterscheidung in entgeltliche und unentgeltliche Aufführungen stellte ebenso einen Rückschritt dar. Es ginge bei der Wahrung der Aufführungsrechte nicht nur um die materiellen, sondern auch um die ideellen Interessen des Urhebers, die genauso bei künstlerisch minderwertigen Aufführungen verletzt werden könnten.

---

nemann sich gegen die Freigabe ausspricht, Bericht des Handelsgesetzgebungs-Ausschusses über den Entwurf eines Urheberrechtsgesetzes, S. 8803.

[467] Denkschrift der Association littéraire et artistique internationale, S. 285; Denkschrift der Genossenschaft Deutscher Komponisten, S. 350 f.

[468] Börsenverein der Deutschen Buchhändler (Hg.), Außerordentlicher Ausschuß für Urheber und Verlagsrecht, Beschlüsse zu dem Entwurf eines Gesetzes betreffend das Urheberrecht, S. 7904; der Ausschuß der Handelskammer Leipzig schloß sich der Auffassung an, Bericht des Handelsgesetzgebungs-Ausschusses über den Entwurf eines Urheberrechtsgesetzes, S. 8803.

Auch wären gerade die Institutionen, die sich unentgeltliche Aufführungen leisten könnten und daher durchweg kapitalkräftig sein dürften, in der Lage, etwaige Gebühren für die Anstalt aufzubringen. Die Unterscheidung lüde zu fortgesetzter Umgehung des Gesetzes ein, indem zum Beispiel keine Eintrittsgelder, dafür aber erhöhte Garderobengebühren verlangt würden. Gegen die Freigabe für alle unentgeltlichen Aufführungen in Schule, Kirche und Heer hatten die Komponisten hingegen nichts einzuwenden[469].
Hinsichtlich der entgeltlichen Aufführungen erachteten sie die Freigabe für Volksfeste und Wohltätigkeitsveranstaltungen für gerechtfertigt, stellten jedoch zur Diskussion, wieso gerade die Komponisten als geeignetes Kontributionsobjekt ausgesucht würden. An Schriftsteller, Dichter, Gelehrte, bildende Künstler oder gar irgendeinen Gewerbetreibenden wagte man sich nicht heran.
Die Freigabe für Vereine wurde aus gleich mehreren Gründen angegriffen. Die Freigabe führte zu einer doppelten Benachteiligung der Komponisten ernster Musik. Da Vereine in der Regel Musikstücke ernsterer Richtung aufführten, würde den Komponisten solcher Musik ein erheblicher Ertragskreis wegbrechen. Daneben bedürften gerade die Komponisten ernsterer Musik der Tantiemen ungleich mehr als die Komponisten leichterer Unterhaltungsmusik. Ohne die Besteuerung von Vereinen ließe sich das gesamte geplante Pauschalsteuersystem gar nicht durchführen, denn je größer der Kreis der Abgabepflichtigen wäre, desto eher wäre es der Anstalt möglich, die Tantiemen in bescheidenen Grenzen zu halten.
Die Aufführungsfreiheit für „Vorträge umherziehender Sänger und Musiker, bei welchen ein höheres Interesse der Kunst nicht obwaltet", befanden die Komponisten ebenfalls für ungerechtfertigt. Sie stellte eine Schlechterstellung der organisierten, fest angestellten Orchester dar, die unter der Konkurrenz erheblich litten. Schließlich könnte man auch diesen „Parasiten der öffentlichen Musikpflege" einen kleinen Beitrag zur Musikpflege aufzwingen, indem man sie zur Beitragspflicht zu den für die Komponisten bestimmten Wohlfahrtseinrichtungen heranzöge.
Die Komponisten befürchteten durch § 26 in seiner gegenwärtigen Form über die Kritik an den einzelnen Punkten hinaus eine Gefährdung für die Gründung der Anstalt für musikalische Aufführungsrechte. Die Rechte an ausländischen Werken könnte die Anstalt nur wahrnehmen, wenn sie durch Kartellverträge mit den ausländischen Wahrnehmungsgesellschaften in die Lage versetzt würde, auch über diese zu verfügen. Dafür wäre es unerläßliche Voraussetzung, in etwa ein gleiches Schutzniveau zwischen deutschen und ausländischen Werken zu erreichen. In Frankreich und Italien bestünde jedoch das Aufführungsrecht unbeschränkt. Da weiterhin das in Deutschland geplante Pauschalbesteuerungssystem weniger abwerfen würde als die ausländischen Steuersysteme, wäre es für die ausländischen

[469] Denkschrift der Genossenschaft Deutscher Komponisten, S. 351.

Anstalten wohl kaum reizvoll, ein Kartell mit der deutschen Anstalt einzugehen[470].

5. Kritik an der Dauer des Schutzes

Die Verlängerung der Schutzfrist für Werke der Tonkunst von 30 auf 50 Jahre (§§ 28, 32) und die damit verbundene Ungleichbehandlung gegenüber Schriftwerken, Vorträgen und Abbildungen, die nach wie vor 30 Jahre geschützt waren, rief unter Schriftstellern Proteste hervor. Die ALAI forderte die Verlängerung aller Schutzfristen auf 50 Jahre nach dem Tod und setzte damit eine Diskussion in Gang, die die Berechtigung urheberrechtlichen Schutzes überhaupt zum Gegenstand hatte[471]. Der Börsenverein entgegnete, die bisher geltende Schutzfrist reichte völlig aus, um die Erben an der wirtschaftlichen Nutzung zu beteiligen und einer Verlängerung der Schutzfrist stünde das Kulturinteresse des Reichs entgegen. Des weiteren brächte die Verlängerung der Schutzfrist keine für den Autor bedeutsame größere wirtschaftliche Nutzung ein, ausgenommen die wenigen Werke, die auch 30 Jahre nach dem Tod des Autors noch nachgefragt würden[472]. Gegen den Einwand, die Verlängerung der Schutzfrist führte zu einer Verteuerung der Literatur, führte die ALAI an, dies wäre nicht so, da das Autorenhonorar generell nicht auf den Buchpreis einwirken würde. Vielmehr zahlte der Verleger dieses aus dem Gewinn am Buch unabhängig davon, wie lange das Buch geschützt würde. Eine Verlängerung der Schutzfrist stellte hingegen einen wichtigen Schritt zur internationalen Vereinheitlichung der Schutzfrist dar. Dem wurde entgegnet, das kulturelle Interesse des Volkes würde dem des einzelnen an einem internationalen Schutz seines Werkes überwiegen. Das Interesse des Volkes läge naturgemäß in einer kürzeren Schutzfrist, da nur so die betreffende Generation noch Nutzen aus dem Freiwerden des Werkes ziehen könnte[473].
Seitens der Schriftsteller wurde darauf hingewiesen, daß die Erben des Textdichters einer Oper einen um 20 Jahre kürzeren Schutz genießen würden, als der Komponist eben dieses Werkes. Auch das bereits bekannte Argument, von einer Verlängerung würden ohnehin nur die Verleger profitieren, solange die Autoren und Komponisten nicht durch ein Verlagsgesetz geschützt würden, wurde noch einmal gegen jegliche Verlängerung angeführt[474].

---

[470] Denkschrift der Genossenschaft Deutscher Komponisten, S. 352 f.
[471] Denkschrift der Association littéraire et artistique internationale, S. 286.
[472] Börsenverein der Deutschen Buchhändler (Hg.), Außerordentlicher Ausschuß für Urheber und Verlagsrecht, Beschlüsse zu dem Entwurf eines Gesetzes betreffend das Urheberrecht, S. 7901, 7904.
[473] Denkschrift der Association littéraire et artistique internationale, S. 285 f.
[474] Traumann, Der Entwurf des neuen Urheberrechtsgesetzes und die öffentliche Kritik, S. 88.

Die in § 28 S. 2 gewährte 10-jährige Schutzfrist für posthume Werke erschien der ALAI im Hinblick auf die erforderlichen technischen Aufwendungen für die Herausgabe solcher Werke als zu kurz[475].

6. Kritik an den Bestimmungen zu Rechtsverletzungen

Vielfältiger Kritik waren die Strafvorschriften ausgesetzt. Nahezu einmütig bemängelt wurde die Straflosigkeit des fahrlässigen Nachdrucks. Der Börsenverein hatte seine ursprüngliche Haltung hierzu aufgegeben und forderte gemeinsam mit mehreren Schriftstellern die Wiederherstellung der Strafbarkeit des fahrlässigen Nachdrucks. Zwar strich das Reichsjustizamt gleichzeitig mit der Strafbarkeit des fahrlässigen Nachdrucks die Straflosigkeit wegen eines entschuldbaren Irrtums (§ 18 Abs. 2 des Gesetzes vom 11. Juni 1870) und erweiterte den strafrechtlichen Schutzes des Urhebers in dieser Hinsicht. Dennoch wurde befürchtet, daß der Vorsatz dem Nachdrucker im Gegensatz zur Fahrlässigkeit sehr schwer nachzuweisen wäre. Der Nachdrucker machte in der Regel die „Einrede der Fahrlässigkeit“ geltend. Den Nachdruck der Verletzung fremder Vermögensrechte, wie der Sachbeschädigung, gleichzustellen, wäre ungerechtfertigt, da beim Nachdruck immaterielle Güter in Frage ständen. Auch waren auf dem Gebiet des gewerblichen Rechtsschutzes, so bei Patent- und Musterschutzverletzungen, fahrlässige Verstöße nicht straflos[476].
Die ALAI hingegen schien den vorgeschlagenen Schutz als ausreichend anzusehen und kritisierte ihn nicht. Seitens der Lehre wurde eingewandt, die Schwierigkeit, den Vorsatz nachzuweisen, dürfte nicht für die Einführung der fahrlässigen Strafbarkeit maßgebend sein[477].
Wohl am meisten angefochten wurde § 44 Abs. 2 des Entwurfs, die Regelung über die Strafbarkeit der Veröffentlichung privater Briefe. Während politische Zeitungen jeglicher Couleur in der Vorschrift ein Polizeigesetz witterten, befanden Juristen die Aufnahme einer solchen Regelung in ein Urheberrechtsgesetz für systemwidrig. Van Calker führte aus, eine Bestimmung, welche sich ausdrücklich auf Aufzeichnungen bezog, „an denen ein geschütztes Urheberrecht nicht besteht“, gehörte nicht ins Urheberrecht. Dies wäre keine Pedanterie. Vielmehr müßte der Gesetzgeber bei der Einordnung größte Sorgfalt walten lassen, da er nicht voraussehen könnte, welche Konsequenzen der Richter aus dem Zusammenhang, in welchem sich die fragliche Bestimmung befand, für die Beurteilung der Tatbestandsmerkmale ziehen würde. Der Gesetzgeber käme vielmehr durch die willkürliche Einfügung in den Verdacht, er beabsichtigte, Handlungen zu treffen, die er sonst

---

[475] Denkschrift der Association littéraire et artistique internationale, S. 286.

[476] Börsenverein der Deutschen Buchhändler (Hg.), Außerordentlicher Ausschuß für Urheber und Verlagsrecht, Beschlüsse zu dem Entwurf eines Gesetzes betreffend das Urheberrecht, S. 7906; Wichert, Ernst, Zur Reform des Urheberrechts, S. 287; Osterrieth, Zur Reform des Urheberrechts, S. 493.

[477] Van Calker, Kritische Bemerkungen zu dem Entwurf eines Urheberrechtsgesetzes, S. 31.

nicht bestrafen könnte und würde so sein Ansehen schädigen[478]. Nach anderer Ansicht würde der Schutz vor Indiskretion bereits durch zivilrechtliche Regelungen ausreichend gewährt[479].
Die Presse befand die Strafandrohung im praktischen Sinne sehr bedenklich. Die Veröffentlichung von Privatbriefen könnte dem Interesse einzelner vorgehen und das öffentliche Interesse fördern. Dies hätten insbesondere die Veröffentlichungen von Privatbriefen im Dreyfuß-Prozeß gezeigt. Der angestrebte Zweck ließe sich durch die verhältnismäßig geringe Geldstrafe von 1.500 Mark kaum erreichen, da die Strafe durch die höhere Verbreitung wieder aufgewogen werden könnte. Der „Vorwärts“ hingegen sah in dem Paragraphen den „Pferdefuß“ des Gesetzes. Er sollte dazu dienen, ungewollte Veröffentlichungen, wie die der Privatbriefe des Freiherrn von Stumm, durch ein Strafgesetz zu verhindern und sei daher eine reine „lex Stumm“[480].
Die in den §§ 45 und 46 angedrohte Geldstrafe für unberechtigte Veröffentlichung und Unterlassung der Quellenangabe in Höhe von 1.000 Mark beziehungsweise 500 Mark erschien dem Börsenverein unbegründet hart. Solche Verfehlungen würden höchst selten vorkommen. Eine Strafe von 150 Mark für unberechtigte Veröffentlichung und von 60 Mark für unterlassene Quellenangaben wäre daher angemessen[481]. Der Ausschuß der Handelskammer empfahl, die Verstöße nur als Übertretung, und nicht als Verfehlung anzusehen, mit der Folge, daß die Geldstrafe 150 Mark nicht übersteigen könnte, eine Umwandlung in Gefängnisstrafe ausgeschlossen würde und die Verjährung nach drei Monaten und nicht nach drei Jahren ablaufen würde[482].
Der Börsenverein schloß sich dem an und schlug vor, § 48 dahingehend zu ändern, die Vernichtung widerrechtlich hergestellter oder verbreiteter Exemplare und der Druckvorrichtungen auch im Zivilverfahren und nicht nur im Strafverfahren für zulässig zu erklären. Schließlich gäbe es Fälle, in denen der Geschädigte aus geschäftlichen Gründen kein Strafverfahren anregen wollte[483].
§ 50 übernahm entsprechend §§ 30, 31 des Gesetzes vom 11. Juni 1870 die Einrichtung von Sachverständigenvereinen. Schon bei der Beratung des Gesetzes vom 11. Juni 1870 hatte sich im Reichstag eine gewisse Abneigung gegen die Aufnahme einer solchen Regelung gezeigt, die dazu führte, daß der Reichstag die vorgeschlagene Regelung in drei Punkten abschwächte. Zunächst gestattete er den Richtern, auch andere Sachverständige anzuhören, damit die Vereine keine Alleinstel-

---

[478] Van Calker, Kritische Bemerkungen zu dem Entwurf eines Urheberrechtsgesetzes, S. 12 ff.
[479] Fuld, Indiskrete Veröffentlichungen, S. 290 f.
[480] Traumann, Der Entwurf des neuen Urheberrechtsgesetzes und die öffentliche Kritik, S. 91.
[481] Börsenverein der Deutschen Buchhändler (Hg.), Außerordentlicher Ausschuß für Urheber- und Verlagsrecht, Beschlüsse zu dem Entwurf eines Gesetzes, betreffend das Urheberrecht, S. 7906.
[482] Handelskammer zu Leipzig, Bericht des Handelsgesetzgebungs-Ausschusses über den Entwurf eines Urheberrechtsgesetzes, S. 8804.
[483] Börsenverein der Deutschen Buchhändler (Hg.), Außerordentlicher Ausschuß für Urheber und Verlagsrecht, Beschlüsse zu dem Entwurf eines Gesetzes betreffend das Urheberrecht, S. 7906

lung innehalten konnten. Er ließ nur Gutachten über „technische Fragen“ zu und ließ dem Richter freie Wahl, ob er Gutachten einholen wollte oder nicht[484].
In den folgenden Jahren dehnten Sachverständigenvereine häufig entweder den Begriff der „technischen Frage“ aus oder zogen die Rechtsfrage selber in den Bereich ihrer Beurteilung hinein und trafen so eine Art Vorentscheidung. Kritik an der Vorgehensweise der Sachverständigenvereine begegnete Dambach, der Vorsitzende der preußischen Sachverständigenvereine, mit dem Argument, der Gesetzgeber hätte es wohl kaum nötig gehabt, ein Gremium mit Gelehrten, Schriftstellern, Künstlern etc. zu besetzen, wenn ihre Tätigkeit von jedem Buchhändlergehilfen ausgefüllt werden könnte, da sie lediglich in der technischen oder mechanischen Vergleichung zweier Bücher oder in der Aufstellung einer Schadensberechnung bestände. Er erklärte, dem praktischen Juristen läge die Lehre vom Urheberrecht etwas fern. Die Richter würden daher den Rat der behördenmäßig und kollegial organisierten Sachverständigenvereine dankend anerkennen[485].
Der Kritiker Drucker hingegen erklärte, diese Regelung wäre nur Ausdruck einer namentlich in buchhändlerischen Kreisen weit verbreiteten Idee, urheber- und verlagsrechtliche Angelegenheiten wären eine Art Rechtsinsel, die einer getrennten Bearbeitung bedürfte. Die Beibehaltung widerspräche dem für die geplante Änderung mitbestimmenden Bedürfnis, das deutsche Urheberrecht dem internationalen anzupassen. In keinem der in der Berner Konvention vereinigten Länder außer Deutschland gäbe es derartige Einrichtungen[486].
Das Fortbestehen der Sachverständigenvereine wäre überflüssig und bedenklich. Es wäre überflüssig, da die technischen Fragen im Urheberrecht weder zahlreicher noch schwieriger als in anderen spezialrechtlichen Materien wären. Insbesondere das Patent- und Markenrecht verzichtete auf Sachverständigenvereine und käme mit einzelnen zu bestellenden Sachverständigen aus. Dies zeigte auch die ausländische Gerichtspraxis. Bedenklich wäre die Regelung insofern, als daß die Sachverständigenvereine ihren Entscheidungsbereich unzulässig ausdehnten. Die Regelung beraubte weiterhin den Parteien regelmäßig das Recht, von ihnen gewählte Sachverständige vernehmen zu lassen, da nach § 369 ZPO in Fällen, in denen das Gesetz bestimmte Sachverständige vorsah, andere nur bei Vorliegen besonderer Umstände gewählt werden durften[487].

[484] Sten. Ber. d. Verhandlungen des Reichstags des Norddeutschen Bundes, 1870, S. 849 ff, 853; Dambach, Urheberrecht, S. 190 f.
[485] Dambach, Otto (Hg), Fünfzig Gutachten über Nachdruck und Nachbildung erstattet vom Koeniglich Preußischen litterarischen Sachverstaendigen-Verein in den Jahren 1874-1889, S. 23 ff.
[486] Drucker, Der Gesetzesentwurf über das Urheberrecht und die Sachverständigen-Kammern, S. 323.
[487] Drucker, Der Gesetzesentwurf über das Urheberrecht und die Sachverständigen-Kammern, S. 325 f.

Der Börsenverein hingegen schlug vor, den Aufgabenbereich der Vereine zu erweitern, indem die Möglichkeit eröffnet wird, sie als Schiedsrichter in Einziehungsverfahren anzurufen[488].

7. Kritik am Schutz von Ausländern

Gemäß § 56 sollten nur Ausländer geschützt werden, die ihr Werk im Deutschen Reich erscheinen ließen. Ein weitergehender Schutz oder gar die völlige Gleichstellung von Inländern und Ausländern schien der Regierung nicht angemessen. Für die Staaten, die deutschen Werken den Schutz völlig versagten, würde so jeder Anlaß beseitigt, im Verhältnis zu Deutschland eine Besserung des Rechtszustandes herbeizuführen[489]. Der Börsenverein fand selbst die in § 56 getroffene Regelung zu weitgehend. Er mahnte an, die Regierung würde sich mit dieser fast vollkommenen Gleichstellung der Ausländer eines Druckmittels gegen die Länder, die weder der Berner Union beigetreten waren, noch separate Schutzabkommen mit dem Deutschen Reich geschlossen hätten, begeben[490]. Die ALAI forderte hingegen eine völlige Gleichstellung der Ausländer. Die Haltung, Ausländern den Schutz zu verweigern, um gegenüber den Staaten, die den Deutschen keinen Schutz gewährten, ein Kompensationsobjekt in der Hand zu behalten, widerspräche allgemeinen Erfahrungen. Die Ausweitung urheberrechtlichen Schutzes beruhte weniger auf einer Abwägung der gegenseitigen Handelsinteressen. Vielmehr müßte bei den einheimischen Interessenten die Einsicht geweckt werden, daß der Schutz von Ausländern auch in ihrem Interesse wäre, da er sowohl inländische Autoren als auch die Verleger inländischer Werke vor der schrankenlosen Konkurrenz durch ungeschützte ausländische Werke bewahren könnte. Auch seien geordnete Verlagsverhältnisse nur auf der Grundlage eines allgemeinen Schutzes möglich[491].

8. Kritik an den Übergangsbestimmungen

Die schon während der Sachverständigenverhandlung heftig umstrittenen Übergangsbestimmungen waren auch nach der Veröffentlichung des Entwurfs noch Gegenstand der Kritik. Insbesondere der Verein Deutscher Musikalienhändler, der an der maßgeblichen Verhandlung nicht beteiligt war, meldete sich zu Wort. Der Ausschuß der Leipziger Handelskammer griff seine Vorschläge auf. § 64 würde sich besonders negativ auf den Buchhandel auswirken. Er gestattete die Nutzung von bisher rechtmäßig angefertigten Druckvorrichtungen nur noch für den Ablauf

---

488 Börsenverein der Deutschen Buchhändler (Hg.), Außerordentlicher Ausschuß für Urheber- und Verlagsrecht, Beschlüsse zu dem Entwurf eines Gesetzes betreffend das Urheberrecht, S. 7906.

489 Guttentag, J. (Hg.), Entwurf eines Urheberrechtsgesetzes, S. 42.

490 Börsenverein der Deutschen Buchhändler (Hg.), Außerordentlicher Ausschuß für Urheber- und Verlagsrecht, Beschlüsse zu dem Entwurf eines Gesetzes betreffend das Urheberrecht, S. 7907.

491 Denkschrift der Association littéraire et artistique internationale, S. 286; Wichert, Zur Reform des Urheberrechts, S. 289.

von drei Monaten. Danach würden die Vorrichtungen wertlos, so daß jeder Verlag hier beträchtliche Schäden zu erwarten hätte. In einer Eingabe stimmte der Verein Deutscher Musikalienhändler zwar dem Wegfall des Vorbehalts und der Verlängerung der Schutzfrist auf 50 Jahre zu. Das rückwirkende Wiederaufleben der Rechte an bereits verfallenen Werken hielt er jedoch für unzulässig[492]. Im Interesse der Industrie, die für die volkstümliche Musikpflege und die Musikwissenschaft große Aufwendungen getätigt hätte, dürfte keine rückwirkende Kraft anerkannt werden. Die Übergangsvorschriften wären in mancherlei Hinsicht schwer durchführbar. Unklar wäre, wie der gemäß § 62 Abs. 2 nach Ablauf der 30-jährigen Schutzfrist zwischen den Verlegern und den Erben der Autoren zu teilende Reingewinn berechnet werden sollte. Gemeinsam mit der Leipziger Handelskammer forderte der Verein Deutscher Musikalienhändler, die Übergangsvorschriften weitgehend zu streichen[493].

Seitens der ALAI und der Genossenschaft Deutscher Komponisten wurde eine Vorschrift angegriffen, die nicht Gegenstand der Sachverständigenberatung war und erst später in den Entwurf aufgenommen wurde. § 67 erlaubte dem Erwerber von Noten, die ohne Aufführungsvorbehalt gedruckt worden waren, die öffentliche Aufführung des Werkes ohne Einwilligung des Komponisten. § 68 gab dem Komponisten das Recht, noch nicht veräußerte Noten nachträglich mit dem Vorbehalt zu versehen. Die Übergangsbestimmung sollte sicherstellen, daß namentlich der großen Zahl ausübender Musiker, die Noten ohne Vorbehalt erworben hatten, die einmal begründete Befugnis zur Aufführung nicht wieder entzogen würde[494].

Für die Komponisten führte die Regelung nach Lage des einzelnen Falls zu einem unerträglichen Zustand. So könnte ein 1899 ohne Vorbehalt erschienenes Werk eines Komponisten, der noch 50 Jahre lebte und dessen Werk noch 50 Jahre nach dem Tod geschützt war, für die nächsten 100 Jahre noch frei aufgeführt werden. Die durch die Reform angestrebte Sicherung des Aufführungsrechts führte in diesem Fall nur eine dürftige Scheinexistenz. Die Einrichtung einer Tantiemenanstalt würde gänzlich illusorisch. Die anerkennenswerten Motive der Vorschrift könnten durch die Regelung ehe nicht erreicht werden. Kleinere Kapellen nutzten ihre Noten sehr intensiv. Sie müßten daher alle ein bis zwei Jahre neues Material kaufen, das dann bereits mit dem Vorbehalt versehen wäre. Auch könnte die Anstalt bei Durchführung ihres geplanten Pauschalbesteuerungssystems keine Rücksicht darauf nehmen, ob eine Kapelle nun zehn oder 100 geschützte Werke zur Aufführung brächte. Aus diesem Grunde wäre für die Besitzer von Notenmaterial eine Frist von höchstens zwei Jahren zu setzten, während der das Notenmaterial noch zu ab-

---

[492] Eingabe des Vereins deutscher Musikalienhändler vom 27. Juni 1899, BArch, R 3001/6352, Bl. 184-185, 185.

[493] Handelskammer zu Leipzig, Bericht des Handelsgesetzgebungs-Ausschusses über den Entwurf eines Urheberrechtsgesetzes, S. 8805.

[494] Guttentag, J. (Hg.), Entwurf eines Urheberrechtsgesetzes, S. 44.

gabefreier Aufführung genutzt werden dürfte. Hätte jemand ein längeres Interesse daran, so könnte das Material zu diesem Zweck auch amtlich abgestempelt werden[495].

H. Nachbesserung im Reichsjustizamt

I. Einleitung

Anhand der öffentlichen Kritik und der Äußerungen der Bundesregierungen wurde der Entwurf im Reichsjustizamt noch einmal überarbeitet, bevor er dem Bundesrat zugehen sollte. Da der Entwurf im großen und ganzen mit Zustimmung aufgenommen wurde, beschränkte sich auch die Überarbeitung auf einzelne Regelungen. In formaler Hinsicht wurden zahlreiche Formulierungen geändert. Grundlegende Änderungen erfuhr der Entwurf nicht, er gewann jedoch durch strengere Systematik[496]. Materiell wurde der Urheberschutz in zahlreichen Punkten abgeschwächt. Die erneute Überarbeitung erfolgte in Abstimmung mit dem Königlich Preußischen Staatsministerium, mit dessen Einvernehmen alle wesentlichen Änderungen im Entwurf getätigt wurden.

II. Die Beratung im Königlich Preußischen Staatsministerium

Am 28. Februar 1900 trug der Staatssekretär des Reichsjustizamts Nieberding den Entwurf dem Königlich Preußischen Staatsministerium vor. Gegen System und Inhalt des Entwurfs hatte das Staatsministerium keine grundlegenden Einwände. Zahlreiche materielle und redaktionelle Änderungswünsche waren schon vor der Besprechung durch die Einigung der beteiligten Ressorts erledigt[497]. Besonders Wünschen von Verlegerseite wurde entsprochen. Durch diese Änderungen erfuhr der Urheberschutz zahlreiche Abschwächungen[498]. Der im alten § 10 gewährleistete Schutz des Autors vor jeder Veränderung seines Werkes wurde entsprechend den Wünschen der Verleger im neuen § 10 abgeschwächt. Es wurde nur noch angenommen, daß der Erwerber, soweit nicht anders vereinbart, zu Änderungen nicht berechtigt war. Auch waren auf jeden Fall Änderungen zulässig, denen der Autor nach Treu und Glauben die Zustimmung nicht versagen konnte. Nach dem neuen § 23 waren Änderungen an Werken zulässig, die für die Aufnahme in Schulbücher erforderlich waren. Die Höchststrafe für unterlassene Quellenangaben wurde von 500 auf 150 Mark in § 45 beschränkt, was, so Osterrieth, dem ein-

---

[495] Denkschrift der Genossenschaft Deutscher Komponisten, S. 353 f.

[496] So wurde insbesondere der Begriff des Nachdrucks aus den Strafvorschriften gestrichen, vgl. §§ 37 ff. der Vorlage, und das Veröffentlichungsrecht in die in § 11 aufgezählten ausschließlichen Befugnisse aufgenommen.

[497] Siehe dazu die unter II. genannten Änderungen des Entwurfs.

[498] Die folgenden Paragraphenangaben beziehen sich auf die Vorlage für den Bundesrat, Entwurf eines Gesetzes, betreffend das Urheberrecht an Werken der Literatur und Tonkunst, BArch, R 3001/6353, Bl. 120.

zigen Mittel, dem Nachdruck im Zeitungswesen zu begegnen, die Spitze bräche[499]. In § 60 wurde das Wiederaufleben der Schutzfrist für die Aufführungsrechte musikalischer Werke, deren 30-jährige Schutzfrist bereits erloschen war, gestrichen.
Der Schutz der Komponisten wurde nur unwesentlich erweitert, indem die Freigabe von Musikstücken zur Aufführung durch fahrende Musiker aus dem Entwurf gestrichen wurde.
In der Besprechung am 28. Februar 1900 galt es nur noch, einzelne offene Differenzpunkte zwischen Reichsjustizamt und Staatsministerium zu klären. Heftig angegriffen wurde eine Regelung, die aufgrund eines Votums des Preußischen Kultusministers geändert werden sollte. § 32 sollte nicht mehr die Schutzfrist für musikalische Werke generell auf 50 Jahre verlängern. Vielmehr sollte nur noch das Aufführungsrecht auf 50 Jahre verlängert werden, während das Vervielfältigungs- und Verbreitungsrecht genau wie bei anderen Schriftwerken nach 30 Jahren erlöschen sollten. Im Gegenzug sollte das Aufführungsrecht auch für dramatische Werke auf 50 Jahre verlängert werden. Das Votum des Kultusministers stellte einen Kompromiß dar zwischen den Wünschen der Komponisten und Verleger, für die die Verlängerung eine Grundvoraussetzung für die Gründung der Anstalt war, und dem Widerspruch aus literarischen Kreisen, die die Ungleichbehandlung zwischen literarischen Bühnenwerken und musikalischen Werken als unberechtigt empfanden[500]. Doch selbst mit dieser Beschränkung standen das Preußische Kultusministerium und der Staatssekretär des Reichsjustizamts alleine da. Der Kriegsminister fürchtete, es würde durch die Verlängerung der Schutzfrist, die ehe nur dem Verleger zugute käme, zu einer Verteuerung der Aufführungen kommen. Diese würde besonders zu Lasten der Militär- und Zivilkapellen gehen. Für den Minister der öffentlichen Arbeiten war die Verlängerung ebenfalls eine unbillige Härte gegenüber den ausübenden Musikern. Er wollte als Mittelweg den ausübenden Musikern entgegenkommen, indem die verlängerte Frist nur für die Aufführung der Gesamtwerke gelten sollte, während einzelne Stücke oder Teile eines Werkes nach Ablauf der 30-jährigen Frist ohne Genehmigung des Autors aufgeführt werden dürften. Nieberding und der Preußische Kultusminister konnten sich mit ihren Bedenken gegen eine solche Regelung nicht durchsetzen. Sie machten geltend, eine solche Regelung widerspräche den Bedürfnissen der Komponisten, eine Differenzierung sei häufig nicht möglich und die Durchführung würde zwangsläufig zu lästigen und dennoch unzureichenden Kontrollmaßnahmen führen. Trotz der Einwände unterlagen sie. Im Wege einer kommissarischen Beratung

[499] Osterrieth, Die Regierungsvorlagen der Entwürfe eines Gesetzes über das Urheberrecht, sowie eines Gesetzes über das Verlagsrecht, S. 371.
[500] Protokoll der Sitzung des Königlichen Staatsministeriums am 28. Februar 1900 in Berlin, BArch, R 3001/6353, Bl. 42-51, 44; die Paragraphenangaben beziehen sich auf den Entwurf eines Urheberrechtsgesetzes, Guttentag, J. (Hg.).

sollte eine geeignete Formulierung für eine entsprechende Neufassung des § 32 gefunden werden[501].

Ebenso kritisierte der Kriegsminister die Übergangsbestimmungen der §§ 62, 66 und 67. Er erblickte im Wiederaufleben des Aufführungsrechts eine rückwirkende Kraft des Entwurfs und damit die Verkürzung wohlerworbener Rechte. Auch betraf sein Einwand die neue Fassung des § 64, nach dem ohne Vorbehalt erschienene Werke nur bis zum Ablauf von drei Jahren für öffentliche Aufführungen ohne Einwilligung des Berechtigten genutzt werden durften. Diese Neufassung berücksichtigte Anregungen der ALAI und der Genossenschaft Deutscher Komponisten. Die Genossenschaft Deutscher Komponisten befürchtete, die geplante Anstalt könnte sich nicht ausreichend über die Gebühren finanzieren, wenn alle Aufführungen, die mit Noten ohne aufgedruckten Vorbehalt stattfänden, von der Gebührenpflicht befreit wären. Die ALAI schlug aus diesem Grund vor, die freie Aufführung nur innerhalb einer Übergangsfrist zu gestatten und gegebenenfalls darüber hinaus, wenn die Noten mit einem besonderen Stempel versehen würden. Die Regelung wurde von Kapellmeister Rösch befürwortet und das Reichsjustizamt fügte sie in den Entwurf ein[502]. Nieberding entgegnete dem Kriegsminister, die Bestimmungen entsprächen dem Rechtsstandpunkt, den man auch in § 58 des Gesetzes vom 11. Juni 1870 eingenommen hatte. Fände das Gesetz erst auf alle zukünftig erscheinenden Werke Anwendung, so würde es zunächst völlig bedeutungslos bleiben. Gleichfalls wären die angegriffenen Bestimmungen eine Überlebensfrage für die angestrebte Gründung der Anstalt für musikalische Aufführungsrechte. Zudem käme dem Gesetz keine rückwirkende Kraft zu, da es lediglich in einzelne bestehende Rechtsverhältnisse eingreifen würde. Auch hier hielt der Kriegsminister seine Bedenken aufrecht. Die Übergangsbestimmungen wurden daher den beteiligten Ressorts zur nochmaligen Überarbeitung übergeben[503]. Gleiches geschah mit § 16 des Entwurfs. Danach war der Abdruck von Verordnungen, Erlassen, Entscheidungen und amtlichen Schriften freigegeben, sofern diese nicht mit einem Vorbehalt versehen waren. Der Minister des Inneren vermißte jedoch einen ausdrücklichen Schutz geheimer oder vertraulicher Erlasse vor unbefugtem Abdruck. An diesen bestünde möglicherweise kein Urheberrecht, zumindest müßte aber im allgemeinen Interesse des Staates ein ausschließliches Recht der Behörde bestehen. Nieberding konnte sich mit dem Einwand, der Schutz von Amtsgeheimnissen läge außerhalb des hier zu regelnden Urheberrechts, nicht durchsetzen[504].

---

501 Protokoll der Sitzung des Königlichen Staatsministeriums am 28. Februar 1900 in Berlin, BArch, R 3001/6353, Bl. 45.

502 Siehe den Aktenvermerk des Geheimen Ober-Regierungsrats im Reichsjustizamt Dr. Dungs vom 3. November 1899, BArch, R 3001/6353, Bl. 20c.

503 Protokoll der Sitzung des Königlichen Staatsministeriums am 28. Februar 1900 in Berlin, BArch, R 3001/6353, Bl. 45 f.

504 Protokoll der Sitzung des Königlichen Staatsministeriums am 28. Februar 1900 in Berlin, BArch, R 3001/6353, Bl. 46.

Unterschiedlicher Ansicht waren die Ministerien über die Freigabe von Musikstücken für mechanische Musikinstrumente in § 21. Während der Kultusminister und zunächst auch der Handelsminister sich unter Berufung auf die Rechtsprechung des Reichsgerichts gegen eine Freigabe aussprachen, beriefen sich die anderen Minister auf die wirtschaftliche Notwendigkeit, zugunsten der Hersteller der Instrumente den § 21 des Entwurfs aufrecht zu erhalten. Der Handelsminister ging jedoch davon aus, es wäre möglich, die Einfuhr von Konkurrenzprodukten aus dem Ausland zu verhindern. Nachdem der Staatsminister ihm mitteilte, dies wäre nicht möglich, änderte er seine Meinung und stimmte dem Entwurf zu[505].
Zu keiner Einigung fanden die Ministerien auch hinsichtlich des bereits in der Öffentlichkeit besonders umstrittenen § 42 Abs. 2 mit dem Verbot des Abdrucks von Privatbriefen, Tagebüchern und anderen persönlichen Aufzeichnungen. Bereits Nieberding wies bei der Vorstellung der Regelung darauf hin, es wären gewisse Bedenken dagegen angebracht, da diese strafrechtliche Regelung nur bestimmte Indiskretionen beträfe, während zum Beispiel Indiskretionen, die sich auf mündliche Unterhaltungen beriefen, davon nicht umfaßt wären. Auch bestünde die Gefahr, mit dieser Regelung die Veröffentlichung völlig harmloser Briefe und Aufzeichnungen zu treffen. Der Justizminister hingegen befand, eine solche Regelung gehörte überhaupt nicht in das Urheberrecht. Insbesondere hatte er Zweifel darüber, ob nicht dem Empfänger ohnehin das Verfügungsrecht über einen ihm zugesandten Brief zustehen würde, so daß dieser mit dem Brief verfahren könnte, wie er wollte. Der Vize-Präsident des Staatsministeriums und der Finanzminister sprachen sich für eine Verschärfung der Regelung aus, indem der Strafausschließungsgrund „soweit die Mitteilungen zur Widerlegung einer öffentlich aufgestellten Behauptung erfolgt" gestrichen werden sollte (§ 44 Abs. 3). Sonst könnte die Strafvorschrift zu leicht umgangen werden. Die Regelung wäre eine notwendige Schutzmaßnahme, bei der das Vertrauensverhältnis zwischen Schreiber und Empfänger geschützt werden sollte. Dabei käme es nicht darauf an, wer Eigentümer des Briefes wäre. Da die Ansichten zur Fassung des § 44 Abs. 2, 3 so weit auseinander gingen, beschloß das Staatsministerium, auch ihn einer kommissarischen Beratung zu unterziehen[506].

III. Die kommissarische Beratung

Die kommissarische Beratung fand knapp 2 Monate später am 24. April 1900 unter dem Vorsitz des Direktors im Reichsjustizamt Gutbrod in Berlin statt. Anwesend waren kommissarische Vertreter des Reichsjustizamts, des Reichsamtes des

---

[505] Protokoll der Sitzung des Königlichen Staatsministeriums am 28. Februar 1900 in Berlin, BArch, R 3001/6353, Bl. 47 ff.

[506] Protokoll der Sitzung des Königlichen Staatsministeriums am 28. Februar 1900 in Berlin, BArch, R 3001/6353, S. 49 f.

Inneren und auf Seite Preußens Vertreter des Justizministeriums, des Kultusministeriums, des Innenministeriums und des Kriegsministeriums[507].
Grundlage der Beratung waren im Reichsjustizamt ausgearbeitete Änderungsvorschläge zu den in der Verhandlung mit dem Staatsministerium strittigen Punkten[508]. Zu Beginn schlug jedoch das Reichsjustizamt eine Änderung vor, die nicht den Inhalt, sondern nur die Fassung betraf. Das Veröffentlichungsrecht, in § 44 Abs. 1 nur strafrechtlich geschützt, sollte in die Aufzählung der ausschließlichen Befugnisse in § 12 Abs. 1 mit aufgenommen werden. Damit griff das Reichsjustizamt einen Kritikpunkt an der Systematik des Entwurfs auf[509].
An den umstrittenen § 32 fügte die Kommission den Zusatz, die ausschließliche Befugnis zur Aufführung einzelner Stücke oder Teile des Werkes endete mit Ablauf der 30-jährigen Frist. Die Kommissare selber hielten die Regelung für bedenklich, da unklar war, was einzelne Stücke oder Teile eines Werkes waren. Auch führte die Vorschrift zu dem Ergebnis, einem einzelnen Lied eine längere Schutzfrist zuzustehen, als etwa einem Auszug aus einer Oper[510].
Die Übergangsregelungen wurden ohne größere Diskussion entsprechend den Wünschen des Kriegsministers dahingehend geändert, daß die Aufführung eines vor Inkrafttreten des neuen Gesetzes verlegten Werkes ohne jede Zeitbeschränkung für zulässig erklärt wurde, sofern nicht bei der Aufführung Noten benutzt wurden, die mit dem Vorbehalt versehen waren. Darüber hinaus mußte im Auseinandersetzungsfall der Komponist beweisen, ob die Noten mit dem Vorbehalt versehen waren, so daß die tatsächliche Anwendung erheblich erschwert wurde[511].
Zu § 44 Abs. 2 schlug der Kommissar des Reichsjustizamts eine modifizierte Fassung vor, regte aber gleichzeitig an, die Vorschrift zu streichen, da sie nicht in das Gesetz gehören würde. Er fand nur Zustimmung vom Kommissar des Justizministeriums. Die anderen Kommissare fühlten sich an die Vorgabe des Staatsministeriums, die Vorschrift neu zu fassen, und nicht sie zu streichen, gebunden. Einig waren sich die Kommissare in der Frage, daß die Vorschrift, wenn sie denn im Entwurf bleiben sollte, nicht nur die Veröffentlichung durch Druck, sondern auch durch öffentlichen Vortrag umfassen sollte[512].
Zu dem in § 16 vorgeschlagenen Schutz geheimer Dokumente führte der Kommissar des Innenministeriums aus, in letzter Zeit wäre häufiger Mißbrauch mit der

[507] Protokoll der kommissarischen Beratung am 24. April 1900 im Reichsjustizamt in Berlin, BArch, R 3001/6353, Bl. 78-90, 78.
[508] Siehe die Anlage zum Protokoll, BArch, R 3001/6353, Bl. 87-90.
[509] Protokoll der kommissarischen Beratung am 24. April 1900 im Reichsjustizamt in Berlin, BArch, R 3001/6353, Bl. 78 f.
[510] Protokoll der kommissarischen Beratung am 24. April 1900 im Reichsjustizamt in Berlin, BArch, R 3001/6353, Bl. 79.
[511] Protokoll der kommissarischen Beratung am 24. April 1900 im Reichsjustizamt in Berlin, BArch, R 3001/6353, Bl. 80.
[512] Protokoll der kommissarischen Beratung am 24. April 1900 im Reichsjustizamt in Berlin, BArch, R 3001/6353, Bl. 81.

Veröffentlichung geheimer Dokumente betrieben worden. Die Ermittlung der dafür verantwortlichen Beamten war in den wenigsten Fällen möglich. Es bestünde jedoch ein dringendes Bedürfnis nach Verhinderung solcher Fälle. Ein Antrag von zwei Reichstagsabgeordneten mit gleichem Ziel wäre in der Sitzung des Reichstags vom 18. Januar 1899 abgelehnt worden. Mit Ausnahme der Sozialdemokratischen Partei hätten jedoch alle Redner ihre Entrüstung über solche Veröffentlichungen ausgedrückt. Der Reichstag hätte dem Antrag keine Folge geleistet, da man annahm, die Initiative zu einem solchen Gesetz obläge der Regierung. Zwar läge der Schutz des Amtsgeheimnisses außerhalb des Urheberrechts, da jedoch der Entwurf mit dem Schutz von Briefen bereits den Bereich verlassen hätte, sollte auch die Veröffentlichung von Amtsgeheimnissen mit Strafe bedacht werden. Dem entgegnete der Vertreter des Reichsjustizamts, durch die Aufnahme dieser Regelung würde der ganze Gesetzesentwurf gefährdet. Der Vertreter des Preußischen Innenministeriums schlug vor, den Entwurf dahingehend zu erweitern, daß die Veröffentlichung von Dokumenten, die als „geheim" oder als „nur zum inneren Dienstverkehr bestimmt" gekennzeichnet waren, unter Strafe gestellt werden und die Verfolgung nur auf Antrag der vorgesetzten Behörde eintreten sollte[513].

IV. Die zweite Beratung im Königlichen Staatsministerium

Die Vorschläge der kommissarischen Beratung wurden am 22. Juni 1900 in einer weiteren Beratung im Königlich Preußischen Staatsministerium in Berlin erörtert. Wie bei der ersten Versammlung waren der Präsident des Staatsministeriums, der Vize-Präsident, die Minister und der Staatssekretär des Reichsjustizamts Nieberding anwesend[514].

Die Neufassung des § 32 mit der Beschränkung der 50-jährigen Schutzfrist für das Aufführungsrecht auf das Werk als Ganzes, mit der Folge, daß Teile des Werkes nur 30 Jahre vor unberechtigten Aufführungen geschützt wären, gab Anlaß zu Kontroversen. Der Ministerpräsident, der Kultus- und der Justizminister erachteten eine solche Vorschrift für unannehmbar. Sie wäre bedenklich und unpraktisch, wie die Einwände in der kommissarischen Beratung gezeigt hätten. Entweder müßte die Unterscheidung zwischen dem Stück als Ganzes und Teilen des Stücks aus der Regelung entfernt werden, oder es bleibe bei der einheitlichen 30-jährigen Frist. Für die letzte Alternative sprach sich lediglich der Kriegsminister im Interesse seiner Militärkapellen aus. Ihm wurde entgegengehalten, die Militärkapellen würden, da sie hauptsächlich freigestellte dienstliche und unentgeltliche Vorstellungen gäben, durch den neuen Entwurf besser gestellt als sie gegenwärtig gestellt waren. Der neue Entwurf gab den Kapellen für diese Veranstaltungen schließlich

---

[513] Protokoll der kommissarischen Beratung am 24. April 1900 im Reichsjustizamt in Berlin, BArch, R 3001/6353, Bl. 82 ff.

[514] Protokoll der Sitzung des Königlichen Staatsministeriums am 22. Juni 1900 in Berlin, BArch, R 3001/6353, Bl. 100-105, 100.

die Möglichkeit, Musikstücke unabhängig von einem bestehenden Aufführungsvorbehalt aufzuführen. Ausschlaggebend für die Entscheidung des Staatsministeriums, die allgemeine 50-jährige Frist für die Aufführungsrechte aufrecht zu erhalten, war eine politische Erwägung des Staatsministeriums. Nur durch die verlängerte Schutzfrist würde es, wie dies in der Denkschrift der Genossenschaft Deutscher Komponisten erklärt wurde, der zu gründenden Anstalt zur Wahrung der Aufführungsrechte möglich sein, mit anderen Ländern Kartelle einzugehen, um gegenseitig die Rechte ausländischer Berechtigter im Inland wahrzunehmen. Keine ausländische Anstalt würde ihre Rechte von der deutschen Gesellschaft wahrnehmen lassen, wenn Deutschland ein niedrigeres Schutzniveau hätte[515].
Die entsprechend den Wünschen des Kriegsministers neu gefaßten Übergangsbestimmungen fanden die Zustimmung des Staatsministeriums. Lediglich mit der Forderung, nicht zuzulassen, daß ein zur Zeit des Inkrafttretens noch geschütztes, aber ohne Vorbehalt erschienenes Werk auch nicht in der Zukunft durch den Vorbehalt geschützt werden könnte, konnte sich der Kriegsminister nicht durchsetzen[516].
Die Bestimmung zum Schutz der Veröffentlichung privater Aufzeichnungen fand keinen Zuspruch im Staatsministerium. Lediglich der Innenminister blieb der Ansicht, eine solche Vorschrift wäre zur Aufnahme in das Gesetz geeignet, da es ja schließlich nicht nur die materiellen, sondern auch die ideellen Interessen der Persönlichkeit des Autors schützen sollte. Daher könnten auch Äußerungen, die an sich nicht schutzfähig wären, sofern diese dem Schutz der Persönlichkeit dienten, im Entwurf geschützt werden. Die Annahme einer solchen Regelung im Rahmen eines Urheberrechtsgesetzes hielt er für wahrscheinlicher, als in einem anderen Gesetz. Die anderen Minister hegten zwar grundsätzlich Sympathie für eine solche Regelung, hielten den Entwurf jedoch den falschen Ort dafür. Vielmehr sollte eine solche Regelung einem Spezialgesetz oder einer Revision des Strafgesetzbuches vorbehalten bleiben. Auch würde eine solche Vorschrift die Verhandlungen über das Gesetz erschweren. Die Mehrheit entschied sich daraufhin, die Regelung zu streichen[517].
Keine Einigung konnte auch über die Einbindung des Schutzes geheimer amtlicher Dokumente gefunden werden. Finanz-, Justiz- und Kultusminister sprachen sich gegen die Aufnahme einer solchen Regelung aus. Im Reichstag würde die Regelung zu großen Widerspruch hervorrufen und zweifellos abgelehnt werden. Auf den Einwand des Ministers des Inneren, er hielte es für möglich, daß eine solche Regelung angenommen werde, entgegnete der Justizminister, die Verhandlun-

[515] Protokoll der Sitzung des Königlichen Staatsministeriums am 22. Juni 1900 in Berlin, BArch, R 3001/6353, Bl. 100 f.
[516] Protokoll der Sitzung des Königlichen Staatsministeriums am 22. Juni 1900 in Berlin, BArch, R 3001/6353, Bl. 101.
[517] Protokoll der Sitzung des Königlichen Staatsministeriums am 22. Juni 1900 in Berlin, BArch, R 3001/6353, Bl. 101 f.

gen über den Antrag der Abgeordneten Grafen Klinckowstroem und Dietrich im Januar 1899 ließen keinen Zweifel daran, daß diese Regelung abgelehnt würde. Tatsächlich war der Antrag von nahezu allen Parteien aufgrund seiner polizeirechtlichen Prägung abgelehnt worden. Noch nicht einmal eine zweite Lesung oder eine kommissarische Beratung hatten stattgefunden[518]. Vielmehr würde dadurch das gesamte Urheberrecht gefährdet werden. Der Vize-Präsident entgegnete, er hielte eher andere, innerbehördliche Regelungen für wirksamer, um Indiskretionen seitens der Beamten zu begegnen. Per Abstimmung beschloß das Staatsministerium schließlich, sowohl den Schutz von privaten Aufzeichnungen, als auch den Schutz geheimer amtlicher Schriftstücke in einem separaten Gesetz zu regeln und beauftragte das Reichsjustizamt unter Mitwirkung des Justizministers und des Ministers des Inneren mit der Vorbereitung[519].

---

[518] Sten. Ber. d. Verhandlungen des Reichstags, 1898/1900, Bd. 1, Sitzung vom 18. Januar 1899, S. 255C ff.

[519] Protokoll der Sitzung des Königlichen Staatsministeriums am 22. Juni 1900 in Berlin, BArch, R 3001/6353, Bl. 102 ff.

Kapitel 5 - Die Verabschiedung der Vorlage

A. Die Vorlage im Bundesrat

Mit Schreiben vom 11. Juni 1900 wurde der Gesetzesentwurf dem Reichskanzler und dem Kaiser vorgelegt und erläutert[520]. Am 18. Juli 1900 gab der Kaiser Nachricht, das Gesetz wäre dem Bundesrat zur sofortigen Beschlußfassung vorzulegen[521].

Am 4. Oktober 1900 erklärte sich der Bundesrat in seiner 26. Sitzung mit der Verweisung der Gesetzesvorlage an den IV. und VI. Ausschuß, die Ausschüsse für Justizwesen und Verkehr und Handel, einverstanden[522]. In der 35. Sitzung des Bundesrates am 6. Dezember 1900 beschloß die Versammlung, dem Entwurf in der Fassung der Ausschußanträge die Zustimmung zu erteilen[523]. Die Verhandlungen im Bundesrat führten zu zahlreichen Änderungen des Wortlauts, aber nur zu wenigen inhaltlichen Änderungen. Insbesondere wurde der Schutz der ideellen Autoreninteressen vermindert. In § 39 Abs. 2 wurde die Höchststrafe von 1.000 Mark herabgesetzt auf 300 Mark. Entsprechend dem Wunsch des Börsenvereins wurde auch die Zivilklage auf Vernichtung der Nachdruckexemplare zugelassen (§ 46). Neu aufgenommen wurde § 14, der die Vermutung aussprach, daß dem Urheber im Zweifel bei Übertragung seines Rechts das Übersetzungs-, Dramatisierungs- und Bearbeitungsrecht verblieben[524].

B. Die Vorlage im Reichstag

I. Einleitung

Der Kaiser legte nach Zustimmung des Bundesrates am 8. Dezember 1900 dem Reichstag den Entwurf zusammen mit dem Entwurf zum Verlagsgesetz vor[525]. Als Kommissare für die Beratung im Reichstag wählten die verbündeten Regierungen die Geheimen Ober-Regierungsräte Hauß, Dr. Dungs, Müller und den Geheimen Regierungsrat Dellbrück[526]. Der Entwurf wurde in drei Lesungen verhandelt. Zwi-

---

[520] Brief des Reichsjustizamts an den Reichskanzler und den Kaiser vom 11. Juli 1900, BArch, R 3001/6353, Bl. 106-114.

[521] Vom Reichskanzler gegengezeichneter Brief des Kaisers an das Reichsjustizamt vom 18. Juli 1900, BArch, R 3001/6353, Bl. 116.

[522] Auszug aus dem Protokoll der 26. Sitzung des Bundesrates am 4. Oktober 1900, BArch, R 3001/6353, Bl. 162.

[523] Auszug aus dem Protokoll der 35. Sitzung des Bundesrates am 6. Dezember 1900, § 637, BArch, R 3001/6353, Bl. 203.

[524] Die Paragraphenangaben beziehen sich auf den Entwurf zur Vorlage im Reichstag, Sten. Ber. d. Verhandlungen des Reichstags, Anlage Bd. 1, 1900/1902, AS Nr. 97.

[525] Sten. Ber. d. Verhandlungen des Reichstags, Anlage Bd. 1, 1900/1902, AS Nr. 97.

[526] Auszug aus dem Protokoll der 35. Sitzung des Bundesrates am 6. Dezember 1900, § 693, BArch, R 3001/6353, Bl. 203.

schen den Verhandlungen fanden immer wieder Absprachen zwischen den Regierungen, dem Bundesrat, den Reichstagsabgeordneten und Interessengruppen statt. Direkte Änderungen am Entwurf konnte die Reichsregierung nach Vorlage zum Reichstag nicht mehr vornehmen. Durch die Absprachen und die Teilnahme an den Kommissionssitzungen konnte dem Entwurf jedoch eine gewisse Richtung gegeben werden. Nach der ersten Lesung wurde der Entwurf an eine Kommission weitergeleitet. Das Gesetz wurde im Anschluß an die dritte Sitzung am 2. Mai 1901 vom Reichstag verabschiedet.

II. Die erste Lesung

Die erste Lesung des Entwurfs fand zusammen mit dem Entwurf für das Verlagsgesetz am 8. und am 9. Januar 1901 statt[527]. Allgemein bemängelten die Abgeordneten, daß nicht gleichzeitig mit diesem Entwurf auch das Gesetz zum Schutz des Urheberrechts an Werken der bildenden Künste und das Gesetz zum Schutz des Urheberrechts an Photographien einer Revision unterzogen wurden. In der Wandelhalle hatten Photographen eine Ausstellung mit künstlerischen Photographien aufgebaut, um an die Neuregelung des letztgenannten Gesetzes zu erinnern[528]. Von größerer Relevanz war die erste Lesung nicht. Wie der Abgeordnete Arendt bemerkte, boten beide Entwürfe für die erste Lesung die Schwierigkeit, „..., daß sie eigentlich kaum große allgemeine prinzipielle Erörterungen zulassen, daß vielmehr nur eine Anzahl von einzelnen Fragen bleibt, welche zur Erörterung in der Kommission bezw. in der zweiten Lesung zur Entscheidung kommen werden."[529] Dementsprechend sprachen die Abgeordneten lediglich einzelne Punkte des Entwurfs an, und es zeichnete sich bereits in der ersten Lesung ab, welche Regelungen umstritten waren. Einzelne Redner forderten die Freigabe von Schriftwerken und Musikstücken für die Nutzung in Anthologien und Kommersbüchern, wie sie der Reichstag bereits in den Verhandlungen zum Urheberrechtsgesetz vom 11. Juni 1870 in den Entwurf eingefügt hatte[530], die Verkürzung der Schutzfrist für Aufführungen auf 30 Jahre und den Schutz von Inedita. Mehrere Redner wandten sich gegen die Regelung des § 8, nach dem das Urheberrecht auf die Erben überging. Sie schlugen vor, für den Fall, daß keine Erben vorhanden wären,

---

[527] Sten. Ber. d. Verhandlungen des Reichstags, 1900/1902, Bd. 1, 20. Sitzung vom 8. Januar 1901, S. 520 D-541B; 21. Sitzung vom 9. Januar 1901, S. 543B-567D.

[528] Siehe die Reden der Abgeordneten Esche und Oertel, Sten. Ber. der Verhandlungen des Reichstags, 1900/1902, Bd. 1, 20. Sitzung vom 8. Januar 1901, S. 525D, 21. Sitzung vom 9. Januar 1901, S. 544C.

[529] Sten. Ber. d. Verhandlungen des Reichstags, 1900/1902, Bd. 1, 20. Sitzung vom 8. Januar 1901, S. 535C.

[530] Die Regelung stammt aus dem Börsenvereinsentwurf von 1857. Die Kommission hatte sie zunächst aus dem Entwurf gestrichen, Kommissionsbericht, Sten. Ber. d. Verhandlungen des Reichstags des Norddeutschen Bundes, 1870, DS Nr. 138, S. 538 f., der Reichstag nahm sie dann wieder auf, Sten. Ber. d. Verhandlungen des Reichstags des Norddeutschen Bundes, 1870, S. 823-825.

sollte das Recht nicht etwa dem Reich anheimfallen, sondern an eine Stiftung übergehen. Umstritten war der Schutz von Ausländern (§ 55) und die Verpflichtung für Zeitungen, auch bei der Übernahme von Tagesneuigkeiten die Quelle anzugeben (§ 18). Mehrere Redner sprachen sich gegen die Erlaubnis aus, bei Texten, die zur Nutzung in Schulbüchern übernommen wurden, Änderungen zuzulassen, sofern diese für den Zweck erforderlich waren (§§ 19 Abs. 3, 24). Der Abgeordnete Dr. Müller (Meiningen) erläuterte den Mißbrauch, der mit dieser Regelung betrieben wurde, am Beispiel des Volksliedes „Kommt ein Vogel geflogen, setzt sich nieder auf mein Fuß, hat ein′ Zettel im Schnabel, von der Liebsten einen Gruß." Aus sittlichen Gründen setzte ein Schulbuchverleger anstelle der „Liebsten" die „Mama"[531]. Konträr waren die Meinungen zur Freigabe von Musikstücken für mechanische Musikinstrumente (§ 22) sowie die Freigabe zur öffentlichen Aufführung durch solche Instrumente (§ 27). Umstritten war ebenfalls die Beschränkung der Strafbarkeit auf den vorsätzlichen Nachdruck (§ 39). Grundsätzlich drückten die einzelnen Redner jedoch ihre Zufriedenheit mit dem Entwurf aus. Ohne eine detaillierte inhaltliche Diskussion wurde der Entwurf an eine Kommission von 21 Mitgliedern überwiesen[532].

III. Die Beschlüsse der IX. Kommission

Aufgrund des Beschlusses des Reichstags beriet die IX. Kommission des Reichstags den Entwurf. Als Vertreter der verbündeten Regierungen nahmen an der Beratung vier Bevollmächtigte zum Bundesrat und fünf nach Art. 16 der Reichsverfassung vom Bundesrat berufene besondere Kommissare, Hauß, Dungs, Müller, Dellbrück sowie der Geheime Ober-Regierungsrat Dr. Stuckmann teil. Unter dem Vorsitz des Abgeordneten Dr. Spahn beriet die Kommission den Entwurf in zwei Lesungen[533].

Grundlegende Änderungen schlug die Kommission nicht vor[534]. Nach den Kommissionsbeschlüssen sollte nach § 8 nunmehr, wenn der Fiskus oder eine andere juristische Person gesetzlicher Erbe war, das Urheberrecht mit dem Tod des Urhebers erlöschen und das Werk der Allgemeinheit zufallen[535].

In zwei Punkten schlug die Kommission eine Abänderung des Entwurfs zugunsten der Urheber vor.

---

[531] Sten. Ber. d. Verhandlungen des Reichstags, 1900/1902, Bd. 1, 20. Sitzung vom 8. Januar 1901, S. 560B.

[532] Sten. Ber. d. Verhandlungen des Reichstags, 1900/1902, Bd. 1, 20. Sitzung vom 8. Januar 1901, S. 567D.

[533] Bericht der XI. Kommission, Sten. Ber. d. Verhandlungen des Reichstags, Anlage Bd. 2, 1900/1902, AS Nr. 214, S. 1272-1315.

[534] Zusammenstellung des Entwurfs eines Gesetzes, betreffend das Urheberrecht an Werken der Literatur und der Tonkunst mit den Beschlüssen der XI. Kommission, Sten. Ber. d. Verhandlungen des Reichstags, Anlage Bd. 2, 1900/1902, AS Nr. 214, S. 1316-1326.

[535] Mit Hinweis auf die ähnliche Regelung des § 17 des Gesetzes vom 11. Juni 1870, Sten. Ber. d. Verhandlungen des Reichstags, Anlage Bd. 2, 1900/1902, AS Nr. 214, S. 1275.

Umstritten war erneut § 22, die Freigabe für mechanische Musikinstrumente. Die Diskussion folgte dem bereits bekannten Muster. Aus der Mitte der Kommission wurde diese offensichtliche Ausnahmevorschrift kritisiert. Andere Mitglieder und die Vertreter der Regierung verteidigten dagegen die Vorschrift als wirtschaftlich notwendig. Die Kommission einigte sich, dem Reichstag eine Resolution zur Verabschiedung vorzuschlagen, nach der die Regierung eine einheitliche Regelung zugunsten der Komponisten innerhalb der Mitgliedsstaaten der Berner Union herbeiführen sollte[536]. Seitens der Gegner der Freigabe wurde erklärt, es wäre doch gerade unter diesem Ziel bedenklich, vor Herbeiführung einer solchen internationalen Regelung die deutsche Industrie zu begünstigen und sie an dieses Sonderrecht zu gewöhnen. Eine Änderung der Berner Übereinkunft bedürfte darüber hinaus nach Art. 17 Abs. 3 RBÜ der Zustimmung aller Verbandsländer. Es wäre überhaupt unwahrscheinlich, daß die deutsche Regierung auf eine solche Resolution eingehen würde. Sie würde sich damit in Gegensatz zu den von ihr auf der Konferenz zur Revision der Berner Übereinkunft 1896 getätigten Äußerungen stellen. Einen entsprechenden Vorschlag der französischen Delegation hatten die deutschen Regierungsvertreter mit dem Hinweis abgelehnt, sie hielten die Zustimmung des Bundesrates und des Reichstages zu einer solchen internationalen Regelung für zweifelhaft. Die Länder sollten diese Frage besser durch die nationale Gesetzgebung klären[537].
In der zweiten Lesung der Kommission wurde ein Pianola vorgestellt, auf dem Werke von Beethoven, Chopin und Liszt vorgespielt wurden. Sichtlich beeindruckt befand die Kommission, der Vortrag durch ein Pianola wäre von dem eines hervorragend geschulten Klavierspielers kaum oder doch nur von einem Kenner zu unterscheiden. Der Staatssekretär erklärte, es wäre nicht Zweck des § 22, auch für solche Instrumente die Nutzung von Musikstücken freizugeben. Vielmehr wäre durch eine solche Freigabe größter Schaden zu erwarten. Da diese in Amerika produzierten Instrumente den in Deutschland produzierten mechanischen Musikinstrumenten in der Qualität des Vortrags überlegen wären, würden diese bald die deutschen Instrumente vom Markt verdrängen und eine ernste Konkurrenz für ausübende Musiker darstellen. Als besonderes Unterscheidungsmerkmal zwischen dem Pianola und den in Deutschland hergestellten Instrumenten wollte die Kommission nicht die unterschiedliche Technik heranziehen, da die technische Entwicklung eine solche Unterscheidung schnell obsolet machen könnte. Vielmehr sollte die Übertragung von Musikstücken auf solche auswechselbaren Bestandteile verboten werden, die für Instrumente verwendbar waren, durch die das Werk hinsichtlich der Stärke und Dauer des Tones und hinsichtlich des Zeitmaßes in einer dem persönlichen Vortrag entsprechenden Weise wiedergegeben werden konnte. § 22 sollte daher erweitert werden um die Formulierung: „Die Vorschrift findet auch

[536] Sten. Ber. d. Verhandlungen des Reichstags, Anlage Bd. 2, 1900/1902, AS Nr. 214, S. 1292.
[537] Sten. Ber. d. Verhandlungen des Reichstags, Anlage Bd. 2, 1900/1902, AS Nr. 214, S. 1294 f.; siehe auch Kap. 2 B. III.

auf auswechselbare Bestandteile Anwendung, sofern sie nicht für Instrumente verwendbar ist, durch die das Werk hinsichtlich der Stärke und Dauer des Tons und hinsichtlich des Zeitmaßes nach Art eines persönlichen Vortrags wiedergegeben werden kann." Diese Fassung sollte den Fortschritt der Technik und neue Entwicklungen auf diesem Gebiet berücksichtigen, indem sie gerade die vervollkommneten Instrumente dieser Art von der Befreiung ausschloß. Nur den kleinen „kastenartigen" Instrumenten sollte die Vergünstigung zuteil werden. Dadurch würden weder Komponisten noch ausübende Künstler benachteiligt, während die Fabrikanten dieser Instrumente doch ein wesentliches Interesse an der Freigabe hätten. Der Zusatz wurde in der zweiten Lesung der Kommission angenommen.

Ein Vorschlag von Fabrikanten und Verlegern, die Übertragung von Musikstücken auf mechanische Musikinstrumente von der Zahlung einer Zwangsgebühr abhängig zu machen, wurde seitens der Kommission mit dem Hinweis, eine solche Gebühr wäre unvereinbar mit den Grundsätzen des Gesetzes, abgelehnt. Sie würde in unzulässiger Weise die Vertragsfreiheit beschränken und berücksichtigte auch nicht den inneren Wert der einzelnen Tonwerke[538].

§ 24 sollte nach dem Vorschlag der Kommission auch zugunsten der Urheber erweitert werden. § 24 Satz 3 gestattete als Ausnahme vom allgemeinen Änderungsverbot Änderungen an kleineren Schriftwerken, die zur Aufnahme des Werkes in eine Sammlung zum Schulgebrauch erforderlich waren. Gegen die Vertreter der Regierung konnte die Mehrzahl der Kommissionsmitglieder durchsetzen, dem Reichstag vorzuschlagen, solche Änderungen nur für zulässig zu erklären, wenn sie erforderlich waren und der Autor zu Lebzeiten seine Zustimmung erteilte. Diese Fassung stellte einen Kompromiß zwischen den Interessen der Verleger und den berechtigten ideellen Interessen der Autoren dar. Solange der Autor lebte könnte er selber entscheiden. War er tot, könnte ein Richter entscheiden[539].

In zwei weiteren Punkten blieb die Kommission mit ihren Vorschlägen hinter den Regelungen des Entwurfs zurück und schränkte den Schutz zugunsten der Bedürfnisse der Presse ein.

Nach den Beschlüssen der Kommission sollte es gestattet sein, Vorträge und Reden, die Gegenstand einer öffentlichen Versammlung waren, in Zeitungen und Zeitschriften auch dann abzudrucken, wenn nicht auch über den übrigen Teil der Verhandlung, wie der Entwurf dies vorschlug, berichtet wurde (§ 17 Nr. 1). Die Einschränkung, auch über den restlichen Teil der Verhandlungen berichten zu müssen, würde die Presse ungebührlich belasten, da sie nur über die Teile berichten wollte, die auch ihre Leser interessierten[540].

Ferner sah die Kommission davon ab, wie vorgeschlagen, auch den Abdruck von vermischten Nachrichten tatsächlichen Inhalts und Tagesneuigkeiten, sofern sie geschützt waren, zwar freizugeben, aber mit der Verpflichtung zu belasten, die

---

538 Sten. Ber. d. Verhandlungen des Reichstags, Anlage Bd. 2, 1900/1902, AS Nr. 214, S. 1293 f.

539 Sten. Ber. d. Verhandlungen des Reichstags, Anlage Bd. 2, 1900/1902, AS Nr. 214, S. 1296 ff.

540 Sten. Ber. d. Verhandlungen des Reichstags, Anlage Bd. 2, 1900/1902, AS Nr. 214, S. 1283 ff.

Quelle anzugeben (§ 18 Abs. 2, 3). Häufig wäre es schwierig festzustellen, ob hier überhaupt schutzfähige Werke vorlägen, so daß die Pflicht zur Quellenangabe ebenso oft unberechtigt wäre. Auch wäre aus tatsächlichen Gründen die Quellenangabe schwierig, da Zeitungskorrespondenten die Nachrichten an mehrere Zeitungen gleichzeitig verkauften, deren Nachrichten wiederum von Dritten übernommen würden. In solch einem Fall als Quelle die letzte Zeitung anzugeben, führte zu falschen Schlüssen. Der Hauptwert der Nachricht läge darin, sie zuerst zu bringen. Daher sollte die Pflicht zur Quellenangabe wegfallen[541]. Der Vorsitzende der Kommission führte vor dem Reichstag aus, wie schon bei den Verhandlungen zum Gesetz vom 11. Juni 1870 erklärt, wäre die Erfüllung dieser Verpflichtung mehr dem öffentlichen Anstand zu überlassen als einer Strafvorschrift[542].

Im Zusammenhang mit den §§ 16-23 schlug die Kommission vor, den Ausdruck „Als Nachdruck ist nicht anzusehen..." zu ersetzen durch „Zulässig ist...." Die ursprüngliche Ausdrucksweise enthielte eine unerfreuliche juristische Fiktion. Es wäre sachgemäßer, ausdrücklich zu sagen, welche Vervielfältigung zulässig wäre[543]. Mit diesem Vorschlag sollte sich der Entwurf vom Aufbau um das Nachdruckverbot endgültig trennen. Die Schranken des bereits durch die Befugnisse positivrechtlich definierten Urheberrechts sollten jetzt nicht mehr als Ausnahmen des Nachdruckverbotes, sondern als zulässige Nutzung durch die Allgemeinheit bezeichnet werden.

Die übrigen Änderungswünsche der Kommission waren untergeordneter und redaktioneller Natur. Keiner der Änderungsvorschläge barg weitreichende Konsequenzen. Weitgehend gelang es den in den Sitzungen anwesenden Vertretern der Regierung, die Kommissionsmitglieder von den im Entwurf getroffenen Regelungen zu überzeugen.

IV. Die Gefährdung der Anstalt

Die Gründung der Anstalt für Aufführungsrechte wurde weniger durch die Änderungsvorschläge der Kommission gefährdet, als durch die Beibehaltung einzelner Vorschriften.

Bereits am 15. Februar 1901 erklärte die Genossenschaft Deutscher Komponisten gegenüber dem Reichsjustizamt, sie sähe aufgrund der Beschlüsse der Kommission die Gründung der Anstalt gefährdet[544]. Solange § 27 in seiner gegenwärtigen Form bestehen bliebe, wäre die Finanzierung einer solchen Anstalt nicht gesichert. Wenn auch noch die Schutzfrist für die Aufführung musikalischer Werke nicht auf 50 Jahre verlängert würde, wie dies nach der ersten Lesung der Kommission

541 Sten. Ber. d. Verhandlungen des Reichstags, Anlage Bd. 2, 1900/1902, AS Nr. 214, S. 1286 f.

542 Sten. Ber. d. Verhandlungen des Reichstags, 1900/1902, Bd. 3, 75. Sitzung vom 17. April 1901, S. 2142A-2171C, S. 2143A.

543 Sten. Ber. d. Verhandlungen des Reichstags, Anlage Bd. 2, 1900/1902, AS Nr. 214, S. 1283.

544 Brief der Genossenschaft Deutscher Komponisten an das Reichsjustizamt vom 15. Februar 1901, BArch, R 3001/6354, Bl. 44b-44e.

beschlossen, in der zweiten Lesung aber wieder aufgehoben worden war, brächte das neue Gesetz den Komponisten überhaupt keine Vorteile mehr[545]. Daher wäre es letztlich gleichgültig, ob der Entwurf verabschiedet, oder die gegenwärtige Rechtslage beibehalten würde. Ohne die deutsche Anstalt wären die Komponisten genau wie die Verleger gezwungen, ihre Rechte an die Société abzutreten. Für die Verleger wäre dies sogar von Vorteil, da sie dort ein Drittel und nicht nur ein Viertel der Tantiemen bei höherer Besteuerung erhalten würden. Den Verlegern und Komponisten wäre daraus nicht einmal ein Vorwurf zu machen, da dies die einzige Möglichkeit wäre, die Aufführungsrechte wirtschaftlich zu verwerten. Den wirtschaftlichen Interessen würde so genüge getan, nicht jedoch den künstlerischen Interessen, da die Société im Gegensatz zur deutschen Gesellschaft weder Rücksicht auf die Förderung ernster Musik, noch auf die deutsche Musikpflege nehmen würde. Niemand würde in diesem Fall die Garantie dafür übernehmen, ob das vielverzweigte deutsche Musikleben wie bisher gedeihen könnte. Die ausländische Gesellschaft wäre auf materielle Erträge und hohe Besteuerung ausgelegt. Sie hätte keine Veranlassung, Rücksicht auf deutsche Kunst und ihre Pflege zu nehmen. Auch die Pläne der Genossenschaft, aus der Anstalt eine Wohlfahrtseinrichtung für notleidende Künstler zu errichten, würden so durchkreuzt[546].

Wenig später teilte Rösch dem Reichsjustizamt mit, die Komponisten planten, von der Errichtung Abstand zu nehmen und die Wahrnehmung ihrer Rechte komplett der Société zu überlassen[547]. Die Genossenschaft hatte bereits Verhandlungen mit der Société aufgenommen, damit diese ihre Tätigkeit auf Deutschland ausdehnt. Sie hatte seit geraumer Zeit vor der Gefahr einer von der Société oder von „Tingeltangelkomponisten“ geleiteten Anstalt gewarnt. Von diesen Alternativen zog die Genossenschaft jedoch die französische Gesellschaft vor. Die Komponisten sahen ihre Hoffnungen, die sie in den Entwurf gesetzt hatten, enttäuscht. Sie hatten ohnehin befürchtet, daß nachdem bereits die Regierungsvorlage nicht in ihrem Sinne ausgefallen war, die mit der Problematik weniger vertraute Reichstagskommission sich auch nicht auf ihre Seite stellen würde. Die einzige Hoffnung blieb der Reichstag. Wie eine Anfrage an die um die Interessen der Komponisten besorgten Abgeordneten jedoch ergab, war auch von dort keine Änderung der relevanten Vorschriften zu erwarten. Der Vorstand der Genossenschaft erklärte, sie wäre nach wie vor bereit, die Anstalt zu gründen, wenn nur irgendwie die Hoffnung bestünde, sie den Interessen der Komponisten anzupassen. Dies wäre insbesondere der Fall, wenn § 27 S. 1 und Ziffer 3 im Sinne der Genossenschaft geän-

---

[545] Siehe Bericht der XI. Kommission, Sten. Ber. d. Verhandlungen des Reichstags, Anlage Bd. 2, 1900/1902, AS Nr. 214, S. 1304; Osterrieth, Die Urheberrechtsvorlage und die Beschlüsse der XI. Reichstagskommission.

[546] Brief der Genossenschaft Deutscher Komponisten an das Reichsjustizamt vom 15. Februar 1901, BArch, R 3001/6354, Bl. 44b ff.

[547] Brief des Reichsjustizamts an den geschäftsführenden Ausschuß der Genossenschaft Deutscher Komponisten vom 13. März 1901, BArch, R 3001/6354, Bl. 52a-52c.

dert würden[548]. Die französische Gesellschaft nahm bereits die Aufführungsrechte von 76 deutschen Komponisten und Verlegern wahr, darunter die Rechte von Richard Wagner, Johann Strauss, Gustav Mahler und Johannes Brahms[549].
Das Reichsjustizamt reagierte besorgt auf diese Äußerung. Schließlich entsprach diese Entwicklung nicht den Voraussetzungen, von denen das Reichsjustizamt bei der Aufstellung des Entwurfs mit der Absicht, das musikalische Urheberrecht zu verstärken, ausgegangen war. Insbesondere die Streichung des Vorbehalts für musikalische Werke, die Verlängerung der Schutzfrist für das Aufführungsrecht und die Übergangsbestimmungen sollten es den deutschen Komponisten und Verlegern erleichtern, eine selbständige, keinem ausländischen Einfluß unterliegende Anstalt zu gründen. Eine Rücknahme der Reformen kam auch nicht in Betracht, da die Société auch unter dem geltenden Gesetz in Deutschland die Aufführungsrechte, soweit sie durch Vorbehalt geschützt waren, wahrnehmen konnte. Das Reichsjustizamt erklärte gegenüber dem preußischen Kultusministerium, es müßte aus politischen Gründen verhindert werden, daß der Gesetzesentwurf in Kraft träte und gleichzeitig die Société ihre Tätigkeit in Deutschland aufnähme. In diesem Fall, so befürchtete das Reichsjustizamt, würde wohl in breiten Kreisen der Gesellschaft die Meinung aufkommen, die mit der Société einhergehenden und bereits aus anderen Ländern bekannten Belästigungen wären auf die Gesetzesänderung zurückzuführen. Um den Eindruck zu vermeiden, die Gesetzesänderung hätte der Société den Weg geebnet, müßte entweder die gegenwärtige Vorlage abgeändert werden, oder die Vorlage müßte auf Vermittlung der Kommission des Reichstags zurückgestellt werden, um zunächst die Entwicklung der Verhältnisse abzuwarten[550].
Auf Anregung des Reichsjustizamts lud das Königlich Preußische Kultusministerium verschiedene Interessengruppen zur Anhörung, um festzustellen, ob den Wünschen der Komponisten in dieser Frage nachgegeben werden könnte. Zu der Beratung am 4. April 1901 geladen waren unter anderem auch Richard Strauss und zahlreiche Vertreter größerer Gesangsvereine aus verschiedenen Landesteilen[551]. Übereinstimmend erklärten die Erschienenen, es wäre vom Standpunkt der Musikpflege auf das tiefste zu bedauern, wenn die Wahrnehmung der Aufführungsrechte der Société zufallen sollte. Sämtliche Beteiligten, die Vertreter der Vereinsinteressen eingeschlossen, erklärten, die Befreiung der Vereinsaufführungen von der Gebührenpflicht wäre nicht gerechtfertigt. Die Erhebung von Gebüh-

---

[548] Antwortbrief des geschäftsführenden Ausschusses der Genossenschaft Deutscher Komponisten vom 17. März 1901, BArch, R 3001/6354, Bl. 54-57, Bl. 54 ff.

[549] Liste der deutschen Komponisten und Verleger, die ihre Aufführungsrechte von der Société wahrnehmen ließen, BArch, R 3001/6354, Bl. 77.

[550] Brief des Reichsjustizamts an den Preußischen Kultusminister vom 13. März 1901, BArch, R 3001/6354, Bl. 52c-52 f., 52e.

[551] Protokoll der Beratung vom 4. April 1901 in Berlin, BArch, R 3001/6354, Bl. 80-88; PM (pro memoria) von Nieberding vom 4. April 1901 mit einer Zusammenfassung der Verhandlungen, BArch, R 3001/6354, Bl. 71-72.

ren nach einem maßvollen Pauschalsystem, wie dies die Genossenschaft in Aussicht stellte, gab zu keinen Bedenken Anlaß. Es wurden keine Einwände gegen eine Neufassung des § 27 geltend gemacht. Als geeignet erachteten die Vertreter eine Fassung, die der Abgeordnete Esche bereits in der Kommissionsverhandlung zur Abstimmung gestellt hatte. Danach sollten nur öffentliche Aufführungen bei Veranstaltungen von Militär, Kirche, Schule und Verwaltung, bei denen die Hörer ohne Entgelt zugelassen wurden, bei Volksfesten und bei Wohltätigkeitsveranstaltungen ohne Einwilligung des Komponisten zulässig sein. Öffentliche Aufführungen von Vereinen und generell unentgeltliche Aufführungen sollten damit nicht von der Gebührenpflicht befreit werden[552].

Die Genossenschaft überreichte ihrerseits einen Abdruck der bereits entworfenen Satzung der geplanten Anstalt. Die Satzung gab Aufschluß über das Verfahren für die Erhebung und die Höhe der Gebühren. Die Anzahl der Vereine wurde auf 200 große und 14.000 kleine Vereine geschätzt, so daß für die großen Vereine jährlich 20-40 Mark, im Schnitt 30 Mark und für die kleinen Vereine 1-20 Mark, im Schnitt 5 Mark Pauschalgebühren in Aussicht standen. Für die Einhaltung dieser Grenzen verbürgten sich der Vorstand der Anstalt sowie die Komponisten und Verleger, die damit rechnen mußten, daß bei höheren Gebühren eine große Zahl der von ihnen der Anstalt überlassenen Werke nicht zur Aufführung gelangen würde[553].

Der IV. und VI. Ausschuß des Bundesrates kamen am 15. April, 2 Tage vor der 2. Lesung im Reichstag, zusammen, um festzustellen, ob den Wünschen der Komponisten entgegenzukommen wäre[554]. Der badische Bevollmächtigte zum Bundesrat hatte vor dem Treffen Bedenken geäußert, inwieweit die Garantie des Vorstandes, die Gebühren der Anstalt gering zu halten, auch ausreichend wäre. Er hatte angeregt, die Garantie in einer öffentlichen und insbesondere vor dem Reichstag zu gebrauchenden bindenden Form abzugeben[555]. Der geschäftsführende Ausschuß der Genossenschaft Deutscher Komponisten gab eine entsprechende Erklärung am Tag vor der Besprechung in Form einer Eingabe ab, die der badische Bevollmächtigte als ausreichend erachtete. Die verbündeten Regierungen kamen daher überein, gegenüber dem Antrag Esches eine wohlwollende Stellung einzunehmen, im Fall der Ablehnung und der Annahme der Fassung des § 27 in Form

[552] Bericht der XI. Kommission, Sten. Ber. d. Verhandlungen des Reichstags, Anlage Bd. 2, 1900/1902, AS Nr. 214, S. 1301.

[553] PM von Nieberding vom 4. April 1901 mit einer Zusammenfassung der Verhandlungen, BArch, R 3001/6354, Bl. 72 f.

[554] Vermerk von Dungs zur vertraulichen Besprechung mit dem IV. und VI. Ausschuß des Bundesrates vom 15. April 1901, BArch, R 3001/6354, Bl. 108-109.

[555] Brief des Großherzoglich Badischen Bevollmächtigten zum Bundesrat an das Reichsjustizamt vom 11. April 1901, BArch, R 3001/6354, Bl. 103.

der Regierungsvorlage jedoch auch kein Hindernis für das Zustandekommen des Gesetzes zu sehen[556].

V. Die Resolution zu § 22

Wenig positiv wurde seitens der Regierung die Resolution zu § 22 aufgenommen. Das Auswärtige Amt erklärte gegenüber dem Reichsjustizamt, es wäre, wie dies bereits in den Kommissionsverhandlungen zum Ausdruck gekommen war, wenig zweckmäßig, auf der nächsten Konferenz der Berner Union eine internationale Regelung hinsichtlich der Freigabe von Musikstücken für mechanische Musikinstrumente anzuregen[557]. Damit würde sich das Reich in Gegensatz zu auf der Konferenz 1896 getätigten Äußerungen stellen[558].

VI. Die zweite Lesung

Die zweite Lesung des Entwurfs im Reichstag fand am 17., 18. und 19. April 1901 auf Basis des Berichtes der XI. Kommission statt[559]. Durch die Beschlüsse zur Schutzfrist und zu den Übergangsbestimmungen wurde das Gesetz in wesentlichen Punkten noch weiter abgeschwächt[560]. Die Debatte wurde besonders seitens der Kritiker von rein praktischen Erwägungen bestimmt. Jede Erweiterung der Rechte des Urhebers ließ nach Ansicht der Kritiker große Erschütterungen der deutschen Kulturlandschaft befürchten. Die Ausweitung der Rechte der Autoren und die dadurch erfolgende Einschränkung der Allgemeinheit wurden jeweils gleich gewichtet und so abgewogen, daß keine einschneidenden Veränderungen zu den bestehenden Verhältnissen zu erwarten waren. Bezeichnend zum Verständnis der Rechte, die dem Urheber eingeräumt werden sollten, ist die Aussage des Abgeordneten Richter, eines lebhaften Gegners jeder Erweiterung: „Wir sind aber doch im allgemeinen der Ansicht, daß auch das Privatrecht an körperlichen Dingen nur so weit gelten sollte, als es nicht dem allgemeinen Interesse widerspricht. Warum sollten wir uns also hier darauf versteifen, das Urheberrecht möglichst zu schützen."[561] Der Abgeordnete Müller(Meiningen) erkannte treffend, die dem Autorenschutz abgeneigten Abgeordneten ständen jeweils, wie auch die häufiger auf-

---

[556] Vermerk von Dungs zur vertraulichen Besprechung mit dem IV. und VI. Ausschuß des Bundesrates vom 15. April 1901, BArch, R 3001/6354, Bl. 108 f.

[557] Zur Verhandlung der Kommission siehe Kap. 5 B. III.

[558] Brief des Auswärtigen Amtes an das Reichsjustizamt vom 27. Februar 1901, BArch, R 3001/6354, Bl. 49-50.

[559] Sten. Ber. d. Verhandlungen des Reichstags, 1900/1902, Bd. 3, 75. Sitzung vom 17. April 1901, S. 2142A-2171C; 76. Sitzung vom 18. April 1901, S. 2174C-2208D; 77. Sitzung vom 19. April 1901, S. 2211D-2239D; 78. Sitzung vom 20. April 1901, S. 2241A-2249C.

[560] Siehe die Zusammenstellung des Entwurfs eines Gesetzes, betreffend das Urheberrecht an Werken der Literatur und der Tonkunst mit den Beschlüssen des Reichstags in zweiter Lesung, Sten. Ber. d. Verhandlungen des Reichstags, Anlage Bd. 3, 1900/1902, AS Nr. 259.

[561] Sten. Ber. d. Verhandlungen des Reichstags, 1900/1902, Bd. 3, 75. Sitzung vom 17. April 1901, S. 2199B.

tretenden Vergleiche mit gewerblichen Schutzrechten zeigten, alle noch auf dem Standpunkt der seit 80 Jahren widerlegten Privilegientheorie[562].
Der erste Streitpunkt war § 11. Teile des Reichstages begegneten dem Wegfall des Vorbehalts mit großem Mißtrauen und weit gestreuter Kritik. Der Wegfall des Vorbehalts würde den Komponisten eben nicht zugute kommen, da sie häufig froh wären, wenn ihre Stücke überhaupt aufgeführt würden. Aufführungen würden erheblich erschwert, da von zahlreichen unterschiedlichen Autoren die Rechte eingeholt werden müßten, wobei häufig unklar wäre, wer sie inne hätte. Die zu gründende Anstalt wäre noch Zukunftsmusik. Selbst wenn sie gegründet würde, so müßte man sich davor hüten, einen Gesetzeszustand zu schaffen, der es ihr erlauben würde, gerade die Musikvereine mit überzogenen Gebühren auszubeuten. Auch würde vom so eingenommenen Geld sicher nur ein Bruchteil den Komponisten zugute kommen, da die Verwaltungskosten zu hoch wären. Da, wie der Abgeordnete Richter ausführte, über die vorbehaltslose Gewährung des Aufführungsrechts nicht ohne dessen Ausnahmen debattiert werden könnte, wurden auf Antrag des Abgeordneten Spahn die Debatten über die §§ 11 und 27 zusammengezogen[563]. Richter selber erklärte noch, die Anstalt diente nicht etwa der Wahrnehmung von Rechten, sondern sollte nur den Komponisten einen höheren Anteil am Gewinn ihrer Werke sichern, „...-das ist nämlich der eigentliche Gedanke dieser Zentralorganisation: eine große Kampfgenossenschaft der Komponisten gegenüber den Verlegern nach der Analogie von Kampfgenossenschaften der Agrarier gegenüber den Kaufleuten oder den Bäckern und Müllern."[564] Insbesondere die Streichung der Befreiung von Musikvereinen stellte einen zu großen Eingriff in die gegenwärtigen Gepflogenheiten dar[565]. Die Befürworter begegneten der Kritik mit dem Hinweis, der Vorbehalt würde bei der nächsten Konferenz zur Berner Union ohnehin fallen. Das Aufführungsrecht wäre eben ein Recht der Komponisten. Es könnte nur häufig aufgrund der Vorbehaltsregelung gegenüber dem Verleger nicht durchgesetzt werden. Wie die Gesellschaft funktionieren würde, wäre Sache der Komponisten und Verleger. Sie hätten die Zusicherung gegeben, die Gebühren in einem gewissen Rahmen zu halten. Jedenfalls bestünde keine Gefahr, daß sie die Gebühren zu hoch setzten, da ansonsten ihre Stücke nicht mehr gespielt würden. Unabdinglich wäre jedoch für die Gründung der Gesellschaft die Streichung von § 27 S. 1 und Ziffer 3. Danach waren Kompositionen für nicht gewerbliche unentgeltliche Aufführungen und für unentgeltliche Aufführung durch Gesangs-

[562] Sten. Ber. d. Verhandlungen des Reichstags, 1900/1902, Bd. 3, 77. Sitzung vom 19. April 1901, S. 2225B.
[563] Siehe die Beiträge des Abgeordneten Rintelen und des Abgeordneten Richter, Sten. Ber. d. Verhandlungen des Reichstags, 1900/1902, Bd. 3, 75. Sitzung vom 17. April 1901, S. 2143A ff, insbes. 2143C, 2144A ff.
[564] Sten. Ber. d. Verhandlungen des Reichstags, 1900/1902, Bd. 3, 75. Sitzung vom 17. April 1901, S. 2163A.
[565] So der Abgeordnete Richter, Sten. Ber. d. Verhandlungen des Reichstags, 1900/1902, Bd. 3, 75. Sitzung vom 17. April 1901, S. 2162C ff.

vereine freigegeben[566]. Schließlich durchsetzen konnte sich eine unter anderem vom Abgeordneten Esche vertretene vermittelnde Ansicht, die zwar die vorbehaltslose Gewährung, aber auch die weiten Ausnahmevorschriften des § 27 in der Fassung der Kommissionsbeschlüsse empfahl[567]. Nicht durchsetzen konnte sich die von der Regierung befürwortete engere Fassung des § 27.

Auch § 16 wurde in der von der Kommission vorgeschlagenen Fassung angenommen. Der Berichterstatter der Kommission, Esche, stellte dazu klar, daß nach der Neufassung alle amtlichen Schriften zum Nachdruck freigegeben waren. Kritiker der Regelung erklärten, zumindest Schriften, die von einzelnen Beamten für das Amt entwickelt würden, so zum Beispiel die Veröffentlichungen des statistischen Bundesamtes, sollten jedenfalls urheberrechtlichen Schutz genießen. Durch die Aufnahme der Formulierung „von anderen zum amtlichen Gebrauch hergestellten amtlichen Schriften“ sollten diese Schriften von der Freigabe ausgenommen werden[568]. Zur Befreiung von der Verpflichtung zur Quellenangabe bei Abdruck vermischter Nachrichten tatsächlichen Inhalts und Tagesneuigkeiten blieb die Diskussion diffus. Die Mehrheit des Reichstags folgte jedoch der Kommission in der Ansicht, die Zeitungen müßten nicht zur Quellenangabe verpflichtet werden[569].

§ 19 wurde in der zweiten Lesung entsprechend dem Entwurf angenommen. Wesentlicher Streitpunkt war im Entwurf die Streichung der zulässigen Nutzung von kleineren Schriftwerken für Anthologien sowie für Kommers- und andere Gesangbücher. Solche Schriften hatten aufgrund der Freigabe in § 7 a des Gesetzes vom 11. Juni 1870, sofern die Aufnahme in eine Sammlung zu einem „eigentümlichen literarischen Zweck“ erfolgt war, rege Verbreitung gefunden. Es sollte der Justiz überlassen bleiben, die Grenzen der zulässigen Nutzung zu ziehen. Dennoch wurde, wie die Gegner der Freigabe betonten, erheblicher Mißbrauch damit betrieben. Zahlreiche Anthologien und Gedichtbände schlachteten einfach die Werke bekannter oder weniger bekannter Autoren ohne Verfolgung eines eigenen literarischen Zwecks aus, so daß die ursprünglichen Werke nicht mehr gekauft wurden. Eine wirkliche Grenzziehung durch die Justiz und eine Verfolgung durch

---

[566] Siehe die Beiträge der Abgeordneten Spahn, Traeger und Oertel, Sten. Ber. d. Verhandlungen des Reichstags, 1900/1902, Bd. 3, 75. Sitzung vom 17. April 1901, S. 2146A ff., 2151B ff., 2153B ff.

[567] Sten. Ber. d. Verhandlungen des Reichstags, 1900/1902, Bd. 3, 75. Sitzung vom 17. April 1901, S. 2169D f.

[568] Sten. Ber. d. Verhandlungen des Reichstags, 1900/1902, Bd. 3, 76. Sitzung vom 18. April 1901, S. 2178B f.; die Formulierung wurde erst in der dritten Lesung angenommen, 85. Sitzung vom 1. Mai 1901, S. 2458A.

[569] Sten. Ber. d. Verhandlungen des Reichstags, 1900/1902, Bd. 3, 76. Sitzung vom 18. April 1901, S. 2179D ff.

die betroffenen Autoren fand nicht statt[570]. Die Befürworter hingegen fanden, solche Zusammenstellungen brächten die Literatur ins Volk, was schließlich im Interesse der Gesellschaft läge. Ein wirklicher Schaden würde gerade den Dichtern nicht entstehen, da sie durch die Aufnahme in solche Sammlungen bekannt würden[571].

§ 22 wurde vom Reichstag in der durch die Kommission vorgeschlagenen Fassung, der Freigabe von Musikstücken zur Nutzung für mechanische Musikinstrumente mit Ausnahme solcher, durch die das Werk nach Art eines persönlichen Vortrages wiedergegeben werden kann, angenommen[572]. Die Annahme folgte nach einer ausgiebigen Diskussion mit den bereits bekannten Argumenten. Sie führte zu einer Abwägung zwischen dem wirtschaftlichen Nutzen für die Hersteller und dem, wie die Abgeordneten auch erkannten, erheblichen Eingriff in die Rechte des Komponisten. Befürworter sahen die Fassung als Kompromiß zwischen der ursprünglichen Fassung, nach der die Nutzung für alle mechanischen Musikinstrumente freigegeben werden sollte und der gegenteiligen Ansicht, die Nutzung ohne Einwilligung zu untersagen[573].

§ 24 wurde angepaßt an § 22 und gestattete nach dem Beschluß des Reichstags auch alle notwendigen Änderungen eines Werkes der Tonkunst, die für die Wiedergabe durch mechanische Musikinstrumente erforderlich waren[574].

Nicht durchsetzen konnte sich die Regierung mit dem Vorschlag, die Schutzfrist für Aufführungsrechte auf 50 Jahre zu verlängern. Heftig verteidigten Nieberding und einzelne Reichstagsabgeordnete die Regelung mit dem Hinweis auf die internationale Rechtslage und die Notwendigkeit zur Gründung der Anstalt. Auch die Feststellung, daß die Komponisten, würde die Verlängerung abgelehnt, aufgrund der zahlreichen Ausnahmen vom Aufführungsrecht in § 27 durch den Entwurf schlechter gestellt würden als unter dem geltenden Recht, konnte die Mehrheit des Reichstags nicht überzeugen[575]. Es überwog die Auffassung, eine so lange Frist wäre in sich nicht begründet. Nur die Verleger, denen das Aufführungsrecht abgetreten wurde, würden von der Verlängerung profitieren, sofern die Werke über-

---

[570] Siehe die Beiträge des Abgeordneten Müller(Meiningen) und des Bevollmächtigen zum Bundesrat Nieberding, Sten. Ber. d. Verhandlungen des Reichstags, 1900/1902, Bd. 3, 76. Sitzung vom 18. April 1901, S.2189D f., 2191A f.

[571] Siehe die Beiträge der Abgeordneten Wellstein, Hasse und Haußmann, Sten. Ber. d. Verhandlungen des Reichstags, 1900/1902, Bd. 3, 76. Sitzung vom 18. April 1901, S. 2187B f, 2188B, 2192 B f.

[572] Sten. Ber. d. Verhandlungen des Reichstags, 1900/1902, Bd. 3, 76. Sitzung vom 18. April 1901, S. 2208B ff.

[573] Sten. Ber. d. Verhandlungen des Reichstags, 1900/1902, Bd. 3, 76. Sitzung vom 18. April 1901, S. 2201A f., 2203B.

[574] Sten. Ber. d. Verhandlungen des Reichstags, 1900/1902, Bd. 3, 77. Sitzung vom 19. April 1901, S. 2212A.

[575] Sten. Ber. d. Verhandlungen des Reichstags, 1900/1902, Bd. 3, 77. Sitzung vom 19. April 1901, S. 2216B ff.

haupt noch nach 50 Jahren gespielt würden[576]. Der Abgeordnete Dietz äußerte die Vermutung, die Vorschrift sei auf Einfluß einer „bekannten Familie in Deutschland" in das Gesetz aufgenommen worden. „Wird das Gesetz angenommen, dann bedeutet das nichts mehr und nichts weniger als eine Liebesgabe von vielleicht einer Millionen Mark an die Familie Wagner; und dazu, meine ich, kann der Reichstag nicht die Hand bieten."[577]
Im Anschluß an das Gesetz wurden drei Resolutionen, von denen die ersten beiden von der Kommission vorgeschlagen wurden, verabschiedet Die erste forderte den Reichskanzler auf, auf eine einheitliche Regelung für die mechanischen Musikinstrumente hinzuwirken. Mit der zweiten Resolution forderte der Reichstag eine möglichst baldige Neuregelung der Gesetze zum Schutz des Urheberrechts an bildenden Künsten, der Photographien gegen unbefugte Nachbildungen und des Urheberrechts an Mustern und Modellen. Die dritte Resolution forderte den Reichskanzler auf, ein Gesetz zu erlassen, das den fliegenden Gerichtsstand der Presse aufhob[578]. Anträge auf Einfügung einer solchen Regelung wurden bereits in der Kommissionsverhandlung und der zweiten Lesung gestellt. Der fliegende Gerichtsstand wurde weitgehend als unbefriedigende Regelung für die Presse erachtet. Eine den fliegenden Gerichtsstand einschränkende Regelung im Urheberrechtsgesetz wurde jedoch von der Mehrheit des Reichstags abgelehnt[579]. Insbesondere erklärte Nieberding, mit einer solchen Regelung würde das gesamte Gesetz wohl seitens der verbündeten Regierungen keine Zustimmung finden[580].

VII. Die Bundesregierungen und der fliegende Gerichtsstand

Die Gründe für die rigorose Zurückweisung der Abschaffung des fliegenden Gerichtsstandes durch Nieberding waren weniger politisch begründet als allgemeiner Natur. Nach der zweiten Lesung setzte er sich mit den im IV. und VI. Ausschuß des Bundesrates vertretenen Ländern, Bayern, Sachsen, Württemberg, Baden, Hessen, Braunschweig und den Hansestädten in einer vertraulichen Sitzung über den Entwurf auseinander. Als kritisch sah er den erneut für die dritte Lesung des Entwurfs von Abgeordneten der Sozialdemokratischen Partei und von einem Abgeordneten der Deutschen Volkspartei gestellten Antrag auf Abschaffung des fliegenden Gerichtsstandes für Pressevergehen an[581]. Der Antrag wäre Ausdruck der

---

576 So die Abgeordneten Richter und Dietz, Sten. Ber. d. Verhandlungen des Reichstags, 1900/1902, Bd. 3, 77. Sitzung vom 19. April 1901, S. 2216D f., 2220D f.

577 Sten. Ber. d. Verhandlungen des Reichstags, 1900/1902, Bd. 3, 77. Sitzung vom 19. April 1901, S. 2222B.

578 Sten. Ber. d. Verhandlungen des Reichstags, 1900/1902, Bd. 3, 78. Sitzung vom 20. April 1901, S. 2242B ff.

579 Sten. Ber. d. Verhandlungen des Reichstags, 1900/1902, Bd. 3, 77. Sitzung vom 19. April 1901, S. 2228B ff.

580 Sten. Ber. d. Verhandlungen des Reichstags, 1900/1902, Bd. 3, 77. Sitzung vom 19. April 1901, S. 2230C.

581 Sten. Ber. d. Verhandlungen des Reichstags, Anlage Bd. 2, 1900/1902, AS Nr. 233, 241.

seit geraumer Zeit in der Öffentlichkeit vertretenen Ansicht, die Vorschrift müßte zugunsten der Presse geändert werden. Zwecks Änderung hatte sich die Reichsverwaltung bereits mit den einzelnen Regierungen ins Benehmen gesetzt. Der vorliegende Antrag ging jedoch nach Ansicht Nieberdings auf jeden Fall zu weit, da er den fliegenden Gerichtsstand generell abschaffen, und nicht zwischen den einzelnen Delikten differenzieren wollte. Zwischen dem Antrag und dem zu verabschiedenden Gesetz über das Urheberrechtsgesetz bestünde noch nicht einmal ein äußerlicher Zusammenhang. Der Antrag würde einen Versuch darstellen, den verbündeten Regierungen bei Gelegenheit der Erledigung eines aus ihrer Beschlußfassung hervorgegangenen Gesetzesentwurfs ein Zugeständnis abzuzwingen, welches in ein völlig anderes Gebiet gehörte. Derartige Übergriffe wären zurückzuweisen[582]. Dieser Ansicht stimmten die verbündeten Regierungen zu. Den übrigen Regelungen widersprachen sie nicht[583].

VIII. Die dritte Lesung

In der dritten Lesung des Entwurfs im Reichstag spitzte sich die Diskussion auf die wesentlichen Neuerungen des Entwurfs, die §§ 11, 27, 19, 33 und die unterschiedlichen Anträge auf Abschaffung des fliegenden Gerichtsstandes zu[584]. Durch die Ergebnisse der zweiten Lesung wurden mehrere weitgehende Fortschritte des Entwurfs in Frage gestellt. Der Abgeordnete Müller(Meiningen) erklärte, er würde gegen das ganze Gesetz stimmen, da es zwar für die Schriftsteller einen Fortschritt bedeute, in der Richtung des Schutzes der Komponisten wäre jedoch der Entwurf komplett gescheitert[585]. Auf der anderen Seiten erklärte der Abgeordnete Dietz, seine Fraktion, die Sozialdemokraten, würden gegen den ganzen Entwurf stimmen, wenn es zu einer Verlängerung der Schutzfrist für Aufführungsrechte käme[586].

Erneut verhandelte der Reichstag den zuvor bereits vom Abgeordneten Esche gestellten Antrag, die Freigabe für unentgeltliche und nicht gewerbliche Aufführungen und für Aufführungen von Vereinen, zu denen nur Personen des Hausstandes und Mitglieder zugelassen würden, zu streichen[587]. Der Abgeordnete Richter sprach sich auch dieses Mal gegen eine solche Regelung aus, die nach seiner Ansicht das deutsche Musikleben zutiefst beeinträchtigen würde und schürte erneut

---

[582] Brief des Reichsjustizamts an das Königlich Preußische Staatsministerium vom 23. April 1901, BArch, R 3001/6354, Bl. 192-194, 192 f.

[583] PM von Nieberding über das Treffen am 29. April 1901 im Reichstag, BArch, R 3001/6354, Bl. 191.

[584] Sten. Ber. d. Verhandlungen des Reichstags, 1900/1902, Bd. 3, 84. Sitzung vom 30. April 1901, S. 2444B ff., 85. Sitzung vom 1. Mai 1901, S. 2458A ff., 86. Sitzung vom 2.5.1901, S. 2490A ff.

[585] Sten. Ber. d. Verhandlungen des Reichstags, 1900/1902, Bd. 3, 84. Sitzung vom 30. April 1901, S. 2432C ff.

[586] Sten. Ber. d. Verhandlungen des Reichstags, 1900/1902, Bd. 3, 86. Sitzung vom 2. Mai 1901, S. 2500C.

[587] Sten. Ber. d. Verhandlungen des Reichstags, Anlage Bd. 3, 1900/1902, AS Nr. 283.

Vorbehalte gegen die Anstalt zur Wahrung der Aufführungsrechte. Keinesfalls wäre die Annahme des Antrags Esches eine Entschädigung für das, was die Komponisten durch den Entwurf verloren hätten. Sie hätten nämlich nichts von tatsächlichem Wert verloren. Die Entscheidung, daß die Musikstücke auf die Walzen mechanischer Musikinstrumente gegen die bisherigen Entscheidungen des Reichsgerichts übertragen werden dürften, brächte nicht etwa den Komponisten, sondern den Verlegern Mindereinnahmen, da diese die Rechte inne hätten. Seine Ansicht, die Komponisten wollten mit der Anstalt eine Kampfgenossenschaft gegen die Verleger gründen, wäre von Herrn von Hase bestätigt worden. Dieser hatte dem Abgeordneten Richter einen Brief geschrieben, in dem er ihm seine Version von der Entzweiung der Komponisten und des Vereins Deutscher Musikalienhändler dargelegt hatte. Er schilderte ihm, daß insbesondere seit sich Rösch in diese Sache eingemischt hatte, sich seitens der Komponisten ein „Terrorismus" entwickelt hätte, der bereits den Allgemeinen Deutschen Musikverein genötigt hätte, von der geplanten Anstalt zurückzutreten. Seitens der Verleger wäre nur eine kleine Minderheit für die Verlängerung der Schutzfrist. Auch könnte sich die Anstalt bei den geringen Gebühren nicht tragen, da sie ein ganzes Heer von Agenten benötigte. Den Komponisten käme dann nur ein kleiner Teil der Erträge zugute, wobei besonders die Komponisten leichter Werke bevorzugt würden, da diese in der Regel mehr Verbreitung hätten[588]. Dem entgegnete Nieberding, die Anstalt wäre durchaus nicht als Kampfgenossenschaft zu betrachten, da sie im Einvernehmen mit bedeutenden deutschen Musikalienverlegern gegründet werden sollte. Von Hase ginge nur dagegen an, da sein Versuch, eine Anstalt unter Oberherrschaft der Verleger zu gründen, gescheitert wäre. Die Komponisten waren berechtigterweise nur bereit, sich an einer Tantiemengesellschaft zu beteiligen, bei der sie die Oberhand behielten[589]. Dennoch konnten sich die Befürworter des Antrags von Esche nicht durchsetzen, so daß die §§ 11, 27 in Fassung der zweiten Lesung angenommen wurden.

§ 19 wurde dahingehend erweitert, daß auch kleine Teile eines Schriftwerkes in eine Sammlung aufgenommen werden durften, wenn diese zu einem „eigentümlichen literarischen Zweck" bestimmt war. Auf Antrag der Abgeordneten Müller(Meiningen) und Esche wurde die Freigabe dahingehend eingeschränkt, daß zu Lebzeiten des Urhebers dessen Einwilligung erforderlich war. Diese Voraussetzung wurde wiederum eingeschränkt durch den Zusatz, die Einwilligung gälte als erteilt, wenn der Autor nicht einen Monat nach der Benachrichtigung Widerspruch erhob[590]. Diese Einschränkung der Freigabe war das weiteste Zugeständnis, das

---

[588] Sten. Ber. d. Verhandlungen des Reichstags, 1900/1902, Bd. 3, 84. Sitzung vom 30. April 1901, S. 2449C ff.

[589] Sten. Ber. d. Verhandlungen des Reichstags, 1900/1902, Bd. 3, 84. Sitzung vom 30. April 1901, S. 2452A f.

[590] Sten. Ber. d. Verhandlungen des Reichstags, 1900/1902, Bd. 3, 85. Sitzung vom 1. Mai 1901, S. 2462A f.

die Mehrheit des Reichstags zu geben bereit war. Trotz der Darstellung des Mißbrauchs mit der Herausgabe von Anthologien und dem Versagen des Reichsgerichts, den Begriff „zu einem eigentümlichen literarischen Zweck“ enger zugunsten der Autoren zu fassen, wollte die Mehrheit des Reichstags weiterhin gewährleisten, daß Anthologien und andere Sammlungen herausgegeben werden konnten[591]. Ebenfalls aufgenommen wurde eine Vorschrift, die es erlaubte, einzelne Gedichte in eine Sammlung aufzunehmen, wenn diese ihrer Beschaffenheit nach für Gesangvorträge bestimmt war.

Die Erweiterung der Schutzfrist von 30 auf 50 Jahre war auch in der dritten Lesung besonders heftig umstritten. Der Vertreter der verbündeten Regierungen reagierte auf den Widerstand gegen diese nach Ansicht der Regierungen billige Regelung im Reichstag überrascht. Dies erklärt, wieso die Begründung für die Notwendigkeit der Verlängerung der Frist kaum über einen Hinweis auf die längere Frist einzelner Nachbarländer und die Voraussetzung für die Gründung der Anstalt hinausging. Zahlreiche Mitglieder des Reichstags waren jedoch der Anstalt gegenüber von vornherein skeptisch eingestellt, so daß diese Argumente nicht überzeugen konnten. Der Abgeordnete Esche und der Vertreter der Regierungen Nieberding verteidigten die Fristverlängerung. Esche wies darauf hin, daß ausgerechnet der Verlag Breitkopf und Härtel, dessen Geschäftsführer von Hase war, einer der Verlage war, die ihre Aufführungsrechte an die Pariser Société übertragen hatten. Dem müßte Einhalt durch Gründung einer konkurrenzfähigen Anstalt geboten werden[592]. Der Abgeordnete Richter führte die Gegner der Verlängerung an. Er erklärte, auch hier wäre es nicht erforderlich, den Komponisten die Fristverlängerung als Ausgleich für andere eingeschränkte Rechte zuzugestehen, da die Komponisten keine Schlechterstellung durch den Entwurf erführten. Insbesondere wären die Ausnahmeregelungen in § 27 keine Schlechterstellung. Theoretisch hätte sich nach der geltenden Rechtslage ein Komponist auch die Aufführungsrechte für solche Vorstellungen vorbehalten können. Praktisch hätten jedoch kaum Komponisten von dieser Möglichkeit Gebrauch gemacht. Schließlich würden die Freigaben in § 27 eher die armen als die wohlhabenden Schichten treffen, da letztere bequem in nichtöffentlichen Hauskonzerten und privaten Tanzgesellschaften nicht abgabepflichtige Aufführungen veranstalten könnten, während ärmere Schichten auf öffentliche, abgabepflichtige Veranstaltungen angewiesen wären. Eine weitere Verstärkung der Rechte durch eine Fristverlängerung wäre nicht gerechtfertigt. Seine Ansicht, die Hauptnutznießerin der Regelung wäre die Witwe Wagner, die auch Einfluß auf die Fristverlängerung nehmen wollte, wurde von mehreren Ab-

[591] Sten. Ber. d. Verhandlungen des Reichstags, 1900/1902, Bd. 3, 85. Sitzung vom 1. Mai 1901, S. 2458A ff.

[592] Sten. Ber. d. Verhandlungen des Reichstags, 1900/1902, Bd. 3, 86. Sitzung vom 2. Mai 1901, S. 2490B ff., 2496D ff.

geordneten geteilt[593]. Andere Abgeordnete führten aus, die Verlängerung der Frist im Hinblick auf eine erst zu gründende Anstalt wäre wohl als gesetzgeberisches Experiment zu betrachten. Schließlich würde eine 30-jährige Schutzfrist in der Regel ausreichen, um die Witwe und die jungen Kinder mit Unterhalt zu versorgen. Kulturell wäre Deutschland ein Nehmerland. Eine verlängerte Schutzfrist käme daher vor allem ausländischen Werken zugute. Auch wurde auf den Vorsitzenden des preußischen Sachverständigenvereins, Daude, verwiesen, der sich gemeinsam mit dem Börsenverein für eine Beibehaltung der 30-jährigen Schutzfrist ausgesprochen hatte[594]. In der namentlichen Abstimmung sprachen sich schließlich 123 Abgeordnete gegen und 107 Abgeordnete für eine Verlängerung der Frist aus[595].

Die verschiedenen Anträge zur Abschaffung des fliegenden Gerichtsstandes wurden, obwohl Teile des Reichstags die geltenden Regelungen als unbefriedigend empfanden, abgelehnt[596]. Dies beruhte wohl auf der Erklärung Nieberdings, die verbündeten Regierungen würden auf eine Erledigung der Sache im Rahmen dieses Gesetzes nicht eingehen, mithin dem Entwurf die Zustimmung verweigern[597]. In der Gesamtabstimmung stimmte die Mehrheit des Reichstags dem Entwurf in der Fassung der Beschlüsse der dritten Lesung zu[598].

C. Die Vorlage im Bundesrat

I. Der Protest der Genossenschaft Deutscher Komponisten

Sowohl die Art der Behandlung ihrer Anliegen als auch das Ergebnis der Verhandlungen im Reichstag riefen bei der Genossenschaft Deutscher Komponisten Protest hervor. Dem Reichstagsabgeordneten Richter warf sie vor, er hätte sein Publikum gezielt getäuscht. Die Unterstellung, die Genossenschaft wäre eine „Musikaristokratie" würde nicht mit den Tatsachen übereinstimmen. Unter den 230 Mitgliedern seien bekannte und weniger bekannte Komponisten. Auch die Bezeichnung der Genossenschaft als „Musikring" in Anlehnung an den „Kohlering" diente nur der unterschwelligen Behauptung, die Komponisten wollten durch Zusammenhalten die Preise willkürlich in die Höhe schrauben. In von Hase hätte der Abgeordnete Richter schließlich eine würdige Stütze gefunden.

[593] Sten. Ber. d. Verhandlungen des Reichstags, 1900/1902, Bd. 3, 86. Sitzung vom 2. Mai 1901, S. 2492C ff.

[594] Siehe die Beiträge der Abgeordneten Dietz und Spahn, Sten. Ber. d. Verhandlungen des Reichstags, 1900/1902, Bd. 3, 86. Sitzung vom 2. Mai 1901, S. 2499A ff., 22503C ff.

[595] Sten. Ber. d. Verhandlungen des Reichstags, 1900/1902, Bd. 3, 86. Sitzung vom 2. Mai 1901, S. 2506 f.

[596] Sten. Ber. d. Verhandlungen des Reichstags, 1900/1902, Bd. 3, 86. Sitzung vom 2. Mai 1901, S. 2508D ff.

[597] Sten. Ber. d. Verhandlungen des Reichstags, 1900/1902, Bd. 3, 86. Sitzung vom 2. Mai 1901, S. 2511.

[598] Sten. Ber. d. Verhandlungen des Reichstags, 1900/1902, Bd. 3, 86. Sitzung vom 2. Mai 1901, S. 2513B.

hätte der Abgeordnete Richter schließlich eine würdige Stütze gefunden. Diese Angriffe machten für die Genossenschaft eine öffentliche Aussprache erforderlich[599].

Mit einer Petition wandte sich die Genossenschaft an den Bundesrat, um die Zustimmung zum Entwurf zu verhindern. Ziel des Entwurfs war die Annäherung an das internationale Recht, Anpassung an die moderne Rechtsanschauung und Verstärkung des Urheberschutzes gewesen. Die Genossenschaft bemängelte jedoch, daß aufgrund der Beschlüsse des Reichstags eine erhebliche Verringerung des Schutzniveaus des musikalischen Urheberrechts gegenüber dem gegenwärtigen Rechtszustand eintreten würde.

Als Verschlechterungen führte die Genossenschaft die Freigabe musikalischer Werke für mechanische Musikinstrumente, die Freigabe der öffentlichen Aufführung durch mechanische Musikinstrumente und die weitergehende Freigabe der öffentlichen Aufführung für die in § 27 genannten Gruppen und Zwecke an (§§ 22, 26, 27). Die neue Regelung in § 37 des Entwurfs, bei einer Klage wegen Nachdrucks die Höhe des Schadens nachweisen zu müssen, sah sie ebenfalls als Schlechterstellung an. Nach § 55 des Gesetzes vom 11. Juni 1870 wurde als Entschädigung jeweils die gesamte durch den Nachdruck gewonnene Einnahme gewährt. Die Streichung der Strafbarkeit des fahrlässigen Nachdrucks fand sie aufgrund der Schwierigkeit, den Vorsatz nachweisen zu können, ebenfalls nachteilig. Die Genossenschaft hielt dem Bundesrat vor, selbst die Reichsregierung wäre sich bei Erstellung des Entwurfs dieser Eingriffe bewußt gewesen. Der Staatssekretär des Reichsjustizamts Nieberding hätte dies insbesondere bei der Diskussion um die Verlängerung der Schutzfrist für das Aufführungsrecht betont. Abgesehen davon, daß eine verlängerte Schutzfrist kaum eine Kompensation für die Einschränkungen der §§ 22, 24, 26 und 27 darstellen würde, da ein unzureichender Schutz auch durch eine Verlängerung nicht besser würde, hätte eine Verlängerung dennoch die Möglichkeit geboten, zahlreiche Kompositionen der Anstalt zur Wahrung der Aufführungsrechte zuzuführen. Dadurch wäre der Anstalt ein gewisser Grundbestand gesichert worden. Da jedoch § 33 der Regierungsvorlage abgelehnt worden war, sah die Genossenschaft auch diese Möglichkeit nicht mehr. Die Übergangsregelung des § 61, nach der solche Werke, die ohne Aufführungsvorbehalt veröffentlicht wurden, auch nach Inkrafttreten des Gesetzes frei aufgeführt werden durften, machte es nahezu unmöglich, unbefugte Aufführungen bisher erschienener Werke zu verfolgen. Die Regelung hatte nach Ansicht der Genossenschaft zur Folge, daß auch nach Inkrafttreten des Gesetzes trotz § 11 der Aufführungsschutz noch geraume Zeit vom Vorbehalt abhängig sein würde. Die Interessen der musikalischen Urheber wurden durch diese Regelungen empfindlich geschädigt. Das Ergebnis der Beratungen des Reichstags empfand die Genossenschaft um so schmerzlicher, da es auf einer tendenziösen und teilweise wahrheits-

599 Broschüre der Genossenschaft Deutscher Komponisten, BArch, R 3001/6354, Bl. 249.

widrigen Darstellung über die Bestrebungen der Genossenschaft und ihr Verhältnis zu den Musikverlegern beruhte. Daher forderte die Genossenschaft den Bundesrat auf, dem Gesetz seine Zustimmung zu versagen. Unterzeichnet war der Aufruf der Genossenschaft von zahlreichen Komponisten und Inhabern von Musikalienhandlungen[600].

II. Die Verteidigung des Entwurfs

Gegenüber dem preußischen Staatsministerium verteidigte der Reichskanzler den Entwurf nach den Beschlüssen des Reichstags[601]. Er stellte sich auf den Standpunkt, die vom Reichstag beschlossenen Änderungen würden nur Einzelregelungen betreffen, die Grundlagen des Entwurfs jedoch unberührt lassen.
Die durch die §§ 22, 24, 26 zugelassene Benutzung geschützter Tonwerke für mechanische Musikinstrumente und die Freigabe der in § 27 bezeichneten Aufführungen stellten Abschwächungen des Schutzes dar, die im Interesse der Industrie und der öffentlichen Musikpflege geboten erschienen. Die Einwände der Komponisten würden nur Regelungen betreffen, die der Bundesrat bereits durch die Annahme des Entwurfs als unzutreffend zurückgewiesen hätte. In den Regelungen zur Schadensberechnung und der Streichung der Strafbarkeit des fahrlässigen Nachdrucks schließlich konnte der Reichskanzler keine Schwächung des Urheberrechts erkennen.
Mit der Ablehnung der Verlängerung der Frist für das Aufführungsrecht fiele zwar eine Begünstigung weg, die der Entwurf den Komponisten gewähren wollte, dennoch blieben zahlreiche Vorschriften, die für die Komponisten einen Fortschritt bedeuteten, bestehen. Hierunter fielen der Wegfall des Vorbehalts, die engen Grenzen der Nutzung des Werkes durch Dritte (§ 13) der Schutz vor Einzelabschriften eines Tonwerkes (§ 15) und die Freigabe des Abdrucks von Dichtungen zum Gebrauch durch Hörer von Musikwerken (§ 20 Abs. 1)[602]. Aber auch davon abgesehen, maß der Reichskanzler der Verlängerung der Schutzfrist keine ausschlaggebende Bedeutung bei. Bereits bei den Vorarbeiten zum Gesetz wurden schließlich, wie das Protokoll der Sitzung vom 28. Februar 1900 zeigte, beim Königlich Preußischen Staatsministerium Bedenken gegen die Verlängerung geltend gemacht[603]. Die Mehrheit der Künstler würde durch die Ablehnung nicht berührt, da ihre Werke nicht über einen so langen Zeitraum aufgeführt würden. Der Reichskanzler bemerkte, daß jetzt zwar die in der Begründung zum Entwurf angeregte Gründung der Anstalt in Frage stünde. Da im Entwurf jedoch selbstverständ-

[600] Petition deutscher Komponisten und Musikverleger vom 13. Mai 1901, BArch, R 3001/6354, Bl. 253.
[601] Brief des Reichskanzlers an das Königlich Preußische Staatsministerium vom 30. Mai 1901, BArch, R 3001/6354, Bl. 254-257.
[602] Brief des Reichskanzlers an das Königlich Preußische Staatsministerium vom 30. Mai 1901, BArch, R 3001/6354, Bl. 254 ff.
[603] Siehe Kap. 4 H. II.

lich keine Vorschrift von der Gründung abhinge, könnte auch dies nicht gegen die Zustimmung zum Entwurf sprechen. Auch wäre die Ablehnung kein Mittel, ein Übergreifen der Société auf Deutschland zu verhindern. Der Weg war bereits auf dem Boden des bestehenden Gesetzes gegeben. Die Gefahr einer Beeinträchtigung durch das Wirken einer solchen Anstalt wäre sogar durch § 27 des Entwurfs wesentlich verringert worden[604].

Tatsächlich kann das Schreiben des Reichskanzlers nur noch als Versuch der Schadensbegrenzung angesehen werden. Die Regierung hatte gerade die Regelungen, die die Errichtung der Anstalt begünstigen sollten, unterstützt und konnte diese gegenüber dem Reichstag nicht durchsetzen. Dennoch war die Regierung der Ansicht, die Vorteile des Gesetzes würden diese Niederlage aufwiegen, so daß auch der Entwurf in seiner abgeschwächten Form verabschiedet werden sollte. Auf das Schreiben des Reichskanzlers erklärte das Staatsministerium, die preußischen Stimmen würden im Bundesrat für den Gesetzesentwurf in der aus dem Reichstag hervorgegangenen Fassung abgegeben[605].

III. Die Zustimmung des Bundesrates

Der Bundesrat stimmte dem Entwurf am 13. Juni 1901 zu[606]. Der Reichskanzler überwies den Entwurf dem Kaiser zur Vollziehung. Er teilte mit, daß die Beschlüsse des Reichstags, wenn sie auch nicht als Verbesserungen anzusehen seien, die Grundlagen unberührt ließen und keine Interessen von allgemeiner Bedeutung schädigen würden[607]. Der Kaiser fertigte das Gesetz am 19. Juni 1901 aus[608]. In Kraft trat das Gesetz am 1. Januar 1902 (§ 50 LUG).

D. Zusammenfassung der wesentlichen Neuerungen

In den Grundlagen stimmte das LUG mit dem Gesetz vom 11. Juni 1870 überein. Dies schlug sich darin nieder, daß in das Gesetz erneut keine zentrale Aussage über die Natur des Urheberrechts aufgenommen wurde. Die Vorschriften, die durch die reichseinheitliche Regelung des bürgerlichen Rechts, des Strafrechts und des Zivil- und Strafverfahrensrechts entbehrlich geworden waren, wurden gestrichen.

Das Gesetz wurde an die Entwicklung der Berner Union angepaßt. Dies führte insbesondere zu einer Stärkung des ausschließlichen Übersetzungsrechts, § 12 Nr. 1 LUG im Vergleich zu § 6 des Gesetzes vom 11. Juni 1870, zu einer Erweiterung des Schutzes der Tagespresse, § 18 LUG im Vergleich zu § 7 b des Gesetzes vom

---

[604] Brief des Reichskanzlers an das Königlich Preußische Staatsministerium vom 30. Mai 1901, BArch, R 3001/6354, Bl. 256 f.

[605] Brief des Königlich Preußischen Staatsministeriums an den Reichskanzler vom 10. Juni 1901, BArch, R 3001/6355, Bl. 1.

[606] Protokoll der 24. Sitzung des Bundesrates vom 13. Juni 1901, BArch, R 3001/6355, Bl. 3.

[607] Brief des Reichskanzlers an den Kaiser vom 15. Juni 1901, BArch, R 3001/6355, Bl. 4-6, Bl. 6.

[608] RGBl. 1901, S. 227.

11. Juni 1870 und zu einem erweiterten Schutz von Ausländern, § 55 LUG im Vergleich zu § 61 Abs. 2 des Gesetzes vom 11. Juni 1870.
Der Schutz persönlicher Rechte wurde im LUG stärker zum Ausdruck gebracht durch den Schutz vor Änderungen in § 9, das Veröffentlichungsrecht (§ 11 Abs. 1 Satz 2) den Schutz vor Vollstreckung (§ 10) und das Verbot jeder Vervielfältigung, und nicht nur der mechanischen (§ 15). Die ausschließlichen Befugnisse wurden um das Verbreitungs- und das Vortragsrecht erweitert (§ 11 Abs. 1, 3). Der Schutz vor Bearbeitung des Werkes durch Dritte wurde erweitert (§ 12-14). Die erlaubte Nutzung fremder Werke wurde eingeschränkt, § 19 im Vergleich zu § 7 a des Gesetzes vom 11. Juni 1870. Das Aufführungsrecht an Werken der Tonkunst wurde nunmehr vorbehaltlos, jedoch mit großzügigen Ausnahmeregelungen gewährt (§§ 11 Abs. 2, 27).

Kapitel 6 - Ausblick und Resümee

A. Ausblick

Das Gesetz betreffend das Urheberrecht von Werken der Literatur und Tonkunst vom 19. Juni 1901 erwies sich als äußerst langlebig. 1907 wurde es ergänzt durch das Gesetz betreffend das Urheberrecht an Werken der bildenden Künste und der Photographie[609]. Abgelöst wurden beide Gesetze durch das am 1. Januar 1966 in Kraft getretene Gesetz über Urheberrechte und verwandte Schutzrechte vom 9. September 1965 („UrhG"), das erste einheitliche deutsche Urheberrechtsgesetz[610]. Das LUG diente als Grundlage für das kurz nach ihm verabschiedeten Verlagsrecht. Insbesondere aufgrund der Erweiterung des Schutzumfangs des Urheberrechts in persönlichkeits- und vermögensrechtlicher Hinsicht hatte das LUG erheblichen Einfluß auf die Ausgestaltung des Verlagsrechts[611].

In den 64 Jahren seiner Geltung durchlief das LUG nur wenige Änderungen. Die technische Entwicklung im ausgehenden 19. Jahrhundert gab letztlich nur einen Vorgeschmack auf die rasante Entwicklung der Medientechnik im 20. Jahrhundert. Die Anpassung an die Regelungen der Revidierten Berner Übereinkunft und besonders die Rechtsprechung des Bundesgerichtshofes ermöglichten es, die überholten Bestimmungen der Urheberrechtsgesetze nach modernen Anforderungen auszulegen und zu entwickeln, so daß das Urheberrecht lebensnah und dem technischen Fortschritt gewachsen blieb[612].

Wiederholt wurde das LUG an die internationale Urheberrechtsentwicklung angepaßt[613]. Die nächste Revisionskonferenz der Berner Union fand 1908 in Berlin statt. Sie brachte erhebliche Verbesserungen, von denen zahlreiche bereits zuvor im LUG berücksichtigt worden waren. So wurden der Schutz von Veröffentlichungen in Zeitungen und Zeitschriften verbessert, das Übersetzungsrecht wurde unabhängig von der Ausübung innerhalb einer bestimmten Frist gewährt und der Aufführungsvorbehalt wurde abgeschafft. Komponisten wurde Schutz gewährt vor der Übertragung ihrer Werke auf mechanische Musikinstrumente und vor Aufführungen durch solche Instrumente. Den Verbandsländern wurde jedoch gestattet, diese Rechte durch eine Zwangslizenz einzuschränken. Diese Regelung ging in Richtung des Vorschlags der deutschen Regierung, die allerdings eine unionsweite Zwangslizenz forderte[614]. Ebenfalls neu aufgenommen wurden der Schutz von Filmen und der Schutz vor Verfilmung. Vorgesehen war eine 50-jährige Schutz-

---

609 RGBl. 1907, S. 7.

610 BGBl. I S. 1273; zur Entstehung des UrhG siehe ausführlich Maracke, Die Entstehung des Urheberrechtsgesetzes von 1965.

611 Näher dazu siehe Vogel, Die Entwicklung des Verlagsrechts, S. 153 ff.

612 Möhring/Nicolini, Urheberrechtsgesetz, S. 43.

613 Zur Entwicklung der Berner Union siehe Hubmann, Hundert Jahre Berner Übereinkunft.

614 Lehmbruck, Geschichte des Musikurheberrechts, S. 58 f.

frist, die jedoch für die Verbandsländer nicht zwingend war[615]. Das zur Ausführung der Revisionskonferenz erlassene Reichsgesetz vom 22. Mai 1910 brachte die erforderlichen Ergänzungen in den deutschen Gesetzestext[616]. Der Schutz vor der Übertragung von Musikwerken auf mechanische Musikinstrumente und vor öffentlicher Aufführung wurde jedoch durch eine Zwangslizenz eingeschränkt (§§ 22, 22a)[617]. In § 2 Abs. 2 wurde zugunsten des ausübenden Künstlers ein fiktives Bearbeiterurheberrecht anerkannt. Dies geschah auch auf Drängen der Industrie für mechanische Musikinstrumente, die sich so, da der Künstler das Recht in der Regel auf den Tonträgerhersteller übertragen sollte, vor unberechtigten Kopierern zu schützen hoffte[618].
Nach einem Zusatzprotokoll in Bern 1914 folgte die nächste Konferenz 1928 in Rom. Hier wurde insbesondere in Art. 6b das Urheberpersönlichkeitsrecht im Konventionstext verankert und die ausschließlichen Befugnisse um das Recht der Rundfunkwiedergabe für die Öffentlichkeit erweitert (Art. 11b). Auf der folgenden Konferenz in Brüssel 1948 war Deutschland nicht vertreten. Deutschland trat dem Zusatzprotokoll erst 1966 nach Inkrafttreten des UrhG bei[619].
1934 erweiterte das Deutsche Reich die urheberrechtliche Schutzfrist von 30 auf 50 Jahre und paßte sie damit der Verbandsfrist an[620].
Weitere Gesetzesänderungen folgten bis zur Revision 1965 nicht. Dies lag jedoch nur bedingt an der besonderen Qualität des LUG. Bereits ab 1929 wurden private Entwürfe und 1932 der erste amtliche Entwurf für ein neues Urheberrechtsgesetz veröffentlicht[621]. In den folgenden Jahren konnten sich häufig Rechtsprechung und Wissenschaft nicht dem Sog der nationalsozialistischen Ideologie entziehen[622]. Die Rechte des Urhebers sollten nach Vorstellung der NS-Ideologie weiter zugunsten der „Volksgemeinschaft" eingeschränkt werden, der das Werk des Werkes schließlich auch zu verdanken sei. Die deutsche Kultur wieder auf ihre „artgemäße Höhe emporzutragen" war Aufgabe der 1933 geschaffenen Reichskulturkammer. Dazu konnte sie unter Anwendung der Ersten Verordnung zum Reichskulturkammergesetz den Schutz eines Werkes versagen, wenn der Schöpfer nicht Mitglied der Reichskulturkammer war, und die öffentliche Verwertung beschränken. Zudem wirkte sie als Zensurbehörde[623]. Zur Umsetzung gelangten die

---

[615] Hubmann, Hundert Jahre Berner Übereinkunft, S. 10 f.
[616] RGBl. 1910, S. 793 ff.
[617] Siehe dazu Meinhardt, Die mechanischen Musikinstrumente in der Novelle zum Urheberrechtsgesetz, S. 305 ff.; Lehmbruck, Geschichte des Musikurheberrechts, S. 61 f.
[618] Lehmbruck, Geschichte des Musikurheberrechts, S. 64 f.
[619] Hubmann, Hundert Jahre Berner Übereinkunft, S. 13 f.
[620] RGBl. 1934, S. 1395.
[621] Zu den Entwürfen zum Urheberrechtsgesetz, Ulmer, Urheber- und Verlagsrecht, S. 60 f.; Maracke, Die Entstehung des Urheberrechtsgesetzes von 1965, S. 23 ff.
[622] Wandtke, Urheberrechtsreform im Dritten Reich, S. 451 ff.
[623] Wandtke, Urheberrechtsreform im Dritten Reich, S. 464 ff.

zahlreichen Reformbestrebungen zum Urheberrechtsgesetz während der nationalsozialistischen Herrschaft nicht.
Während der Gesetzestext ab 1901 zunehmend aufgrund der fortschreitenden technischen Entwicklung von Film, Rundfunk, Fernsehen, der neuen Vervielfältigungsverfahren wie Tonband und Photographie und der fehlenden grundsätzlichen Anerkennung des Urheberpersönlichkeitsrechts veraltete, gelang es der Rechtsprechung, mit der Entwicklung Schritt zu halten. Insbesondere gilt dies für die Anerkennung des Urheberpersönlichkeitsrechts im 1912 ergangenen „Felseneiland mit Sirenen"-Urteil[624]. 1926 ordnete das Reichsgericht das Senderecht mangels gesetzlicher Regelung im LUG unter das Verbreitungsrecht ein[625]. Im Tonfilm-Urteil erkannte das Reichsgericht 1933 ein ausschließliches Recht des Urhebers auf die öffentliche Wiedergabe seines Werkes als Tonfilm an[626]. 1953 erklärte der Bundesgerichtshof, daß § 22a einschränkend auszulegen war und die öffentliche Wiedergabe eines Werkes durch einen Plattenspieler mit Lautsprechern von dem Ausnahmetatbestand nicht mehr umfaßt war[627]. Dies hatte fast die völlige Bedeutungslosigkeit der Freigabe zur Folge.
Die Lehre bewegte sich im Laufe des 20. Jahrhunderts von Kohlers Lehre vom Immaterialgüterrecht hin zur heute herrschenden monoistischen Theorie, die materielle und ideelle Rechte des Urhebers als Ausfluß eines einheitlichen Rechtes deutet. In § 11 UrhG wurde die monoistische Theorie kodifiziert[628]. Goldbaum entwickelte ab 1922 die Zweckübertragungstheorie, um bei Auslegung der Frage, ob bei Erwerb eines Urheberrechts die von § 14 LUG vor 1910 noch nicht erfaßten Verfilmungsrechte mitübertragen worden waren, zu vertretbaren Ergebnissen zu kommen[629]. In § 31 Abs. 5 UrhG wurde auch sie kodifiziert.
Der Schutz der Herausgabe historischer Texte wurde im UrhG durch die Einräumung eines an das Urheberrecht grenzenden Leistungsschutzrechtes zugunsten des Verfassers der Ausgabe gewährleistet (§ 70 UrhG)[630].
Eine blühende Entwicklung sollten die zunächst erfolglosen Verwertungsgesellschaften nehmen[631]. Das LUG entsprach zwar nicht in allen Punkten den Vorstellungen der Komponisten, hatte jedoch mit dem Wegfall des Aufführungsvorbehaltes auch die Grundlage für Verwertungsgesellschaften geschaffen. 1903 wurde unter dem Vorstand von Richard Strauss und Friedrich Rösch die Genossenschaft Deutscher Tonsetzer gegründet, die im selben Jahr mit Zustimmung bedeutender Verleger die Anstalt für musikalische Aufführungsrechte ("AFMA") konstituier-

---

624 RGZ 79, 397.
625 RGZ 113, 413 –Der Tor und der Tod-.
626 RGZ 140, 231.
627 BGHZ 11, 135.
628 Schack, Haimo, Urheber- und Urhebervertragsrecht, S. 147 f.
629 Goldbaum, Urheberrecht und Urhebervertragsrecht, S. 47 ff., 169 f.
630 Zur Entwicklung des Schutzes durch Leistungsschutzrechte siehe Rehbinder, Zum Rechtsschutz der Herausgabe historischer Texte, S. 269 ff.
631 Zur Geschichte der GEMA siehe Dümling, Musik hat ihren Wert, S. 34 ff.

te[632]. Satzungszweck war die Verwertung musikalischer Aufführungsrechte, die Verfolgung unberechtigter Aufführungen und die Vermittlung der Aufführungsgenehmigungen. 1910 kam die Anstalt für mechanische Rechte als Folge der Gesetzesnovelle dazu. Sie nahm die Vervielfältigungsrechte an mechanischen Musikinstrumenten und Musikaufnahmen wahr. Verwirklicht wurde die Unterstützung bedürftiger Hinterbliebener, indem die AFMA 10% der Nettoeinnahmen an die Unterstützungskasse der Genossenschaft abführte. Der Widerstreit zwischen Komponisten und Musikverlegern blieb jedoch auch nach dieser Gründung lebendig. 1909 gründeten der Verein Deutscher Musikalienhändler und die Société Générale et Internationale de l'edition phonographique et cinématographique die Anstalt für mechanisch-musikalische Rechte ("AMMRE"). 1915 wurde die Genossenschaft zur Verwertung musikalischer Aufführungsrechte ("GEMA") unter Beteiligung von Musikverleger Hugo Bock gegründet. Im Gegensatz zur Genossenschaft deutscher Tonsetzer, der nur Komponisten angehören durften, konnten bei der GEMA auch noch Textdichter, Verleger und deren Rechtsnachfolger Genossen werden. Nach dem ersten Weltkrieg entstanden heftige Konkurrenzkämpfe zwischen den Gesellschaften sowie der österreichischen Gesellschaft der Autoren, Komponisten und Musikverleger ("AKM") die schließlich in einer Vereinigung von AFMA, GEMA und AKM 1930 im Reichsmusikbund mündeten[633]. Der Reichsmusikbund wurde 1934 faktisch in die STAGMA, die staatlich genehmigte Gesellschaft zur Verwertung musikalischer Urheberrechte, überführt. Nach dem Krieg nahm die STAGMA ihre Tätigkeit unter dem Namen GEMA wieder auf[634].
Neben Verwertungsgesellschaften für musikalische Aufführungsrechte wurden weitere Verwertungsgesellschaften gegründet. 1926 nahm die Gesellschaft für Senderechte, deren Aufgabe die Vermittlung der Erlaubnis zur Sendung von Sprachwerken war, ihre Tätigkeit auf. 1955 wurden zwei Gesellschaften zur Wahrung literarischer Urheberrechte und schließlich 1958 die VG Wort gegründet[635].
Zur Zeit gibt es in Deutschland neun Verwertungsgesellschaften.
Das UrhG von 1965 bildet den Schlusspunkt einer schon kurz nach Verabschiedung des LUG beginnenden Debatte über die Reform des Urheberrechtes. Als wesentlichen Grund für die umfassenden Neuerungen erkennt Maracke, dass die zahlreichen Beschränkungen der Werknutzungsrechte zugunsten der Allgemeinheit nicht mehr haltbar waren. In einer freien Marktwirtschaft schafft jeder Urheber auf sein eigenes Risiko und muß von der Verwertung seiner Werke leben[636].
Während bei der Diskussion zum LUG noch der Umfang der zu gewährenden Werknutzungsrechte im Vordergrund stand, verlagerte er sich bei dem UrhG zu den Schranken.

---

632 Dümling, Musik hat ihren Wert, S. 64 ff.
633 Schulze, Geschätzte und geschützte Noten, S. 22 ff.
634 Nordemann, Entwicklung und Bedeutung der Verwertungsgesellschaften, S. 1197 ff.
635 Nordemann, Entwicklung und Bedeutung der Verwertungsgesellschaften, S. 1199 f.
636 Maracke, Die Entstehung des Urheberrechtsgesetzes von 1965, S. 719.

B. Resümee

Das LUG stellt sich nach der vorangegangenen Untersuchung als Ergebnis eines bereits wenige Jahre nach Verabschiedung des Urheberrechtsgesetzes von 1870 einsetzenden Entwicklungsprozesses dar. Die fortschreitende Industrialisierung, die Rechtsprechung des Reichsgerichts, die Fortschritte in der Urheberrechtslehre und die Internationalisierung des Urheberrechts durch die Gründung der Berner Union waren Gründe für die Reform des Urheberrechtsgesetzes und gaben ihren Rahmen vor.

Das Urheberrechtsgesetz von 1870 stellte sich nicht als großes Reformwerk dar. Es sollte die Nachdruckgesetzgebung nicht auf neue legislative Grundlagen stellen, sondern vordringlich eine einheitliche deutsche Nachdruckgesetzgebung herstellen. Es normierte einzelne positive vermögensrechtliche Befugnisse des Autors mit rein vermögensrechtlichem Inhalt. Anknüpfend an die Herkunft des Urheberrechts aus dem Privilegienwesen war das Gesetz um ein generelles Nachdruckverbot aufgebaut mit der Folge, daß Schranken des Rechts als Ausnahme des Nachdruckverbotes erschienen. Urheberpersönlichkeitsrechte wurden nur bruchstückhaft gewährt.

Schon wenige Jahre nach seiner Verabschiedung erschien das Gesetz veraltet.

Die fortschreitende Industrialisierung erlaubte die Massenproduktion von Büchern, Notenmaterial und neu erfundenen mechanischen Musikinstrumenten. Die wirtschaftliche Relevanz des Gesetzes wuchs. Die Vervielfältigung eines Werkes auf Tonträger für mechanische Musikinstrumente mußte in ein urheberrechtliches Schutzsystem, das als Verletzungstatbestand an den Begriff des Nachdrucks anknüpfte, eingegliedert werden.

Das Reichsgericht dehnte, um angemessenen Urheberrechtsschutz bieten zu können, den Schutzbereich des Gesetzes von 1870 weit über seinen Wortlaut hinaus aus. In einer Reihe von Urteilen erkannte es die persönliche Beziehung des Urhebers zu seinem Werk an. In den Entscheidungen Geier-Wally, Ariston, Herophon und Clariophon entwickelte es aus dem Begriff des Nachdrucks einen umfassenden Tatbestand für die Verletzung urheberrechtlicher Befugnisse und bot Urhebern Schutz vor der Vervielfältigung ihrer Werke auf Tonträger für mechanische Musikinstrumente.

Nach der Überwindung von Reflex-, Monopol- und Privilegientheorie und dem zu wörtlich verstandenen Begriff des geistigen Eigentums fand Ende des 19. Jahrhunderts eine differenzierte Diskussion über das Wesen des Urheberrechts statt. Im Ergebnis führte die Diskussion zu einer vermehrten Anerkennung persönlicher Rechte des Urhebers zu seinem Werk. Im letzten Drittel des 19. Jahrhunderts bildeten sich in der Urheberrechtslehre drei Gruppen heraus, von denen zwei bereits persönliche Rechte anerkannten. Von Gierke war der herausragende Vertreter der Theorie vom Urheberrecht als Persönlichkeitsrecht. In der zweiten Gruppe mit den

zahlreichsten Vertretern wurde das Recht als reines Vermögensrecht betrachtet. Die dritte Gruppe führte Kohler an mit der Theorie vom Urheberrecht als Immaterialgüterrecht. Selbst die Anhänger der rein vermögensrechtlichen Sicht erkannten unter dem Druck der Rechtsprechung des Reichsgerichts einzelne persönliche Rechte an.
Die zunehmende Internationalisierung des Urheberrechts durch die Gründung der Berner Union forderte darüber hinaus die Anpassung der deutschen Urheberrechtsgesetze an die Abkommen von 1886 und 1896. Bereits nach der Ratifikation von 1886 boten einzelne Mindestrechte der BÜ jedem Verbandsausländer im Deutschen Reich mehr Schutz als das Gesetz von 1870 den Deutschen im Inland. Das Wort „Anpassung“ gibt diesen Vorgang jedoch nur unzureichend wieder. Die deutsche Regierung stellte mit der Zustimmung zu den Regelungen der Berner Union die Weichen für die Richtung der bereits begonnenen Reformarbeiten zu einem neuen Urheberrechtsgesetz. Zentrale Punkte waren dabei neben den vereinbarten Mindestrechten und dem Grundsatz der Inländerbehandlung der gemeinsam ausgedrückte Wunsch, unionsweit den Vorbehalt bei musikalischen Aufführungsrechten abzuschaffen und der Vorschlag der deutschen Kommission, dazugehörige Ausnahmeregelungen für Schule, Kirche und Heer zu beschließen sowie die Aufforderung, eine Wahrnehmungsgesellschaft für Aufführungsrechte zu gründen. Mit der Ablehnung des französischen Antrags, die Freigabe der Verwertungsrechte nur auf mechanische Musikinstrumente mit nicht auswechselbaren Tonträgern zu beschränken, wurde zugunsten der deutschen Industrie eine der Rechtsprechung des Reichsgerichts widersprechende Entscheidung getroffen. Diese Weichenstellung mündete schließlich in der Freigabe der Verwertungsrechte für mechanische Musikinstrumente im LUG.
Ab 1882 wurden die Lücken des Urheberrechtsgesetzes von 1870 durch eine Reihe von Eingaben verschiedener Interessenverbände an den Reichskanzler aufgezeigt. Der Allgemeine Deutsche Schriftstellerverband, der Verein Deutscher Musikalienhändler und der Börsenverein des deutschen Buchhandels regten eine noch auf einzelne Punkte beschränkte Reform des Gesetzes an. Nach außen blieben die Eingaben zwar erfolglos, das Reichsjustizamt begann jedoch mit der Vorbereitung einer Revision. Bereits 1885 sprachen sich die zu den Verhandlungen zur Berner Übereinkunft entsandten Kommissare des Deutschen Reichs für eine Anpassung an die Regelungen der BÜ aus. Darüber hinaus sollten die Paragraphen, die die neu geregelte Zivil- und Strafprozeßordnung betrafen, gestrichen werden. Das Reichsjustizamt erwog die Möglichkeit, den Schutz von Inedita in das Gesetz einzugliedern und holte zu diesem Zweck Gutachten ein. Der bereits mit der Ausarbeitung eines Entwurfs für das Bürgerliche Gesetzbuch befaßte Dr. Planck aus Göttingen behandelte sämtliche Fragen zur Neuregelung des Urheberrechtsgesetzes im Auftrag des Reichsjustizamts zunächst in einer Denkschrift. Parallel arbeitete das Reichsamt des Inneren aufgrund seiner Zuständigkeit für wirtschaftspolitische Gesetze an einer Revision des Urheberrechtsgesetzes vom 6. Januar 1876.

An der getrennten Bearbeitung scheiterten ein einheitliches Urheberrechtsgesetz und die zeitgleiche Verabschiedung der neuen Entwürfe. Reichsjustizamt und Reichsamt des Inneren arbeiteten jedoch in enger Abstimmung miteinander.
Im Frühjahr 1893 hatte das Reichsjustizamt Abstand von dem Versuch genommen, das Gesetz lediglich in einzelnen Punkten zu reformieren und stellte einen kompletten ersten Entwurf für ein neues Urheberrechtsgesetz auf. Dieser bildete den Grundstock für alle folgenden Entwürfe. Damit lag das Reichsjustizamt vor beziehungsweise gleichauf mit dem Schriftstellerverband, der ALAI und dem Börsenverein, die im selben und in den folgenden Jahren eigene Entwürfe präsentierten. Aufgrund der zeitlichen Abfolge konnten diese Entwürfe das Reichsjustizamt nur noch in Einzelfragen, jedoch nicht in Aufbau und Systematik beeinflussen.
Der Entwurf aus dem Jahr 1893 war nicht mehr, wie noch das Gesetz vom 11. Juni 1870, nach der Art des geschützten Werks gegliedert, sondern nach Gegenstand, Inhalt, Dauer, Regelungen für Entschädigungen und Strafen und weiteren Abschnitten über sonstige Bestimmungen. Der Schutz von Inedita war entgegen den ersten Absichten aus systematischen Gründen bereits nicht mehr vorgesehen. Das Gesetz ließ durch die Zusammenfassung der ausschließlichen Befugnisse des Urhebers erkennen, daß diese Ausfluß eines einheitlichen Rechts waren, fand jedoch nicht zu einem umfassenden Verwertungsrecht. Die Schranken des Urheberrechts wurden noch als Ausnahme des Nachdruckverbotes behandelt. Gegenüber dem Stand der Rechtslehre ist der Aufbau daher als rückständig anzusehen, wie ein Vergleich mit dem von Osterrieth ausgearbeiteten Entwurf für den Journalisten- und Schriftstellertag zeigt. Dieser erkannte bereits die persönliche Bindung des Schöpfers zu seinem Werk an, umfaßte jede Werksart und gewährte dem Schöpfer ein umfassendes Verwertungsrecht, das sich nicht in einzeln aufgezählten Befugnissen erschöpfte. Osterrieths Vorstellung vom Urheberrecht als immerwährendes geistiges Eigentum wurde konsequent umgesetzt. Demgegenüber erschien die Arbeit des Börsenvereins als reine Materialsammlung. Obwohl der Entwurf über drei Jahre in vier Lesungen mit zahlreichen Sachverständigen erarbeitet wurde und sich auf die Gesetze von 1870 und 1876 bezog, kam er über die Behandlung einzelner urheberrechtlicher Fragestellungen vom reinen Interessenstandpunkt der Verlage und des Buchhandels nicht hinaus. Fragen zur Entwicklungsfähigkeit der bestehenden Urheberrechtsgesetze und zu den Grundlagen des Urheberrechts behandelte der Entwurf nicht. Die Arbeit der ALAI stellte weniger einen geschlossenen Entwurf als die Fixierung bestimmter Mindestgrundsätze für die Gesetzgebung dar und fand daher nur hinsichtlich einzelner Punkte Berücksichtigung.
Aufgrund der verspäteten Einberufung der ersten Revisionskonferenz der Berner Union in Paris 1896 verzögerte sich im Reichsjustizamt die weitere Arbeit an dem Entwurf. Das Amt wollte die Änderungen der Revidierten Berner Übereinkunft

berücksichtigen, bevor es den Entwurf zunächst 1896 mit dem Reichsamt des Inneren beriet.
1897 genehmigte der Kaiser die Aufstellung eines Entwurfs für ein neues Urheberrechtsgesetz. Der Entwurf sollten zunächst mit nicht der Regierung angehörenden Sachverständigen beraten werden. Die erste Beratung fand vom 10. bis zum 15. Oktober 1898 mit einem kleinen Kreis von Sachverständigen statt, bei dem zahlenmäßig die Verleger deutlich überwogen. In der zweiten Beratung am 12., 15. und 18. Mai 1899 berieten getrennte Gruppen jeweils die Regelungen über dichterische, musikalische und Werke der Tagespresse. Die Treffen hatten nur informatorischen Charakter. Zahlreiche Vorschläge flossen jedoch direkt in den Entwurf ein. Das Reichsjustizamt war auf einen weitgehenden Interessenausgleich zwischen den beteiligten Parteien bedacht und führte diese früh bei den Sachverständigenberatungen zueinander. Die Beratungen führten in zahlreichen einzelnen Fragen zwischen Verlegern, Schriftstellern und Komponisten zu Kompromissen. Der Protest der Schriftsteller und Zeitungsverleger führte zur Streichung des auf Drängen des Börsenvereins aufgenommenen Unternehmerurheberrechts. Da nicht beabsichtigt war, das Urheberrecht in seinen Grundzügen umzugestalten, fanden zahlreiche weitergehende Forderungen keine Berücksichtigung. In den Entwurf aufgenommen waren zwei Kardinalforderungen der Musikverleger und der Komponisten, die Verlängerung der Schutzfrist für musikalische Werke auf 50 Jahre und der Wegfall des Aufführungsvorbehalts. Die angestrebte Verlängerung der Schutzfrist ausschließlich für musikalische Werke empfanden die Schriftsteller als ungerechtfertigte Benachteiligung.
Gerade die Gruppen, die von der Verlängerung und vom Wegfall des Aufführungsvorbehaltes den größten Vorteil erlangen sollten, konnten sich jedoch nicht über die Verteilung der neu gewonnenen Rechte einigen. Die vor den Besprechungen 1898 unter dem Vorsitz des Musikverlegers von Hase gegründete Anstalt für musikalische Aufführungsrechte sollte das Reichsjustizamt davon überzeugen, daß der Aufführungsvorbehalt wegfallen könnte, da für eine zentrale Wahrnehmung der Aufführungsrechte gesorgt war. Die Reichsregierung erklärte gegenüber von Hase, sie stünde der Gründung der Anstalt wohlwollend gegenüber, blieb jedoch skeptisch. Eine von von Hase gewünschte Erwähnung im Gesetz oder eine Oberaufsicht des Reichs lehnte sie ab, um nicht in eventuelle Streitigkeiten um die Gesellschaft einbezogen zu werden. Diese entstanden bereits bei der Gründung der Anstalt. Den Komponisten erschien die Verteilung der Tantiemen gegenüber den Verlegern ungünstig. Um ihre Interessen gegenüber den Verlegern einheitlich vertreten zu können, gründeten sie die Genossenschaft Deutscher Komponisten unter Vorsitz von Richard Strauss. Aufgrund der Weigerung der Genossenschaft, der Satzung der Gesellschaft zur Wahrung von Aufführungsrechten zuzustimmen, stellte diese bereits im Januar 1899 ihren Betrieb wieder ein. Da sich Komponisten und Verleger bei der Sachverständigenbesprechung nicht einigen konnten, wie die durch die Verlängerung der Schutzfrist und den Wegfall des Aufführungsvor-

behalts neu gewonnenen Rechte verteilt werden sollten, wurden beide Fortschritte wieder in Frage gestellt. Im Anschluß an die Besprechung kamen Teile der Musikverleger auf die Komponisten zu und schlossen einen Kompromiß, dem jedoch von Hase und weite Teile der Musikverleger weiterhin ablehnend gegenüber standen.

Anhand der Ergebnisse der Sachverständigenberatungen wurde der Entwurf im Reichsjustizamt erneut überarbeitetet. 1899 veröffentlichte die Regierung den überarbeiteten Entwurf im Reichsanzeiger und rief alle beteiligten Berufskreise auf, ihn kritisch zu würdigen. ALAI, Börsenverein, die Genossenschaft Deutscher Komponisten, die Handelskammer zu Leipzig und zahlreiche einzelne Kritiker äußerten sich zur Systematik und zum Inhalt des Entwurfs. Da der Entwurf auf die Festlegung grundsätzlicher Prinzipien verzichtete und auf zahlreiche Einzelbestimmungen auswich, fiel die Kritik entsprechend zersplittert aus. Vom reinen Interessenstandpunkt versuchte der Börsenverein, für sich freundlichere Regelungen durchzusetzen. Die ALAI trat insbesondere für eine Gleichstellung der Schutzfrist von Schriftwerken und Werken der Tonkunst auf 50 Jahre ein. Seitens der Genossenschaft Deutscher Komponisten wurde befürchtet, daß die nun von ihr geplante Gründung einer Gesellschaft für musikalische Aufführungsrechte gefährdet würde. Sie sah durch die weitreichenden Ausnahmeregelungen vom ausschließlichen Aufführungsrecht zugunsten von Gesangsvereinen die Finanzierung der Anstalt gefährdet. Aufgrund des geringen nationalen Schutzniveaus erachtete sie es als nicht möglich, mit ausländischen Gesellschaften internationale Kartelle einzugehen.

Die Vorlage zum Bundesrat bereitete das Reichsjustizamt in enger Abstimmung mit dem Preußischen Staatsministerium vor. In zahlreichen Punkten wurde die Vorlage den Wünschen des Börsenvereins angepaßt. Als Kompromiß zwischen Schriftstellern und Komponisten sollte die Schutzfristverlängerung auf das Aufführungsrecht beschränkt werden, jedoch sowohl für musikalische als auch für dramatische Werke. Die Verlängerung konnte überhaupt nur mit dem Hinweis, bei einer kürzeren Schutzfrist wäre die geplante Anstalt für musikalische Aufführungsrechte von vornherein nicht in der Lage, internationale Kartelle einzugehen, gegenüber dem Preußischen Staatsministerium durchgesetzt werden.

Nach geringfügigen Änderungen der Vorlage stimmte der Bundesrat dem Gesetz am 6. Dezember 1900 zu und die Vorlage gelangte in den Reichstag. Da der Entwurf aufgrund fehlender vorangestellter Grundsätze kaum Raum für allgemeine Erörterungen bot, sprachen die Redner lediglich einzelne Punkte des Entwurfs an und überwiesen ihn an eine Kommission von 21 Mitgliedern. Im Rahmen der Kommissionsverhandlungen gelang es den Kommissaren und den Bevollmächtigen zum Bundesrat, die Mitglieder weitgehend von den im Entwurf getroffenen Regelungen zu überzeugen. Durch die Aufnahme der Pianola-Klausel sollte die in den Entwurf aufgenommene Freigabe für mechanische Musikinstrumente abgeschwächt werden, so daß besonders weit entwickelte Geräte von der Freigabe

nicht mehr umfaßt waren. Mit dem Vorschlag, Schranken nicht mehr als Ausnahme vom Nachdruckverbot zu bezeichnen, sondern ausdrücklich zu erklären, welche Vervielfältigung zulässig war, löste sich der Entwurf auch äußerlich von der Historie eines Verbotsgesetzes.
Zwischenzeitlich erklärte die Genossenschaft, bei dem gegenwärtigen Stand der Gesetzgebung wäre zu befürchten, daß die Anstalt ihren Betrieb nicht aufnehmen könnte und deshalb deutsche Künstler ihre Rechte vermehrt von der französischen Société des Auteurs, Compositeurs et Editeurs wahrnehmen lassen würden. Von dieser wäre im Gegensatz zur deutschen Anstalt keine Rücksicht auf die heimische Musikpflege zu erwarten. Das Reichsjustizamt reagierte besorgt auf diese Nachricht und erwog, den Entwurf auf Vermittlung der Kommission im Reichstag zurückzustellen. Mit dem Preußischen Kultusministerium und Vertretern verschiedener deutscher Gesangsvereine konnte jedoch eine Einigung herbeigeführt werden, die die Vereine von der Freistellung für die Aufführungsrechte ausnahm und einer maßvollen Besteuerung unterwarf. So konnte die Finanzierung der Anstalt gesichert werden.
In der zweiten Lesung spitzte sich die Debatte insbesondere auf die vorbehaltslose Gewährung von Aufführungsrechten und die damit verbundenen Ausnahmen sowie auf die Verlängerung der Schutzfrist zu. Als Kompromiß wurden die Aufführungsrechte vorbehaltlos gewährt, jedoch mit weiten Ausnahmeregelungen, die entgegen dem Vorschlag der Regierung, auch Gesangsvereine freistellen sollte. Die Verlängerung der Schutzfrist konnte die Regierung ebenfalls nicht durchsetzen. Gefährdet wurde der Entwurf durch den Versuch, den fliegenden Gerichtsstand für die Presse aufzuheben. Die Regierung stand einem solchen Anliegen ablehnend gegenüber und drohte, damit würde das Gesetz im Bundesrat keine Zustimmung finden.
Auch die dritte Lesung im Reichstag konnte in den entscheidenden Fragen über Aufführungsrechte, Ausnahmen und die Verlängerung der Schutzfrist keine Änderungen mehr herbeiführen. Der Abgeordnete Richter als Anführer der Gegner jeglicher Erweiterung der Rechte der Urheber schürte durch Widergabe eines ihm von von Hase zugesandten Briefes die Vorbehalte gegen die Gründung einer Anstalt zur Wahrung der Aufführungsrechte und gegen die Verlängerung der Schutzfrist. In namentlicher Abstimmung wurde die verlängerte Schutzfrist erneut abgelehnt. Am 2. Mai 1901 wurde das Gesetz im Reichstag verabschiedet.
Die Genossenschaft Deutscher Komponisten bemühte sich, den Bundesrat zu einer Ablehnung des Gesetzes zu bewegen, da sie die verabschiedete Vorlage als Verschlechterung gegenüber dem bisherigen gesetzlichen Schutz empfand. Dennoch erteilte der Bundesrat am 13. Juni 1901 seine Zustimmung.
In seinen Grundzügen stimmt das LUG mit dem Gesetz von 1870 überein und bleibt damit in der Tradition des Urheberrechtsgesetzes von 1870, das auch keine dogmatische Neuorientierung bringen wollte. Generell wurden die Befugnisse des Urhebers erweitert und der Schutz vor Bearbeitung des Werkes durch Dritte und

die erlaubte Nutzung durch Dritte wurden eingeschränkt. Der Schutz der Tagespresse und der Schutz von Ausländern im Deutschen Reich wurde erweitert. Die Schutzfrist für Übersetzungen wurde der allgemeinen Schutzfrist angepaßt. Den Schutz persönlicher Rechte des Urhebers brachte das Gesetz stärker zum Ausdruck. Auf Kosten großzügiger Ausnahmeregelungen wurde das Aufführungsrecht nunmehr vorbehaltlos gewährt.

Wie die Entwicklung des LUG zeigt, wurden bereits bei der Kritik an den Entwürfen die Schwächen des Gesetzes erkannt. Die Schutzfrist erwies sich bald als zu kurz und die Freigabe mechanischer Musikinstrumente mußte durch eine Zwangslizenz modifiziert werden. Die Aufzählung der Befugnisse erwies sich durch die rasante Entwicklung der Medientechnik als lückenhaft. Die fehlende ausdrücklichen Anerkennung persönlicher Interessen des Urheberrechts wurde durch die Rechtsprechung des Reichsgerichts geschlossen. Lediglich die nicht erfüllten Forderungen der Genossenschaft Deutscher Komponisten konnten die Entwicklung von Verwertungsgesellschaften in Deutschland nicht bremsen.

Literaturverzeichnis

A. Archivalien

Reichsjustizamt, Bundesarchiv Berlin-Lichterfelde, Archivsignatur R 3001, Nr. 6349 - 6355, Nr. 6395

B. Schrifttum und gedruckte Quellen

Allfeld, Philipp, Die Reichsgesetze betreffend das literarische und artistische Urheberrecht, München 1893

Anders, Josef Freiherr von, Beiträge zur Lehre vom literarischen und artistischen Urheberrechte, Innsbruck 1881

Association littéraire et artistique internationale, Denkschrift der Association littéraire et artistique internationale zum Entwurf eines Deutschen Gesetzes, betreffend das Urheberrecht an den Werken der Literatur und Tonkunst, in: GRUR 1899, S. 281-286

Bappert, Walter, Wege zum Urheberrecht, Frankfurt am Main 1962

Beseler, Georg von, System des gemeinen deutschen Privatrechts, 2. Aufl., Berlin 1866; 4. Aufl., Berlin 1885

Birkmeyer, Karl, Der Schutz der editio princeps, Wismar 1899

ders., Die Reform des Urheberrechts, kritische Bemerkungen zu dem im Reichsjustizamt ausgearbeiteten Entwurf betreffend das Urheberrecht an Werken der Literatur und Tonkunst, München 1900

Blau, Theodor, Die Schallplatte im Schweizerischen Urheberrecht unter Berücksichtigung des Deutschen Rechtes und der Berner Übereinkunft, Berlin 1936

Börsenverein der Deutschen Buchhändler (Hg.), Publikationen des Börsenvereins der Deutschen Buchhändler, IX. Beiträge zum Urheberrecht, Beschlüsse des außerordentlichen Ausschusses für Revision der Gesetze über Urheberrecht nebst Begründung, Leipzig 1896

ders., Außerordentlicher Ausschuß für Urheber- und Verlagsrecht, Beschlüsse zu dem Entwurf eines Gesetzes, betreffend das Urheberrecht an Werken der Literatur und der Tonkunst, in: Börsenblatt für den Deutschen Buchhandel und die verwandten Geschäftszweige, 1899, S. 7901-7907

Boytha, György, Fragen der Entstehung des internationalen Urheberrechts, in: Dittrich, Robert (Hg.), Woher kommt das Urheberrecht und wohin geht es?, in: ÖSGRUM Nr. 7, Wien 1988, S. 181-199

Brauers, Jan, Museum für mechanische Musikinstrumente Baden-Baden, Braunschweig 1982

Bühling, Jochen/ Krieger, Ulrich, 100 Jahre Grüner Verein-Seine Bedeutung für die Rechtsentwicklung, Teil 1: 1891 bis 1945, in: Friedrich Karl Beier/ Alfons Kraft/ Elmar Wadle (Hg.), Gewerblicher Rechtsschutz und Urheberrecht in Deutschland, Band 1, Weinheim 1991, S. 3-42

Coing, Helmut, Europäisches Privatrecht, Band II, 19. Jahrhundert, München 1989

Cosak, Konrad/ Gerber, Carl Friedrich von, System des deutschen Privatrechts, 17. Aufl., Jena 1895

Dahn, Felix, Zur neuesten Deutschen Gesetzgebung über Urheberrecht, in: Behrends Zeitschrift 5, 1871, S. 1-74

Dambach, Otto, Die Gesetzgebung des Norddeutschen Bundes betreffend das Urheberrecht an Schriftwerken, Abbildungen, musikalischen Kompositionen und dramatischen Werken, Berlin 1871

ders., Fünfzig Gutachten über Nachdruck und Nachbildung erstattet vom Koeniglich Preussischen litterarischen Sachverstaendigen-Verein in den Jahren 1874-1889, Leipzig 1891

Daude, Paul, Lehrbuch des deutschen litterarischen, künstlerischen und gewerblichen Urheberrechts, Stuttgart 1888

Dernburg, Heinrich, Lehrbuch des preußischen Privatrechts, 2. Band, Halle 1878; 4. Aufl., Halle 1889

Dölemeyer, Barbara, Urheber- und Verlagsrecht, in: Coing, Helmut (Hg.), Handbuch der Quellen und Literatur der Neueren Europäischen Privatrechtsgeschichte, Band 3, Das 19. Jahrhundert, 3. Teilband, S. 3955-4066

dies./ Klippel, Diethelm, Der Beitrag der deutschen Rechtswissenschaft zur Theorie des gewerblichen Rechtsschutzes und Urheberrechts, in: Friedrich Karl Beier/ Alfons Kraft/ Elmar Wadle (Hg.), Gewerblicher Rechtsschutz und Urheberrecht in Deutschland, Band 1, Weinheim 1991, S. 185-237

dies., „Das Urheberrecht ist ein Weltrecht"-Rechtsvergleichung und Immaterialgüterrecht bei Josef Kohler, in: Elmar Wadle (Hg.), Historische Studien zum Urheberrecht in Europa: Entwicklungslinien und Grundfragen, Berlin 1993, S. 139-150

Drucker, (Vorname unbekannt), Der Gesetzesentwurf über das Urheberrecht und die Sachverständigen-Kammern, in: GRUR 1899, S. 323-326

Dümling, Albrecht, Musik hat ihren Wert–100 Jahre musikalische Verwertungsgesellschaft in Deutschland, Regensburg 2003

Eccius, Max Ernst/ Förster, Franz, Preußisches Privatrecht, II. Band, 7. Aufl., Berlin 1896

Erstermann, Monika/ Jäger, Georg, Geschichtliche Grundlagen und Entwicklung des Buchhandels im Deutschen Reich bis 1871, in: Jäger, Georg (Hg.), Geschichte des deutschen Buchhandels im 19. und 20. Jahrhundert, Band 1, Das Kaiserreich 1870-1918, 1. Teil, Frankfurt am Main 2001, S. 17-41

Fleischmann, Adolf, Die Berner Übereinkunft zum Schutze des Urheberrechts, in: Unsere Zeit 1888, II, S. 314-329, abgedruckt in: UFITA 103 (1986), S. 45-64

Förster, Franz/ Eccius, Max Ernst, Preußisches Privatrecht, II. Band, 7. Aufl., Berlin 1896

Fuld, Ludwig, Indiskrete Veröffentlichungen, in: GRUR 1899, S. 289-291

Gareis, Karl, Das juristische Wesen der Autorrechte sowie des Firmen- und Markenschutzes, in: Busch´s Archiv für Theorie und Praxis des Allgemeinen Deutschen Handels- und Wechselrechts 35(1877), S. 185 ff.

Genossenschaft Deutscher Komponisten (Hg.), Denkschrift der Genossenschaft Deutscher Komponisten zum Entwurf, betreffend das Urheberrecht an Werken der Tonkunst, 2. Teil, in: GRUR 1899, S. 345-354

dies., Verhandlungsschrift über die am 27. Juni 1899 zu Berlin abgehaltene außerordentliche Generalversammlung der Genossenschaft Deutscher Komponisten, Berlin 1899

dies., Materialien zur Begründung einer Deutschen Centralstelle für die Verwertung musikalischer Aufführungsrechte, Berlin 1900

Gerber, Carl Friedrich von, System des deutschen Privatrechts, Jena 1848, 13. Aufl., Jena 1878; Cosak, Konrad, 17. Aufl., Jena 1895

Gierke, Otto von, Deutsches Privatrecht Band 1: Allgemeiner Teil, Leipzig 1895, 3. Titel des 4. Kapitels mit der Überschrift „Persönlichkeitsrechte“, S. 748-848, abgedruckt in: UFITA 125 (1994), S. 103-200

Gieseke, Ludwig, Vom Privileg zum Urheberrecht, Die Entwicklung des Urheberrechts in Deutschland bis 1845, Göttingen 1995

ders., Zensur und Nachdruckschutz in deutschen Staaten in den Jahren nach 1800, in: Elmar Wadle (Hg.), Historische Studien zum Urheberrecht in Europa: Entwicklungslinien und Grundfragen, Berlin 1993, S. 21-31

Goldbaum, Wenzel, Urheberrecht und Urhebervertragsrecht, Ein Kommentar zu den Gesetzen über das Urheberrecht an Werken der Literatur und Tonkunst, das Verlagsrecht und zur revidierten Berner Übereinkunft nebst Bestimmungen des Friedensvertrages, Berlin 1922

Goldfriedrich, Johann, Geschichte des deutschen Buchhandels, Band 4, Geschichte des deutschen Buchhandels vom Beginn der Fremdherrschaft bis zur Reform des Börsenvereins im neuen Deutschen Reiche, 1805-1889, Leipzig 1913

Goldschmidt, Hans, Das Reich und Preußen im Kampf um die Führung, Berlin 1931

Goltdammer, Theodor (Hg.), Archiv für Preußisches Strafrecht, Band 5, Berlin 1857

Guttentag, Johannes (Hg.), Entwurf eines Gesetzes, betreffend das Urheberrecht an Werken der Literatur und der Tonkunst, Amtliche Ausgabe, Berlin 1899

Handelskammer zu Leipzig, Bericht des Handelsgesetzgebungs-Ausschusses über den Entwurf eines Gesetzes, betreffend das Urheberrecht an Werken der Litteratur und der Tonkunst, Börsenblatt für den Deutschen Buchhandel und die verwandten Geschäftszweige 1899, S. 8802-8805

Hattenhauer, Hans, Vom Reichsjustizamt zum Bundesministerium der Justiz, in: Vom Reichsjustizamt zum Bundesministerium der Justiz, Festschrift zum 100jährigen Gründungstag des Reichsjustizamtes am 1. Januar 1877, Köln 1977, S. 9-117

Huber, Ernst Rudolf, Deutsche Verfassungsgeschichte seit 1789, Band III, Bismarck und das Reich, 3. Aufl., Stuttgart, Berlin, Köln, Mainz 1988

Hubmann, Heinrich, Hundert Jahre Berner Übereinkunft, Rückblick und Ausblick, in: UFITA 103 (1986), S. 5-30

Jäger, Georg (Hg. in Verbindung mit Dieter Langewiesche und Wolfram Siemann im Auftrag der Historischen Kommission des Börsenvereins des Deutschen Buchhandels), Geschichte des deutschen Buchhandels im 19. und 20. Jahrhundert, Band 1, Das Kaiserreich 1870-1918, 1. Teil, Frankfurt am Main 2001

Jäger, Georg (Hg. im Auftrag der Historischen Kommission des Börsenvereins des Deutschen Buchhandels), Geschichte des deutschen Buchhandels im 19. und 20. Jahrhundert, Band 1, Das Kaiserreich 1870-1918, 2. Teil, Frankfurt am Main 2003

ders./ Erstermann, Monika, Geschichtliche Grundlagen und Entwicklung des Buchhandels im Deutschen Reich bis 1871, in: Jäger, Georg (Hg.), Geschichte des deutschen Buchhandels im 19. und 20. Jahrhundert, Band 1, Das Kaiserreich 1870-1918, 1. Teil, Frankfurt am Main 2001, S. 17-41

ders., Der Musikalienverlag, in: Jäger, Georg (Hg.), Geschichte des deutschen Buchhandels im 19. und 20. Jahrhundert, Band 1, Das Kaiserreich 1870-1918, 2. Teil, Frankfurt am Main 2003, S. 7-61

Jolly, Julius, Die Lehre vom Nachdruck, nach den Beschlüssen des Deutschen Bundes dargestellt, in: Beilagenheft zum Archiv für die civilistische Praxis, Band 35, Heidelberg 1852, 1. Teil abgedruckt in: UFITA 111 (1989), S. 101-246

Jüttemann, Herbert, Mechanische Musikinstrumente, Frankfurt am Main 1987

Kärger, Karl, Zwangsrechte, Berlin 1882

Kawohl, Friedemann, Music Copyright and the Prussian Copyright Act of 1837, in: Schwab-Felisch, Oliver/ Polth, Michael/ Thorau, Christian (Hg), Individualität in der Musik, Stuttgart 2002, S. 295-307

ders., Originalität, Charakteristik und Eigentümlichkeit-Zur Begriffsbildung in Ästhetik und Urheberrecht des frühen 19. Jahrhunderts, in: Samson, Jim/ Zon, Bennet (Hg), Nineteenth-Century Music Studies, London 2002, S. 279-292

ders., Urheberrecht der Musik in Preussen 1820-1840, Tutzing 2002

Klingenberg, Eberhardt, Vom persönlichen Recht zum Persönlichkeitsrecht, in: Zeitschrift der Savigny-Stiftung für Rechtsgeschichte, Germanistische Abteilung 96 (1979), S. 183-208

Klippel, Diethelm, Historische Wurzeln und Funktionen von Immaterialgüter- und Persönlichkeitsrechten im 19. Jahrhundert, in: Zeitschrift für Neuere Rechtsgeschichte 1982, S. 132-155

ders./ Dölemeyer, Barbara, Der Beitrag der deutschen Rechtswissenschaft zur Theorie des gewerblichen Rechtsschutzes und Urheberrechts, in: Friedrich Karl Beier/ Alfons Kraft/ Elmar Wadle (Hg.), Gewerblicher Rechtsschutz und Urheberrecht in Deutschland, Band 1, Weinheim 1991, S. 185-237

ders., Die Idee des geistigen Eigentums in Naturrecht und Rechtsphilosophie des 19. Jahrhunderts, in: Elmar Wadle (Hg.), Historische Studien zum Urheberrecht in Europa: Entwicklungslinien und Grundfragen, Berlin 1993, S. 121-138

Klostermann, Rudolf, Das geistige Eigentum an Schriften, Kunstwerken und Erfindungen nach preußischem und internationalem Rechte, Band 1, Berlin 1867

ders., Das geistige Eigentum an Schriften, Kunstwerken und Erfindungen nach deutschem und internationalem Rechte, Band 1, Berlin 1871

ders., Das Urheberrecht und das Verlagsrecht, Berlin 1871

ders., Das Urheberrecht an Schrift- und Kunstwerken, Abbildungen, Compositionen, Photographien, Mustern und Modellen nach deutschem und internationalem Rechte, Berlin 1876

Kohler, Josef, Das Autorrecht, Jena 1880

ders., Das Immaterialgüterrecht und seine Gegner, in: Busch's Archiv für Theorie und Praxis des Allgemeinen Deutschen Handels- und Wechselrechts 47(1887), S. 169-190, abgedruckt in: UFITA 123 (1996), S. 81-97

ders., Das literarische und artistische Kunstwerk und sein Autorschutz, Mannheim 1892

ders., Die Idee des geistigen Eigentums, in: Archiv für die civilistische Praxis 32(1894), S. 141-242, abgedruckt in: UFITA 123 (1996), S. 99-167

ders., Urheberrecht an Schriftwerken und Verlagsrecht, Stuttgart 1907

Krieger, Ulrich/ Bühling, Jochen, 100 Jahre Grüner Verein-Seine Bedeutung für die Rechtsentwicklung, Teil 1: 1891 bis 1945, in: Friedrich Karl Beier/ Alfons Kraft/ Elmar Wadle (Hg.), Gewerblicher Rechtsschutz und Urheberrecht in Deutschland, Band 1, Weinheim 1991, S. 3-42

Kron, Friedhelm, Schriftsteller und Schriftstellerverbände, Stuttgart 1976

Laband, Paul, Die Literatur über das deutsche Patentrecht, in: Zeitschrift für das gesamte Handelsrecht 23(1878), S. 621-629

ders., Das Staatsrecht des Deutschen Reiches, 2. Band, 2. Aufl., Freiburg 1891

Lehmbruck, Christoph, Die Geschichte des Musikurheberrechts im Zeitalter der technischen Reproduzierbarkeit von Musikwerken, München 1993

Maillard, Georges, Entwurf eines internationalen Gesetzes über Urheberrecht nach den Beschlüssen des Berner Kongresses der Association littéraire et artistique internationale, in: GRUR 1896, S. 334-335

Mandry, Gustav, Der civilrechtliche Inhalt der Reichsgesetze, 4. Aufl., Freiburg i.B. 1898

Maracke, Catharina, Die Entstehung des Urheberrechtsgesetzes von 1965, Berlin 2003

Maurenbrecher, Romeo, Lehrbuch des gesamten heutigen gemeinen deutschen Privatrechts, Band 2, 2. Aufl., Bonn 1855

Meinhardt, W. (Vorname nicht bekannt), Die mechanischen Musikinstrumente in der Novelle zum Urheberrechtsgesetz, in: GRUR 1910, S. 305-316

Möhring, Phillip/ Nicolini, Käte, Urheberrechtsgesetz, Berlin, Frankfurt am Main 1970

Neumann, Peter, Herstellungstechnik und Buchgestaltung, in: Jäger, Georg (Hg.), Geschichte des deutschen Buchhandels im 19. und 20. Jahrhundert, Band 1, Das Kaiserreich 1870-1918, 1. Teil, Frankfurt am Main 2001, S. 170-181

Neustetel, Leopold Joseph, Der Büchernachdruck, nach römischem Recht betrachtet, Heidelberg 1824, abgedruckt in: UFITA 124 (1994), S. 243-283

Nicolini, Käte/ Möhring, Phillip, Urheberrechtsgesetz, Berlin, Frankfurt am Main 1970

Nomine, Rainer, Der Königlich Preußische Literarische Sachverständigen-Verein in den Jahren 1838-1870. Ein Beitrag zur Geschichte des Urheberrechts, Berlin 2001

Nordemann, Wilhelm, Entwicklung und Bedeutung der Verwertungsgesellschaften, in: Friedrich Karl Beier/ Alfons Kraft/ Elmar Wadle (Hg.), Gewerblicher Rechtsschutz und Urheberrecht in Deutschland, Band 2, Weinheim 1991, S. 1197-1210

Ohne Verfasser, Association littéraire et artistique internationale, Kongreß von Monaco, in: GRUR 1897, S. 184-186

ebenso, Die Reform des Urheberrechtsgesetzes, in: GRUR 1898, S. 303-304

ebenso, Der Turiner Kongress der Association littéraire et artistique internationale, in: GRUR 1898, S. 349-351

ebenso, Der XXI. Kongreß der Association littéraire et artistique internationale, in: Börsenblatt für den Deutschen Buchhandel und die verwandten Geschäftszweige 1899, S. 8597-8601

ebenso, Mitteilungen, in: Börsenblatt für den Deutschen Buchhandel und die verwandten Geschäftszweige 1899, S. 8305-8307

ebenso, Mitteilungen, in: Börsenblatt für den Deutschen Buchhandel und die verwandten Geschäftszweige 1899, S. 9707

ebenso, Protokoll der Hauptversammlung der Anstalt für musikalische Aufführungsrechte am 21. Januar 1899 in Leipzig, in: Musikhandel und Musikpflege Nr. 218 (1899), S. 163-164

ebenso, Internationaler Kongress für litterarisches und künstlerisches Eigentum, in: GRUR 1900, S. 281-286

ebenso, Mitteilungen, in: Börsenblatt für den Deutschen Buchhandel und die verwandten Geschäftszweige 1900, S. 3727
ebenso, Musterentwurf eines Urheberrechtsgesetzes, in: Börsenblatt für den Deutschen Buchhandel und die verwandten Geschäftszweige 1900, S. 6465-6466
Osterrieth, Albert, Altes und Neues zur Lehre vom Urheberrecht, Leipzig 1892
ders., Die Reform des Urheberrechts, Berlin 1893
ders., Materialien zur Reform des Urheberrechts, in: GRUR 1898, S. 330-337
ders., Zur Reform des Urheberrechts, in: Deutsche Juristen-Zeitung 1899, S. 491-494
ders., Die Regierungsvorlagen der Entwürfe eines Gesetzes über das Urheberrecht an Werken der Literatur und Tonkunst sowie eines Gesetzes über das Verlagsrecht, in: GRUR 1900, S. 371-372
ders., Die Urheberrechtsvorlage und die Beschlüsse der IX. Reichstagskommission (1. Lesung), Berlin 1901
Peters, Carl Friedrich, Katalog der Edition Peters, Leipzig 1900
Rarisch, Ilsedore, Industrialisierung und Literatur: Buchproduktion, Verlagswesen und Buchhandel in Deutschland im 19. Jahrhundert in ihrem statistischen Zusammenhang, Berlin 1976
Rehbinder, Manfred, Zum Rechtsschutz der Herausgabe historischer Texte, in: UFITA 106 (1987), S. 255-274
ders., Johann Caspar Bluntschlis Beitrag zur Theorie des Urheberrechts, in: UFITA 123 (1993), S. 29-51
ders., Urheberrecht, 10. Aufl., München 1998
Röthlisberger, Ernst, Der XXI. Kongreß der Association littéraire et artistique internationale, in: GRUR 1899, S. 341-344, S. 369-374
ders., Die Berner Übereinkunft zum Schutze von Werken der Literatur und Kunst und die Zusatzabkommen, Bern 1906
Schack, Haimo, Urheber- und Urhebervertragsrecht, 2. Aufl., Tübingen 2001
Schuhmann, Max, Börsenverein und Musikalienhandel, in: Börsenverein Deutscher Buchhändler (Hg.), 100 Jahre Börsenverein Deutscher Buchhändler, in: Festnummer des Börsenblatts für den Deutschen Buchhandel, Leipzig 1925, S. 24-26
Schulte-Noelke, Hans, Das Reichsjustizamt und die Entstehung des Bürgerlichen Gesetzbuchs, in: Ius Commune Sonderheft zur Europäischen Rechtsgeschichte Nr. 71, Frankfurt am Main 1995
Schulze, Erich, Geschätzte und geschützte Noten, Zur Geschichte der Verwertungsgesellschaften, Weinheim 1995
Schuster, Heinrich, Das Urheberrecht der Tonkunst, München 1891
Stenographische Berichte der Verhandlungen des Norddeutschen Bundestags und des Deutschen Reichstags, Berlin 1867-1900
Strauss, Richard, Rundbrief vom Juli 1898, abgedruckt in: GEMA (Hg.), Musik und Dichtung, Berlin 1953, S. 14-16

Traumann, Ernst, Der Entwurf des neuen Urheberrechtsgesetzes und die öffentliche Kritik, in: GRUR 1900, S. 80-93

Ulmer, Eugen, Urheber- und Verlagsrecht, 3. Aufl., Berlin, Heidelberg, New York 1980

van Calker, Fritz, Kritische Bemerkungen zu dem Entwurf eines Gesetzes betreffend das Urheberrecht an Werken der Literatur und der Tonkunst vom 13. Juli 1899, Halle 1900

Vogel, Martin, Deutsche Urheber- und Verlagsrechtsgeschichte zwischen 1450 und 1850, Frankfurt am Main 1978

ders., Die Geschichte des Urheberrechts im Kaiserreich, in: GRUR 1987, S. 873-883

ders., Urheberpersönlichkeitsrecht und Verlagsrecht im letzten Drittel des 19. Jahrhunderts, in: GRUR 1994, S. 587-593

ders., Die Entwicklung des Urheberrechts, in: Jäger, Georg (Hg.), Geschichte des deutschen Buchhandels im 19. und 20. Jahrhundert, Band 1, Das Kaiserreich 1870-1918, 1. Teil, Frankfurt am Main 2001, S. 122-138

ders., Die Entwicklung des Verlagsrechts, in: Jäger, Georg (Hg.), Geschichte des deutschen Buchhandels im 19. und 20. Jahrhundert, Band 1, Das Kaiserreich 1870-1918, 1. Teil, Frankfurt am Main 2001, S. 139-169

Voigtländer, Robert, Der Osterriethsche Entwurf eines Gesetzes für das Urheberrecht, in: Börsenblatt für den deutschen Buchhandel und die verwandten Geschäftszweige 1893, S. 3730-3732

ders., Ein Tag unter dem neuen Urheberrecht, in: Börsenblatt für den deutschen Buchhandel und die verwandten Geschäftszweige 1899, S. 6632-6634

Wächter, Oscar, Das Autorrecht nach dem gemeinen deutschen Recht, Stuttgart 1875

ders., Das Urheberrecht an Werken der bildenden Künste, Photographien und gewerblichen Mustern, Stuttgart 1877

Wadle, Elmar, Die Abrundung des deutschen Urheberrechts im Jahre 1876, in: Juristische Schulung 1976, S. 771-776, abgedruckt in: Geistiges Eigentum: Bausteine zur Rechtsgeschichte, Weinheim 1996, S. 327-341

ders., Die Entfaltung des Urheberrechts als Antwort auf technische Neuerungen, in: UFITA 106 (1987), S. 203-218, abgedruckt in: Geistiges Eigentum: Bausteine zur Rechtsgeschichte, Weinheim 1996, S. 63-74

ders., Neuere Forschungen zur Geschichte des Urheber- und Verlagsrechts, in: Zeitschrift für Neuere Rechtsgeschichte 1990, S. 51-67, abgedruckt in: Geistiges Eigentum: Bausteine zur Rechtsgeschichte, Weinheim 1996, S. 99-118

ders., Photographie und Urheberrecht im 19. Jahrhundert-Die deutsche Entwicklung bis 1876, in: Robert Dittrich (Hg), Die Notwendigkeit des Urheberrechtsschutzes im Lichte seiner Geschichte, Bd. 9, Wien 1991, abgedruckt in: Geistiges Eigentum: Bausteine zur Rechtsgeschichte, Weinheim 1996, S. 343-366 *ders.*, Der Frankfurter Entwurf eines deutschen Urheberrechtsgesetzes von 1864, in: UFITA 120 (1992), S. 33-55, abgedruckt in: Geistiges Eigentum: Bausteine zur Rechtsgeschichte, Weinheim 1996, S. 309-326

ders., Nachdruck als Injurie, L.J. Neustetels Versuch, das Urheberrecht aus dem römischen Recht zu begründen, in: Michael Martinek/Jürgen Schmidt,/Elmar Wadle (Hg), Festschrift für Günther Jahr zum siebzigsten Geburtstag, Tübingen 1993, S. 517-532, abgedruckt in: UFITA 124 (1994), S. 225-242

ders., Privilegienschutz gegen Nachdruck um 1800, in: Elmar Wadle (Hg), Historische Studien zum Urheberrecht in Europa. Entwicklungslinien und Grundfragen, Schriften zur Europäischen Rechts- und Verfassungsgeschichte Bd. 10, Berlin 1993, abgedruckt in: Geistiges Eigentum: Bausteine zur Rechtsgeschichte, Weinheim 1996, S. 145-166

ders., Der langsame Abschied vom Privileg, Das Beispiel des Urheberrechts, in: Barbara Dölemeyer/Heinz Mohnhaupt (Hg.), Das Privileg im europäischen Vergleich (Ius Commune Sonderhefte. Studien zur Europäischen Rechtsgeschichte 93), Frankfurt am Main 1996, S. 377-399, abgedruckt in: Geistiges Eigentum: Bausteine zur Rechtsgeschichte, Band 2, München 2003, S. 101-116

ders., Sonderrechte für Werke der bildenden Kunst? Ein preußisches Reformprojekt von 1842, in: Gerhardt Köbler/Hermann Nehlsen (Hg.), Wirkungen europäischer Rechtskultur. Festschrift für Karl Kroeschell zum 70. Geburtstag, München 1997, S. 1315-1330, abgedruckt in: Geistiges Eigentum: Bausteine zur Rechtsgeschichte, Band 2, München 2003, S. 295-306

ders., Die Anfänge des Aufführungsrechts in Preußen und im Deutschen Bund, in: Günter Hönn/Horst Konzen/Peter Kreutz (Hg.), Festschrift für Alfons Kraft zum 70. Geburtstag, Neuwied 1998, S. 645-664, abgedruckt in: Geistiges Eigentum: Bausteine zur Rechtsgeschichte, Band 2, München 2003, S. 277-294

ders., Preußische Privilegien für Werke der Musik. Ein Kapitel aus der Frühzeit des Urheberrechts 1794-1837, in: María Jesús Montoro Chiner/Heinz Schäffer (Hg.), Musik und Recht. Symposion aus Anlaß des 60 Geburtstags von Prof. DDr. Detlef Merten (Schriften zum öffentlichen Recht Bd. 771), Berlin 1998, S. 85-112, abgedruckt in: Geistiges Eigentum: Bausteine zur Rechtsgeschichte, Band 2, München 2003, S. 185-206

ders., Das Scheitern des Frankfurter Urheberrechtsentwurfs von 1819-Näheres zur Haltung einzelner deutscher Bundesstaaten, in: UFITA 138 (1999), S. 153-181, abgedruckt in: Geistiges Eigentum: Bausteine zur Rechtsgeschichte, Band 2, München 2003, S. 221-239

ders., Privilegienpraxis in Preußen: Privilegien zum Schutz gegen Nachdruck 1815-1837, in: Barbara Dölemeyer/Heinz Mohnhaupt (Hg.), Das Privileg im europäischen Vergleich Bd. II (Ius Commune Sonderhefte. Studien zur Europäischen Rechtsgeschichte 125), Frankfurt am Main 1999, abgedruckt in: Geistiges Eigentum: Bausteine zur Rechtsgeschichte, Band 2, München 2003, S. 165-184

ders., Die Geldbuße im Urheberrecht. Eine strafgesetzliche Nebenfolge als Wegmarke zum allgemeinen Persönlichkeitsrecht, in: Jörg Britz/Heike Jung/Heinz Koriath/Egon Müller (Hg.), Grundfragen staatlichen Strafens. Festschrift für Heinz Müller-Dietz zum 70. Geburtstag, München 2001, S. 941-960, abgedruckt in: Geistiges Eigentum: Bausteine zur Rechtsgeschichte, Band 2, München 2003, S. 319-336

ders., Württembergische Nachdruckprivilegien für einen Berliner Verlag. Eine Fallstudie zur Privilegienpraxis im 19. Jahrhundert, in: Franz Dorn/Jan Schröder (Hg.), Festschrift für Gerd Kleinheyer zum 70. Geburtstag, Heidelberg 2001, S. 523-537, abgedruckt in: Geistiges Eigentum: Bausteine zur Rechtsgeschichte, Band 2, München 2003, S. 207-220

ders., Das Junktim zwischen Zensur und Nachdruckschutz und dessen Aufhebung im Jahr 1834, in: Helmut Reinalter (Hg.), Die Anfänge des Liberalismus und der Demokratie in Deutschland und Österreich 1830-1848/49 (Schriftenreihe der Internationalen Forschungsstelle „Demokratische Bewegungen in Mitteleuropa 1770-1850“ Bd. 32), Frankfurt am Main 2002, S. 229-249, abgedruckt in: Geistiges Eigentum: Bausteine zur Rechtsgeschichte, Band 2, München 2003, S. 241-256

Walter, Ferdinand, System des gemeinen deutschen Privatrechtes, Bonn 1855

Wandtke, Artur-Axel, Einige Aspekte zur Urheberrechtsreform im Dritten Reich, in: UFITA 2002/II, S. 451-474

Wichert, Ernst, Zur Reform des Urheberrechts, in: GRUR 1899, S. 286-289

Wieacker, Franz, Privatrechtsgeschichte der Neuzeit, 2. Aufl., Göttingen 1967

Anhang I: Entwurf Juni 1898 [637]

Juni
1898

Grundzüge

eines Gesetzes betreffend

das Urheberrecht an Werken

der Literatur und der Tonkunst

I. Gegenstand des Urheberrechts und berechtigte Personen.

§. 1.

Nach Maßgabe des gegenwärtigen Gesetzes wird geschützt das Urheberrecht:

Gesetz vom 11. Juni 1870, §§. 1, 5 zu b.

1. an Schriftwerken und an Vorträgen, die dem Zweck der Erbauung, der Belehrung oder der Unterhaltung dienen;

Ges. §. 45.

2. an Werken der Tonkunst;

Ges. §. 43.

3. an Abbildungen und sonstigen bildnerischen Darstellungen wissenschaftlicher oder technischer Art, sofern sie nicht ihrem Hauptzwecke nach als Kunstwerke zu betrachten sind.

§. 2.

Ges. §. 61.

Den Schutz genießen die Reichsangehörigen für ihre Werke, gleichwohl ob diese im Inland oder im Ausland oder überhaupt noch nicht veröffentlicht sind.

Pariser Zusatzabkommen vom 4. Mai 1896, Artikel 1. II.

Wer nicht Reichsangehöriger ist, genießt den Schutz für ein im Inland erschienenes Werk, sofern das Werk nicht vorher, in der Ursprache oder in der Übersetzung, im Ausland erschienen ist. Das im Inland erschienene Werk gilt, auch wenn es nur eine Übersetzung ist, als das Originalwerk.

[637] BArch, R 3001/6351, Bl. 111-124 (Die Verweise in der linken Spalte gehören zum Text).

§. 3.

Ges. §. 9 Abs. 1.

Ist ein Werk von mehreren Personen als Miturheber hergestellt, so steht das Urheberrecht allen gemeinschaftlich zu.

Ges. §. 2.

Besteht ein Werk aus den unterschiedlichen Beiträgen Mehrerer, so steht das Urheberrecht an dem einzelnen Beitrage dem Urheber des Beitrages zu. Der Herausgeber eines solchen Werkes gilt in Beziehung auf das Gesammtwerk als Urheber.

§. 4.

Die Verleger von Zeitungen, Zeitschriften, Kalendern und ähnlichen auf vorübergehenden Absatz berechneten Sammelwerken werden als Urheber der darin veröffentlichten Beiträge angesehen, wenn der Verfasser nicht namhaft gemacht worden ist.

Werden Schriftwerke oder Abbildungen und sonstige bildnerische Darstellungen (§. 1 Nr. 3) von Angestellten eines gewerblichen Betriebes auf Grund eines Dienstverhältnisses angefertigt und vom Betriebsunternehmer veröffentlicht, so wird dieser als Urheber angesehen.

§. 5.

Ges. §. 13.

Juristische Personen, die ein Werk als Herausgeber veröffentlichen, werden als Urheber angesehen, wenn der Verfasser nicht namhaft gemacht worden ist.

§. 6.

Ges. §. 6. Abs. 6; §. 50 Abs. 3.

An einer Übersetzung steht das Urheberrecht dem Übersetzer zu.

§. 7.

Ges. §. 3.

Das Recht des Urhebers geht auf die Erben über.

Das Recht kann beschränkt oder unbeschränkt auf Andere übertragen werden. Der Erwerber darf jedoch bei der Veröffentlichung ohne Einwilligung des Urhebers oder seiner Erben an dem Werk selbst, an dessen Titel und an der Bezeichnung des

Urhebers keine Änderungen, Zusätze oder Weglassungen vornehmen.

§. 8.

Die Zwangsvollstreckung in das Urheberrecht findet gegen den Urheber selbst nicht statt. Gegen die Erben des Urhebers ist sie nur zulässig, wenn das Werk erschienen ist.

§. 9.

Ges. §. 28 Abs. 2

Enthält ein erschienenes Werk auf dem Titelblatt oder unter der Zueignung oder unter der Vorrede die Benennung eines Urhebers, so wird vermuthet, daß der Benannte der Urheber des Werkes sei. Ist das Werk durch Beiträge Mehrerer gebildet, so genügt es, wenn der Name an der Spitze oder am Schlusse des Beitrages angegeben ist.

Ges. §. 28 Abs. 3.

Bei Werken, die unter einem anderen als dem wahren Namen des Urhebers oder ohne Benennung eines Urhebers erschienen sind, ist der Herausgeber, falls aber ein solcher nicht angegeben ist, der Verleger berechtigt, die dem Urheber zustehenden Rechte wahrzunehmen. Hierbei gilt die Vermuthung, daß der auf dem Werke angegebene Verleger der Rechtsnachfolger des Urhebers sei.

Ges. § 53.

Bei Werken, die nicht erschienen, aber öffentlich aufgeführt oder vorgetragen sind, wird vermuthet, daß derjenige der Urheber des Werkes sei, welcher bei der Ankündigung der Aufführung oder des Vortrages als solcher bezeichnet worden ist.

II. Inhalt des Urheberrechts.

§. 10.

Ges. §. 1.

Der Urheber ist ausschließlich befugt, das Werk zu vervielfältigen und gewerbsmäßig zu vertreiben.

Ges. §. 50.

Das Urheberrecht an einem dramatischen oder dramatisch-musikalischen Werk oder an einem Werk der Tonkunst enthält auch die ausschließliche Befugnis, das Werk öffentlich aufzuführen.

Der Urheber eines Schriftwerkes oder eines Vortrages (§. 1 Nr. 1) hat, solange nicht das Werk erschienen ist, die ausschließliche Befugnis, das Werk öffentlich vorzutragen.

§. 11.

Ges. §§ 1, 4, 18. Die rechtswidrige Vervielfältigung eines Werkes ist Nachdruck. Eine Vervielfältigung, die auf anderem als mechanischem Wege hergestellt wird, ist nicht Nachdruck, wenn sie nur zum persönlichen und nicht gewerbsmäßigen Gebrauche dient.

Im Uebrigen begründet es keinen Unterschied, ob das Werk ganz oder theilweise, ob es in einem oder in mehreren Exemplaren und durch welches Verfahren es vervielfältigt worden ist.

§. 12.

Ges. §§. 6, 46. Als Nachdruck ist nicht anzusehen die Bearbeitung eines geschützten Werkes, sofern sie eine eigenthümliche Schöpfung darstellt.

Eine eigenthümliche Schöpfung stellt insbesondere nicht dar:

1. die Übersetzung des Werkes in eine fremde Sprache;
2. die Übersetzung des Werkes in eine andere Mundart derselben Sprache;
3. die Rückübersetzung in die Sprache des Originalwerkes;
4. die Herstellung von Auszügen aus Werken der Tonkunst sowie von Einrichtungen solcher Werke für einzelne oder mehrere Instrumente oder Stimmen (Arrangements, Potpourris, Transskriptionen, Orchestrierungen).

§. 13.

Ges. §. 7. Als Nachdruck ist nicht anzusehen:

1. der Abdruck von Gesetzbüchern, Gesetzen, amtlichen Erlassen und Entscheidungen, von amtlichen Druckschriften anderer Art, deren Abdruck nicht in der Spitze untersagt ist, und von öffentlichen Verhandlungen aller Art;

2. der Abdruck von Reden, die bei den Verhandlungen der Gerichte, der politischen, kommunalen und kirchlichen Vertretungen gehalten werden;

Pariser Zusatzakte vom 4. Mai 1896, Art. 1, IV.

3. der Abdruck von Artikeln politischen Inhalts, Berichten über Tagesneuigkeiten und vermischten Nachrichten aus Zeitungen und Zeitschriften.

Ingleichen ist, sofern die benutzte Quelle angegeben wird, nicht als Nachdruck anzusehen:

1. das wörtliche Aufführen einzelner Stellen oder kleinerer Theile eines bereits erschienenen Werkes sowie die Aufnahme bereits erschienener Schriften von geringem Umfang in ein größeres, seinem Hauptinhalte nach selbständiges wissenschaftliches Werk oder in eine Sammlung, die mittels einer geistigen Tätigkeit aus Werken mehrerer Schriftsteller zu Kirchen-, Schul- oder Unterrichtsgebrauch oder zu einem eigenartigen literarischen Zweck veranstaltet wird;

Pariser Zusatzakte vom 4. Mai 1896, Art. 1, IV.

2. der Abdruck von anderen als den in Abs. 1 Nr. 3 bezeichneten Artikeln aus Zeitungen und Zeitschriften. Ausgenommen hiervon sind Romane, Novellen und solche Artikel, deren Nachdruck ausdrücklich untersagt ist; bei Zeitschriften genügt es, wenn die Untersagung an der Spitze der Nummer ausgesprochen ist.

§. 14.

Ges. §. 47.

Als Nachdruck eines Werkes der Tonkunst ist es, sofern die benutzte Quelle angegeben wird, nicht anzusehen, wenn einzelne Stellen eines bereits erschienenen Werkes angeführt werden. Das gleiche gilt, wenn bereits erschienene kleinere Kompositionen in ein nach seinem Hauptinhalte selbständiges wissenschaftliches Werk oder in eine Sammlung aufgenommen werden, die aus Werken verschiedener Komponisten veranstaltet und ihrer Beschaffenheit nach ausschließlich für den Elementarunterricht in der Musik bestimmt ist.

Als Nachdruck ist es ferner nicht anzusehen, wenn erschienene Werke der Tonkunst mittels Herstellung von Instrumenten, die zur mechanischen Wiedergabe von Musikstücken dienen, oder von Bestandtheilen solcher Instrumente vervielfältigt werden; Als Bestandtheile gelten auch auswechselbare Scheiben, Walzen, Bänder und dergl.

§. 15.

Ges. §. 44.

Als Nachdruck einer Abbildung oder sonstigen bildnerischen Darstellung (§ 1 Nr. 3) ist es, sofern die benutzte Quelle angegeben wird, nicht anzusehen, wenn einem Schriftwerk einzelne Abbildungen aus einem erschienenen Werk beigefügt werden und die Abbildungen nur zur Erläuterung des Inhalts dienen.

§. 16.

Ges. §. 25, §. 50 Abs. 4.

Soweit eine Vervielfältigung nach den §§ 12 bis 15 nicht als Nachdruck gilt, ist auch die Verbreitung, die öffentliche Aufführung sowie der öffentliche Vortrag gestattet.

§. 17.

Ges. §. 50 Abs. 2.

Ein Werk der Tonkunst darf, nachdem es erschienen ist, ohne Einwilligung des Berechtigten öffentlich aufgeführt werden, sofern nicht dieser sich auf dem Titelblatt oder an der Spitze des Werkes das Recht der öffentlichen Aufführung vorbehalten hat.

Das gleiche gilt von der nicht dramatischen Aufführung eines dramatisch-musikalischen Werkes.

§. 18.

Ges. §. 51

Zur Veranstaltung einer öffentlichen Aufführung ist, wenn mehrere Berechtigte vorhanden sind, die Einwilligung eines jeden erforderlich.

Bei Werken der Tonkunst, zu denen ein Text gehört, sowie bei dramatisch-musikalischen Werken genügt die Einwilligung dessen, dem das Urheberrecht an dem musikalischen Theile zusteht.

III. Dauer des Urheberrechts.

§. 19.

Ges. §§. 8, 11, 12, 43, 45, 52.

Der Schutz des Urheberrechts endet, wenn seit dem Tode des Urhebers dreißig Jahre und seit der ersten Veröffentlichung des Werkes zehn Jahre abgelaufen sind. Ist die Veröffentlichung bis zum Ablauf von dreißig Jahren seit dem Tode des Urhebers nicht erfolgt, so wird vermuthet, dass das Urheberrecht dem Eigenthümer des Werkes zusteht.

Ist das Werk erst nach dem Tode des Urhebers veröffentlicht worden, so findet die Vorschrift des Abs. 1 keine Anwendung, soweit die in §§ 19,20 bestimmten Schutzfristen überschritten werden würden.

§. 20.

Ges. §. 9 Abs. 1.

Steht das Urheberrecht an einem Werke Mehreren gemeinschaftlich zu (§. 3 Abs. 1), so bestimmt sich, soweit der Zeitpunkt des Todes des Urhebers für die Schutzfrist maßgebend ist, deren Ablauf nach dem Tode des letztlebenden.

§. 21.

Ges. §. 13.

Juristische Personen und Vereine, die als solche klagen und verklagt werden können, genießen für die Werke, an denen ihnen nach dem Gesetze das Urheberrecht zusteht, den Schutz bis zum Ablaufe von dreißig Jahren seit der ersten Veröffentlichung.

Ist das Werk erst nach dem Tode des Verfassers veröffentlicht worden, so findet die Vorschrift des Abs. 1 keine Anwendung, soweit die in den §§ 19, 20 bestimmten Schutzfristen überschritten worden würden.

§. 22.

Ges. §. 15. Pariser Zusatzabkommen vom 4. Mai 1896, Artikel 1, IV.

Die Vorschriften der §§ 19-21 finden Anwendung auf den Schutz des Uebersetzungsrechts (§ 12 Abs. 2 Nr. 1).

Das ausschließliche Uebersetzungsrecht fällt weg, wenn der Berechtigte nicht binnen zehn Jahren seit dem Erscheinen des Werkes eine Ausgabe in derjenigen Sprache hat erscheinen lassen, für welche der Schutz in Anspruch genommen wird.

§. 23.

Ges. §. 14.

Bei Werken, die aus mehreren in Zwischenräumen veröffentlichten Bänden bestehen, sowie bei fortlaufenden Berichten oder Heften wird jeder Band, jeder Bericht oder jedes Heft für die Berechnung der Schutzfrist als ein besonderes Werk gesehen.

Bei den in Lieferungen veröffentlichten Werken wird die Schutzfrist erst von der Veröffentlichung der letzten Lieferung an berechnet.

§. 24.

Ges. §. 16.

Die Schutzfristen beginnen mit dem Ablaufe des Kalenderjahres, in welchem der Urheber verstorben ist oder das Werk veröffentlicht worden ist.

§. 25.

Soweit der durch dieses Gesetz gewährte Schutz davon abhängig ist, ob ein Werk erschienen oder anderweit veröffentlicht worden ist, kommt nur eine Veröffentlichung in Betracht, die erlaubter Weise erfolgt ist.

IV. Schadensersatz. Strafen. Sicherungsmaßregeln.

§. 26.

Ges. §§. 18, 20.

Wer vorsätzlich oder fahrlässig einen Nachdruck (§ 11) bewirkt, ist dem Berechtigten zum Ersatz des daraus entstehenden Schadens verpflichtet.

§. 27.

Ges. §. 25. Wer vorsätzlich unter Verletzung der ausschließlichen Befugnis zur Verbreitung (§ 10 Abs. 1) ein Werk gewerbsmäßig verbreitet, ist dem Berechtigten zum Ersatz des daraus entstandenen Schadens verpflichtet.

§. 28.

Ges. §§. 54, 55. Ist ein Werk unter Verletzung der ausschließlichen Befugnis zur Aufführung oder zum Vortrag (§ 10 Abs. 2, 3) öffentlich aufgeführt oder vorgetragen worden, so finden die Vorschriften des § 26 entsprechende Anwendung.

Das Gleiche gilt, wenn ein nicht dramatisches Werk ohne Genehmigung des Berechtigten in einer dramatischen Bearbeitung, die keine eigenthümliche Schöpfung ist (§ 12), öffentlich aufgeführt wird.

§. 29.

Mit Geldstrafe bis zu dreitausend Mark wird bestraft:

Ges. §§. 18, 20. 1. wer vorsätzlich einen Nachdruck (§ 11) bewirkt;

Ges. §. 25. 2. wer vorsätzlich unter Verletzung der ausschließlichen Befugnis zur Verbreitung (§ 10 Abs. 1) ein Werk gewerbsmäßig verbreitet;

Ges. §. 54. 3. wer vorsätzlich unter Verletzung der ausschließlichen Befugnis zur Aufführung oder zum Vortrag (§ 10 Abs. 2,3) ein Werk öffentlich aufführt oder vorträgt oder vorsätzlich eine widerrechtliche Aufführung der in § 28 Abs. 2 bezeichneten Art bewirkt.

Ges. §. 18 Abs. 3 Die an die Stelle einer nicht beizutreibenden Geldsstrafe tretende Freiheitsstrafe darf die Dauer von sechs Monaten nicht übersteigen.

§. 30.

Ges. §. 18 Abs. 4, 5 Auf Verlangen des Berechtigten kann neben der Strafe auf eine an ihn zu erlegende Buße bis zum Betrag von sechstausend Mark erkannt werden. Die zu dieser Buße Verurteilten Verurtheilten haften als Gesammtschuldner .

Eine erkannte Buße schließt die Geltendmachung eines weiteren Anspruchs auf Schadensersatz aus.

§. 31.

Ges. §§. 21, 22.

Die widerrechtlich hergestellten oder verbreiteten Exemplare und die zur widerrechtlichen Vervielfältigung ausschließlich bestimmten Vorrichtungen, wie Formen, Platten, Steine, Stereotypen, unterliegen der Vernichtung. Bildet nur ein Theil des Werkes den Nachdruck, so ist auf Vernichtung dieses Theils und der entsprechenden Vorrichtungen zu erkennen.

Gegenstand der Vernichtung sind alle Exemplare und Vorrichtungen, welche sich im Eigenthume der an dem Nachdruck oder an der gewerbsmäßigen Verbreitung Betheiligten sowie der Erben dieser Personen befinden.

Auf die Vernichtung ist auch dann zu erkennen, wenn der Nachdruck oder die widerrechtliche Verbreitung weder vorsätzlich noch fahrlässig erfolgt. Das Gleiche gilt, wenn der Nachdruck noch nicht vollendet ist.

Die Vernichtung hat zu erfolgen, nachdem dem Eigenthümer gegenüber rechtskräftig darauf erkannt ist. Soweit die Exemplare oder die Vorrichtungen in anderer Weise als durch Vernichtung unschädlich gemacht werden können, hat dies zu geschehen, falls der Eigenthümer die Kosten übernimmt.

§. 32.

Ges. §. 21 Abs. 5.

Der Berechtigte kann statt der Vernichtung verlangen, daß ihm das Recht zuerkannt wird, die Exemplare und Vorrichtungen ganz oder theilweise gegen Erstattung der Herstellungskosten zu übernehmen.

V. Verfahren.

§. 33.

Ges. §. 27.

Die Strafverfolgung in den Fällen des § 29 tritt nur auf Antrag ein. Die Zurücknahme des Antrags ist zulässig.

§. 34.

Ges. § 26 Abs. 2.

Auf die Vernichtung der widerrechtlich hergestellten oder verbreiteten Exemplare und der zur widerrechtlichen Vervielfältigung ausschließlich bestimmten Vorrichtungen (§ 31) kann nur in Straffahren und auf besonderen Antrag des Berechtigten erkannt werden. Die Zurücknahme des Antrags ist bis zur erfolgten Vernichtung zulässig.

§. 35.

Wird die Vernichtung oder die Zuerkennung des in § 32 bezeichneten Rechtes selbständig verfolgt, so finden die Vorschriften der Strafgerichtsordnung §§ 477-479 mit der Maßgabe Anwendung, daß der Berechtigte als Privatkläger auftreten kann.

§. 36.

Ges. §§. 31, 49.

Für sämtliche Bundesstaaten sollen Sachverständigen-Vereine bestehen, die verpflichtet sind, auf Erfordern der Gerichte und der Staatsanwaltschaften Gutachten über die an sie gerichteten Fragen abzugeben.

Die Sachverständigen-Vereine sind befugt, auf Anrufen der Betheiligten über streitige Schadensersatzansprüche nach Maßgabe der §§ 26 bis 28 als Schiedsrichter zu verhandeln und zu entscheiden.

Der Reichskanzler erläßt die Bestimmungen über die Zusammensetzung und den Geschäftsbetrieb der Sachverständigen-Vereine.

VI. Verjährung.

§. 37.

Ges. §. 33.

Die Strafverfolgung des Nachdrucks und der Anspruch auf Schadensersatz wegen Nachdrucks (§ 2b, § 29 Nr. 1) verjähren in drei Jahren.

Die Verjährung beginnt mit dem Tage, an welchem die Verbreitung der Nachdruckexemplare zuerst stattgefunden hat.

§ 38

Ges. §§. 34, 56.

Die Strafverfolgung und der Anspruch auf Schadensersatz wegen widerrechtlicher Verbreitung oder Aufführung sowie wegen widerrechtlichen Vortrags (§§ 27, 28, § 29 Nr. 2,3) verjähren in drei Jahren.

Die Verjährung beginnt mit dem Tage, an welchem die widerrechtliche Handlung zuletzt stattgefunden hatte.

§. 39.

Ges. §. 36.

Der Antrag auf Vernichtung der widerrechtlich hergestellten oder verbreiteten Exemplare sowie der zur widerrechtlichen Vervielfältigung ausschließlich bestellten Vorrichtungen (§§ 31,32) ist so lange zulässig, als solche Exemplare oder Vorrichtungen vorhanden sind.

VI. Eintragungsrollen.

§. 40.

Ges. §. 39.

Die Rolle für die in § 19 vorgesehenen Eintragungen wird bei dem Stadtrath zu Leipzig geführt.

§. 41.

Ges. §. 40. Der Stadtrath zu Leipzig hat auf Antrag der Betheiligten die Eintragung zu bewirken, ohne die Berechtigung des Antragstellers oder die Richtigkeit der zur Eintragung angemeldeten Thatsachen zu prüfen.

Gegen die Entscheidung, durch welche eine Eintragung abgelehnt wird, steht den Betheiligten die Beschwerde an den Reichskanzler zu.

§. 42.

Ges. §. 41. Der Reichskanzler erläßt die Bestimmungen über die Führung der Eintragsrollen. Die Einsicht der Eintragsrollen ist Jedem gestattet. Aus der Rolle können Auszüge gefordert werden; die Auszüge sind auf Verlangen zu beglaubigen.

Die Eintragungen werden im Börsenblatt für den deutschen Buchhandel und, falls das Blatt zu erscheinen aufhören sollte, in einer anderen vom Reichskanzler zu bestimmenden Zeitung öffentlich bekannt gemacht.

§. 43.

Ges. §. 42. Alle Eingaben, Verhandlungen, Bescheinigungen und sonstige Schriftstücke, welche die Eintragung in die Eintragungsrolle betreffen, sind stempelfrei.

Dagegen wird für jede Eintragung, für jeden Eintragungsschein sowie für jeden sonstigen Auszug aus der Eintragungsrolle eine Gebühr von je 1,50 M. erhoben; außerdem hat der Antragsteller die Kosten für die öffentliche Bekanntmachung der Eintragung (§. 42) zu entrichten.

VII. Schlussbestimmungen.

§. 44.

Wer außer in den Fällen der §§ 27, 28 vorsätzlich ein Schriftwerk, an dem ein geschütztes Urheberrecht besteht und das noch nicht erlaubter Weise veröffentlicht worden ist, ohne Einwilligung des Berechtigten dem wesentlichen Inhalt nach öffentlich mittheilt, ist dem Verletzten zum Ersatz des daraus entstandenen Schadens verpflichtet und wird mit Geldstrafe bis zu eintausend fünfhundert Mark und für den Fall, daß diese nicht beigetrieben werden kann, mit einer Freiheitsstrafe bis zu drei Monaten bestraft. Die Vorschriften der §§. 30 bis 32, 33 bis 36, 38, 39 finden entsprechende Anwendung.

Das gleiche gilt, wenn jemand vorsätzlich solche Berichte, Aufzeichnungen oder Schriften anderer Art, an denen ein geschütztes Urheberrecht nicht besteht und die nach nicht erlaubter Weise veröffentlicht worden sind, ohne Einwilligung des Urhebers oder, falls dieser verstorben ist, des Eigenthümers der Schrift dem wesentlichen Inhalte nach öffentlich mittheilt.

Die Vorschriften der Abs. 1,2 finden keine Anwendung, wenn seit dem Tode des Verfassers der Schrift dreißig Jahre abgelaufen sind.

§. 45.

Ges. §. 62.

Urheber, die nicht Reichsangehörige sind, genießen für diejenigen Werke, welche zuerst an einem Orte erschienen sind, der zum ehemaligen Deutschen Bunde, nicht aber zum Deutschen Reiche gehört, den Schutz dieses Gesetzes, sofern das Recht jenes Ortes den innerhalb des Deutschen Reiches erschienenen Werken einen den einheimischen Werken gleichen Schutz gewährt; jedoch dauert der Schutz nicht länger als an dem Orte, wo das Werk erschienen ist. Dasselbe gilt von den nicht erschienen Werken solcher Urheber, welche die Reichsangehörigkeit nicht besitzen, aber in den vorher bezeichneten Gebieten staatsangehörig sind.

§. 46.

Ges. §. 32.

In bürgerlichen Rechtsstreitigkeiten, in welchen durch Klage oder Widerklage ein Anspruch auf Grund der Vorschriften dieses Gesetzes geltend gemacht ist, wird die Verhandlung und Entscheidung letzter Instanz im Sinne des §. 8 des

Einführungsgesetzes zum Gerichtsverfassungsgesetz dem Reichsgerichte zugewiesen.

§. 47.

Ges. §. 57.

Das gegenwärtige Gesetz tritt mit dem . . . . . . in Kraft. Die §§ 1 bis 5 b, §§ 61,62 des Gesetzes, betreffend das Urheberrecht an Schriftwerken u.s.w., vom 11. Juni 1870 (B.G.Bl. S. 339) treten mit demselben Tage außer Kraft.

§. 48.

Ges. §. 58.

Dieses Gesetz findet auf alle vor seinem Inkrafttreten veröffentlichten Werke Anwendung, auch wenn sie nach dem bisherigen Rechte keinen Schutz genossen haben. Es dürfen jedoch Übersetzungen und sonstige Bearbeitungen (§.12), die zu diesem Zeitpunkt erlaubter Weise ganz oder theilweise veröffentlicht waren, vervielfältigt, verbreitet und veröffentlicht werden.

§. 49.

Ges. §. 58.

Der Druck der Exemplare, deren Herstellung bei dem Inkrafttreten dieses Gesetzes erlaubter Weise im Gange war, darf vollendet werden; diese Exemplare sowie diejenigen, welche zu dem gedachten Zeitpunkt erlaubter Weise hergestellt waren. Ebenso dürfen die zu dem gedachten Zeitpunkt vorhandenen Vorrichtungen, wie Formen, Platten, Steine, Stereotypen, auch ferner benutzt werden.

Von . . . . . . an finden die Vorschriften des Abs. 1 nur auf solche Exemplare und Vorrichtungen Anwendung, die vor diesem Zeitpunkte mit einem besonderen Stempel versehen sind. Die näheren Anordnungen in Betreff der Abstempelung sowie der Aufzeichnung der abgestempelten Exemplare und Vorrichtungen werden vom Reichskanzler erlassen.

***

Anhang II: Namensverzeichnis

RECHTSHISTORISCHE REIHE

Band 23 Meent W. Francksen: Staatsrat und Gesetzgebung im Großherzogtum Berg (1806-1813). 1982.

Band 24 Gerd von Sonnleithner: Bearbeitung des Handelsrechts durch Ignaz von Sonnleithner in seinem "Leitfaden über das österreichische Handels- und Wechselrecht". 1982.

Band 25 Rudolf Palme: Rechts-, Wirtschafts- und Sozialgeschichte der inneralpinen Salzwerke bis zu deren Monopolisierung. 1983.

Band 26 Helen Bosshard: Pestalozzis Staats- und Rechtsverständnis und seine Stellung in der Aufklärung. 1983.

Band 27 Jens Jessen: Die Selbstzeugnisse der deutschen Juristen. Erinnerungen, Tagebücher und Briefe. Eine Bibliographie. 1983.

Band 28 Günter Martin Jensen: Das Domanium Waldeck. Die rechtliche Zuordnung eines Fürstenvermögens. 1984.

Band 29 Johann Heinrich Kumpf: Petitionsrecht und öffentliche Meinung im Entstehungsprozeß der Paulskirchenverfassung 1848/49. 1983.

Band 30 Sabine Frey: Rechtsschutz der Juden gegen Ausweisungen im 16. Jahrhundert. 1983.

Band 31 Dietrich Joswig: Die germanische Grundstücksübertragung. 1984.

Band 32 Andreas Baryli: Konzessionssystem contra Gewerbefreiheit. Zur Diskussion der österreichischen Gewerberechtsreform 1835 bis 1860. 1984.

Band 33 Gerhard Oberkofler: Studien zur Geschichte der österreichischen Rechtswissenschaft. 1984.

Band 34 Rudolf Lauda: Kaufmännische Gewohnheit und Burgrecht bei Notker dem Deutschen. Zum Verhältnis von literarischer Tradition und zeitgenössischer Realität in der frühmittelalterlichen Rhetorik. 1984.

Band 35 Jens Jensen: Die Ehescheidung des Bischofs Hans von Lübeck von Prinzessin Julia Felicitas von Württemberg-Weiltingen AD 1648-1653. Ein Beitrag zum protestantischen Ehescheidungsrecht im Zeitalter des beginnenden Absolutismus. 1984.

Band 36 Horst Schröder: Friedrich Karl von Savigny. Geschichte und Rechtsdenken beim Übergang vom Feudalismus zum Kapitalismus in Deutschland. 1984.

Band 37 Andreas Hatzung: Dogmengeschichtliche Grundlagen und Entstehung des zivilrechtlichen Notstands. 1984.

Band 38 Matthias Klasen: Das Billwerder Landrecht. Landrecht und Landgericht in den Hamburger Elbmarschen. 1985.

Band 39 Rainer Jamin: Aufbau, Tätigkeit und Verfahren der Auseinandersetzungsbehörden bei der Durchführung der preußischen Agrarreformen. 1985.

Band 40 Henry Winter: Teilschuld, Gesamtschuld und unechte Gesamtschuld. Zur Konzeption der §§ 420 ff. BGB - Ein Beitrag zur Entstehungsgeschichte des BGB. 1985.

Band 41 Hermann Eichler: Verfassungsbewegung in Amerika und Europa. 1985.

Band 42 Dagmar Bandemer: Heinrich Albert Zachariae. Rechtsdenken zwischen Restauration und Reformation. 1985.

Band 43 Eva-Christine Frentz: Das Hamburgische Admiralitätsgericht (1623-1811). Prozeß und Rechtsprechung. 1985.

Band 44 Karl Lillig: Rechtsetzung im Herzogtum Pfalz-Zweibrücken während des 18. Jahrhunderts. Ein Beitrag zur Geschichte der territorialen Rechtsbildung. 1985.

Band 45 Walter Weber: Die Entwicklung der Sparkassen zu selbständigen Anstalten des öffentlichen Rechts. Ein Beitrag zur Entwicklung des Anstaltsbegriffs im 19. Jahrhundert. 1985.

Band 46 Bärbel Baum: Der Stabreim im Recht. Vorkommen und Bedeutung des Stabreims in Antike und Mittelalter. 1986.

Band 47 Hans Popp: Die nationalsozialistische Sicht einiger Institute des Zivilprozeß- und Gerichtsverfassungsrechts. 1986.

Band 48 John Karl-Heinz Montag: Die Lehrdarstellung des Handelsrechts von Georg Friedrich von Martens bis Meno Pöhls. Die Wissenschaft des Handelsrechts im ersten Drittel des 19. Jahrhunderts. 1986.

Band 49 Volker D. Anhäusser: Das internationale Obligationenrecht in der höchstrichterlichen Rechtsprechung des 19. Jahrhunderts. 1986.

Band 50 Udo Beer: Die Juden, das Recht und die Republik. Verbandswesen und Rechtsschutz 1919-1933. 1986.

Band 51 Herbert Grziwotz: Der moderne Verfassungsbegriff und die "Römische Verfassung" in der deutschen Forschung des 19. und 20. Jahrhunderts. 1986.

Band 52 Ralf Conradi: Karl Friedrich Eichhorn als Staatsrechtslehrer. Seine Göttinger Vorlesung über "Das Staatsrecht der deutschen Bundesstaaten" nach einer Kollegmitschrift aus dem Wintersemester 1821/22. 1987.

Band 53 Dieter Dannreuther: Der Zivilprozeß als Gegenstand der Rechtspolitik im Deutschen Reich 1871 - 1945. Ein Beitrag zur Geschichte des Zivilprozeßrechts in Deutschland. 1987.

Band 54 Stephan Felix Pauly: Organisation, Geschichte und Praxis der Gesetzesauslegung des (Königlich) Preußischen Oberverwaltungsgerichtes 1875 - 1933. 1987.

Band 55 Rüdiger Schulz: Die Entstehung des Seerechts des Allgemeinen Deutschen Handelsgesetzbuches unter besonderer Berücksichtigung der Bestimmungen über die Reederei, den Schiffer und die Schiffsmannschaft. 1987.

Band 56 Reinhold Reis: Deutsches Privatrecht in den Weistümern der Zenten Schriesheim und Kirchheim. 1987.

Band 57 Jürgen Christoph: Die politischen Reichsamnestien 1918 - 1933. 1987.

Band 58 Gerhard Oberkofler/Eduard Rabofsky: Hans Kelsen im Kriegseinsatz der k.u.k.-Wehrmacht. Eine kritische Würdigung seiner militärtheoretischen Angebote. 1988.

Band 59 Arne Wulff: Staatssekretär Prof. Dr. Dr. h.c. Franz Schlegelberger. 1876-1970. 1991.

Band 60 Gerhard Köbler (Hrsg.): Wege europäischer Rechtsgeschichte. Karl Kroeschell zum 60. Geburtstag. 1987.

Band 61 Rüdiger Hütte: Der Gemeinschaftsgedanke in den Erbrechtsreformen des Dritten Reichs. 1988.

Band 62 Markus Göldner: Politische Symbole der europäischen Integration. Fahne, Hymne, Hauptstadt, Paß, Briefmarke, Auszeichnungen. 1988.

Band 63 Wolfgang Kröner: Freiheitsstrafe und Strafvollzug in den Herzogtümern Schleswig, Holstein und Lauenburg von 1700 bis 1864. 1988.

Band 64 Werner Gaile: Die Norder Theelacht. 1988.

Band 65 Karl v. Kempis: Andreas Gaill (1526 - 1587). Zum Leben und Werk eines Juristen der frühen Neuzeit. 1988.

Band 66 Wolf-Rüdiger Osburg: Die Verwaltung Hamburgs in der Franzosenzeit. 1811-1814. 1988.

Band 67 Christian Schudnagies: Hans Frank. Aufstieg und Fall des NS-Juristen und Generalgouverneurs. 1988.

Band 89 Diethard Bühler: Die Entstehung der allgemeinen Vertragsschluß-Vorschriften im Allgemeinen Deutschen Handelsgesetzbuch (ADHGB) von 1861. Ein Beitrag zur Kodifikationsgeschichte des Privatrechts im 19. Jahrhundert. 1991.

Band 90 Gerhard Oberkofler: Die Vertreter des Römischen Rechts mit deutscher Unterrichtssprache an der Karls-Universität in Prag. Vom Vormärz bis 1945. 1991.

Band 91 Ulrich Andermann: Ritterliche Gewalt und bürgerliche Selbstbehauptung. Untersuchungen zur Kriminalisierung und Bekämpfung des spätmittelalterlichen Raubrittertums am Beispiel norddeutscher Hansestädte. 1991.

Band 92 Heinz Marcus Hanke: Luftkrieg und Zivilbevölkerung. Der kriegsvölkerrechtliche Schutz der Zivilbevölkerung gegen Luftbombardements von den Anfängen bis zum Ausbruch des Zweiten Weltkrieges. 1991.

Band 93 Kirsten Kraglund: Familien- und Erbrecht. Materielles Recht und Methoden der Rechtsanwendung in der Rechtsprechung des Oberappellationsgerichts der vier Freien Städte Deutschlands zu Lübeck. 1991.

Band 94 Reinhard Lorenz: Die politische und rechtliche Stellung des Proletariats in Preußen in der Zeit zwischen den Reformen und der Revolution 1848/49. 1991.

Band 95 Eric Hilgendorf: Die Entwicklungsgeschichte der parlamentarischen Redefreiheit in Deutschland. 1991.

Band 96 Hans J. Reiter: Die Handelsgesellschaft Villeroy & Boch von der Gründung 1836 bis zum Jahr 1878. 1992.

Band 97 Martin Johannes Heller: Reform der deutschen Rechtssprache im 18. Jahrhundert. 1992.

Band 98 Michael Kotulla: Die Tragweite der Grundrechte der revidierten preußischen Verfassung vom 31.01.1850. 1992.

Band 99 Michael Siefener: Hexerei im Spiegel der Rechtstheorie. Das crimen magiae in der Literatur von 1574 bis 1608. 1992.

Band 100 Andreas Ebert-Weidenfeller: Hamburgisches Kaufmannsrecht im 17. und 18. Jahrhundert. Die Rechtsprechung des Rates und des Reichskammergerichtes. 1992.

Band 101 Enno Bommel: Die Entstehung der Verwirkungslehre in der Krise des Positivismus. 1992.

Band 102 Ralph Steppacher: Die Berücksichtigung der bäuerlichen Postulate bei der Entstehung des ZGB und der Revision des OR. Ein Beitrag zur schweizerischen Kodifikationsgeschichte (1893 - 1912). 1992.

Band 103 Martin Fleckenstein: Die Todesstrafe im Werk Carl Joseph Anton Mittermaiers (1787 - 1867). Zur Entwicklungsgeschichte eines Werkbereichs und seiner Bedeutung für Theorie- und Methodenbildung. 1992.

Band 104 Jörn Eckert: Der Kampf um die Familienfideikommisse in Deutschland. Studien zum Absterben eines Rechtsinstitutes. 1992.

Band 105 Jörg Grotkopp: Beamtentum und Staatsformwechsel. Die Auswirkungen der Staatsformwechsel von 1918, 1933 und 1945 auf das Beamtenrecht und die personelle Zusammensetzung der deutschen Beamtenschaft. 1992.

Band 106 Andreas Rohde: Die Garantiehaftung des Vermieters und ihr Verhältnis zum Unmöglichkeitsrecht in dogmengeschichtlicher und modernrechtlicher Sicht. 1992.

Band 107 Tjark Siefke Kunstreich: Gesamtvertretung. Eine historisch-systematische Darstellung. 1992.

Band 108 Jürgen Krüger: Blindheit und Königtum. Die Blindheit des Königs Georg V. von Hannover als verfassungsrechtliches Problem. 1992.

Band 109 Wolfgang Putschek: Ständische Verfassung und autoritäre Verfassungspraxis in Österreich 1933-1938 mit Dokumentenanhang. Verfassung und Verfassungswirklichkeit. Mit einem Anhang: Denkschriften von Rechtsanwalt Dr. Erich Führer 1936/37. 1993.

Band 110 Klaus Hofmann: Die Verdrängung der Juden aus öffentlichem Dienst und selbständigen Berufen in Regensburg 1933-1939. 1993.

Band 111 Franz Kilger: Die Entwicklung des Telegraphenrechts im 19. Jahrhundert mit besonderer Berücksichtigung der technischen Entwicklung. Telegraphenrecht im 19. Jahrhundert. 1993.

Band 112 Wilhelm Brauneder (Hrsg.): Heiliges Römisches Reich und moderne Staatlichkeit. 1993.

Band 113 Thomas Heinrich: Das preußische Nichtehelichenrecht: Von der Aufklärung zur Reaktion. 1993.

Band 114 Gerald Kohl: Jagd und Revolution. Das Jagdrecht in den Jahren 1848 und 1849. 1993.

Band 115 Christian Schudnagies: Der Kriegs- oder Belagerungszustand im Deutschen Reich während des Ersten Weltkrieges. Eine Studie zur Entwicklung und Handhabung des deutschen Ausnahmezustandsrechts bis 1918. 1994.

Band 116 Elisabeth Bellmann: Die Internationale Kriminalistische Vereinigung (1889-1933). 1994.

Band 117 Julia Pfannkuch: Volksrichterausbildung in Sachsen 1945-1950. 1993.

Band 118 Jörg Offen: Von der Verwaltungsgemeinschaft des BGB von 1896 zur Zugewinngemeinschaft des Gleichberechtigungsgesetzes von 1957. 1994.

Band 119 Dorothee Kohlhas-Müller: Untersuchungen zur Rechtsstellung Theoderichs des Großen. 1995.

Band 120 Monika Rose: Das Gerichtswesen des Herzogtums Pfalz-Zweibrücken im 18. Jahrhundert. Ein Beitrag zur territorialen Gerichtsbarkeit im Alten Reich. 1994.

Band 121 Jörn Eckert / Hans Hattenhauer (Hrsg.): Bibel und Recht. Rechtshistorisches Kolloquium 9. - 13. Juni 1992 an der Christian-Albrechts-Universität zu Kiel. 1994.

Band 122 Robert Martin Mizia: Der Rechtsbegriff der Autonomie und die Begründung des Privatfürstenrechts in der deutschen Rechtswissenschaft des 19. Jahrhunderts. 1995.

Band 123 Walther Graf von Plettenberg: Das Fortleben des Liber Iudiciorum in Asturien/León (8. - 13. Jh.). 1994.

Band 124 Wolfgang Schulz: Das deutsche Börsengesetz. Die Entstehungsgeschichte und wirtschaftlichen Auswirkungen des Börsengesetzes von 1896. 1994.

Band 125 Frank Hagemann: Der Untersuchungsausschuß Freiheitlicher Juristen. 1949 – 1969. 1994.

Band 126 Andreas Rethmeier: "Nürnberger Rassegesetze" und Entrechtung der Juden im Zivilrecht. 1995.

Band 127 Edith Grether: Die Poesie der Throne. Die Juristen in der Fruchtbringenden Gesellschaft. 1995.

Band 128 Anna Bartels-Ishikawa: Der Lippische Thronfolgestreit. Eine Studie zu verfassungsrechtlichen Problemen des Deutschen Kaiserreiches im Spiegel der zeitgenössischen Staats. 1995.

Band 129 Jörg Schmidt: Otto Koellreutter 1883-1972. Sein Leben, sein Werk, seine Zeit. 1995.

Band 130 Christian Hattenhauer: Wahl und Krönung Franz II. AD 1792. Das Heilige Reich krönt seinen letzten Kaiser - Das Tagebuch des Reichsquartiermeisters Hieronymus Gottfried von Müller und Anlagen. 1995.

Band 131 Jutta v. der Decken: Das Seearbeitsrecht im Hamburger Stadtrecht von 1301 bis 1603. 1995.

Band 132 Detlev Schmidt: Die Reform des Rechts der Handelsvertreter von 1953. 1995.

Band 133 Gabi Roßdeutscher: Privatautonomie im Scheidungsrecht. Scheidungsbezogene Vereinbarungen in den letzten 200 Jahren. 1995.

Band 134 Harald Kahlenberg: Leben und Werk des Rechtshistorikers Walther Merk. Ein Beispiel für das Verhältnis von Rechtsgeschichte und Nationalsozialismus. 1995.

Band 135 Michael Steitz: Adelbert Düringer am Reichsgericht (1902-1915). Seine aktienrechtlichen Entscheidungen und sein Einfluß auf das Aktienrecht in Deutschland. 1995.

Band 136 Christian Becker: Beata Justorum Translatio. Juristen in schleswig-holsteinischen Leichenpredigten. 1996.

Band 137 Christoph Seiler: Vom Allgemeinen Landrecht zum Bürgerlichen Gesetzbuch. Dargestellt am Beispiel der höchstrichterlichen Judikatur zum kaufrechtlichen Sachmängelgewährleistungsrecht. 1996.

Band 138 Bernd Mayer: Die Vertrauensmännerausschüsse auf den preußischen Steinkohlegruben an der Saar. Entstehung und Wirken. Eine rechtshistorische Untersuchung. 1996.

Band 139 Rochus Scholl: Juden und Judenrecht im Herzogtum Pfalz-Zweibrücken. Ein Beitrag zur Rechtsgeschichte eines deutschen Kleinstaates am Ende des alten Reiches. 1996.

Band 140 Meike Bursch: Judentaufe und frühneuzeitliches Strafrecht. Die Verfahren gegen Christian Treu aus Weener/Ostfriesland 1720-1728. 1996.

Band 141 Markus Hillenbrand: Fürstliche Eheverträge. Gottorfer Hausrecht 1544 - 1773. 1996.

Band 142 Ulf Häder: Das gemeinschaftliche Oberappellationsgericht thüringischer Staaten in Jena. Ein Beitrag zur Geschichte des Gerichtswesens im 19. Jahrhundert. 1996.

Band 143 Andreas Bauer: Das Gnadenbitten in der Strafrechtspflege des 15. und 16. Jahrhunderts. Dargestellt unter besonderer Berücksichtigung von Quellen der Vorarlberger Gerichtsbezirke Feldkirch und des Hinteren Bregenzerwaldes. 1996.

Band 144 Christian Wirth: Der Jurist Johann Andreas Georg Friedrich Rebmann zwischen Revolution und Restauration. 1996.

Band 145 Stefanie Müller: Die Rechtsprechung des Hanseatischen Oberlandesgerichts zum persönlichen Eherecht in Hamburgischen Gerichtsfällen von 1879 -1900. 1996.

Band 146 Jean-Nicolas Morisset: Der Frachtvertrag in der *Ordonnance de la marine* von 1681. 1996.

Band 147 Dirk Lentfer: Die Glogauer Landesprivilegien des Andreas Gryphius von 1653. 1996.

Band 148 Wencke Mull: Die Haftung für Einsturzschäden nach den §§ 836-838 BGB in der Rechtsprechung des Reichsgerichts. 1996.

Band 149 Renate Zelger: Teufelsverträge. Märchen, Sage, Schwank, Legende im Spiegel der Rechtsgeschichte. 1996.

Band 150 Guido Kraß: Das Arrestverfahren in Frankfurt am Main im Spätmittelalter. 1996.

Band 151 F. Benedict Heyn: Die Entwicklung des Eisenbahnfrachtrechts von den Anfängen bis zur Einführung des Allgemeinen Deutschen Handelsgesetzbuches (ADHGB). 1996.

Band 152 Thomas Lang: Die Staats- und Verfassungslehre Carl Salomo Zachariaes. 1996.

Band 153 Michael Hebeis: Karl Anton von Martini (1726-1800). Leben und Werk. 1996.

Band 154 Gerald Hubert: Die Diskussion um die rechtliche Natur der Bizone in den Jahren 1947-1949. 1996.

Band 155 Christof Horn: Die Rechtsprechung des Reichsgerichts in Ehescheidungssachen der Jahre 1900 bis 1905. 1996.

Band 156 Hermann Nehlsen / Georg Brun (Hrsg.): Münchener rechtshistorische Studien zum Nationalsozialismus. 1996.

Band 157 Jan Otto Clemens Kehrberg: Die Entwicklung des Elektrizitätsrechts in Deutschland. Der Weg zum Energiewirtschaftsgesetz von 1935. 1997.

Band 158 Johannes Tradt: Der Religionsprozeß gegen den Zopfschulzen (1791-1799). Ein Beitrag zur protestantischen Lehrpflicht und Lehrzucht in Brandenburg-Preußen gegen Ende des 18. Jahrhunderts. 1997.

Band 159 Dietmar Olsen: Das kaufrechtliche Sachmängelgewährleistungsrecht des Code civil in der Rechtsprechung deutscher Gerichte im 19. Jahrhundert. Ein Beitrag zur Ablösung der Partikularrechte durch das BGB. 1997.

Band 160 Ulrich Bernhardt: Die Deutsche Akademie für Staats- und Rechtswissenschaft „Walter Ulbricht" 1948-1971. 1997.

Band 161 Claudia Susan Hoppe: Die Bürgschaft im Rechtsleben Hamburgs von 1600 bis 1900. 1997.

Band 162 Franz-Rudolf Ecker: Die Entwicklung des Bergrechts im Saarbrücker Steinkohlenrevier bis zum Ende des 18. Jahrhunderts. Ein Vergleich mit dem älteren deutschen Bergrecht. 1997.

Band 163 Anne Katrin Rückert: Politik und Privatrecht in der „konservativen Revolution". 1997.

Band 164 Gisbert Laube: Der Reichskunstwart. Geschichte einer Kulturbehörde 1919-1933. 1997.

Band 165 Nicolas Lühring: Die Diskussion über die Reform der Juristenausbildung von 1945 bis 1995. 1997.

Band 166 Regula Gerber Jenni: Die Emanzipation der mehrjährigen Frauenzimmer. Frauen im bernischen Privatrecht des 19. Jahrhunderts. 1997.

Band 167 Mischa A. Färber: Das gemeinschaftliche Testament in der höchstrichterlichen Rechtsprechung zum Allgemeinen Preußischen Landrecht und zum BGB. Ein Beitrag zur Ablösung der Partikularrechte durch das BGB. 1997.

Band 168 Catherine Antoinette Gasser: Philipp Lotmar 1850-1922. Professor der Universität Bern. Sein Engagement für das Schweizerische Arbeitsrecht. 1997.

Band 169 Lars Immisch: Der sozialistische Richter in der DDR und seine Unabhängigkeit. Der Versuch eines Rechtsvergleiches zum Unabhängigkeitsbegriff in der bundesdeutschen Rechtsordnung. 1997.

Band 170 Jessica Jacobi: Besitzschutz vor dem Reichskammergericht. Die friedenssichernde Funktion der Besitzschutzklagen am Reichskammergericht im 16. Jahrhundert, dargestellt anhand von Kameralisten. 1998.

Band 171 Ewald Hügemann: Die Geschichte des öffentlichen und privaten Mietpreisrechts vom Ersten Weltkrieg bis zum Gesetz zur Regelung der Miethöhe von 1974. 1998.

Band 172 Lutz Rentzow: Die Entstehungs- und Wirkungsgeschichte der Vernewerten Landesordnung für das Königreich Böhmen von 1627. 1998.

Band 173 Sabine Stürmer: Mühlenrecht im Herzogtum Pfalz-Zweibrücken während des 18. Jahrhunderts. Ein Beitrag zum Wirtschaftsrecht eines deutschen Kleinstaates im Alten Reich. 1998.

Band 174 Mario Bogisch: *Nemo testis in re sua*. Das Problem der Zeugnisfähigkeit bei der Anwendung der deutschen Zivilprozeßordnung von 1877. 1998.

Band 175 Rainer Oßwald: Pactane sunt servanda? Freiwilligkeit, Zwang und Unverbindlichkeitserklärungen im islamischen Vertragsrecht malikitischer Schule. 1998.

Band 176 Bettina Kern: Der preußische BGB-Entwurf von 1842. 1998.

Band 177 Inken Fuhrmann: Die Diskussion über die Einführung der fakultativen Zivilehe in Deutschland und Österreich seit Mitte des 19. Jahrhunderts. 1998.

Band 178 Annette Rieck: Der Heilige Ivo von Hélory (1247-1303). Advocatus pauperum und Patron der Juristen. 1998.

Band 179 Frank Bottenberg: Die Hamburgische Strafprozeßordnung von 1869. 1998.

Band 180 Matthias Krauß: Das kursächsische Postrecht von seinen Anfängen bis zum Ende des Alten Reichs. 1998.

Band 181 Torsten Schmidt: Die Entmündigung von den Anfängen des BGB bis zu ihrer Ablösung durch das Institut der Betreuung. 1998.

Band 182 Christian Nunn: Rudolf Müller-Erzbach. 1874-1959. Von der realen Methode über die Interessenjurisprudenz zum kausalen Rechtsdenken (Leben und Werk). 1998.

Band 183 Christian Ortloff: Das staatskirchenrechtliche System Wilhelm Traugott Krugs. Glaubens- und Gewissensfreiheit – eine Forderung der Vernunft. 1998.

Band 184 Christian Hattenhauer: Schuldenregulierung nach dem Westfälischen Frieden. Der sog. § *de indaganda* und seine Umsetzung im Jüngsten Reichsabschied (AD 1648 und 1654). 1998.

Band 185 Werner Schubert: Preußen im Vormärz. Die Verhandlungen der Provinziallandtage von Brandenburg, Pommern, Posen, Sachsen und Schlesien sowie – im Anhang – von Ostpreußen, Westfalen und der Rheinprovinz (1841-1845). 1998.

Band 186 Silvia Schumacher: Das Rechtsverhältnis zwischen Eltern und Kindern in der Privatrechtsgeschichte. 1999.

Band 187 Kai Sommer: Die Strafbarkeit der Homosexualität von der Kaiserzeit bis zum Nationalsozialismus. Eine Analyse der Straftatbestände im Strafgesetzbuch und in den Reformentwürfen (1871-1945). 1998.

Band 188 Jan Erik Backhaus: Volksrichterkarrieren in der DDR. 1999.

Band 189 Ralf Ruhnau: Die Fürstlich Thurn und Taxissche Privatgerichtsbarkeit in Regensburg. Ein Kuriosum der deutschen Rechtsgeschichte. 1999.

Band 190 Antonio Grilli: Die französische Justizorganisation am linken Rheinufer 1797-1803. 1999.

Band 191 Stephanie Kammerloher-Lis: Die Entstehung des Gesetzes über die religiöse Kindererziehung vom 15. Juli 1921. 1999.

Band 192 Jan Telp: Ausmerzung und Verrat. Zur Diskussion um Strafzwecke und Verbrechensbegriffe im Dritten Reich. 1999.

Band 193 Kurt von Pannwitz: Die Entstehung der Allgemeinen Deutschen Wechselordnung. Ein Beitrag zur Geschichte der Vereinheitlichung des deutschen Zivilrechts im 19. Jahrhundert. 1999.

Band 194 Sylvia Busch: Die Entstehung der Allgemeinen Gerichtsordnung für die Preussischen Staaten von 1793/95. Ein Beitrag zur Geschichte der Kodifikationsbewegung und der Reform des Zivilprozesses in Preußen im 18. Jahrhundert. 1999.

Band 195 Dirk Bieresborn: Klage und Klageerwiderung im deutschen und englischen Zivilprozeß. Eine rechtshistorische und rechtsvergleichende Untersuchung unter besonderer Berücksichtigung der Beeinflussung durch das römisch-kanonische Verfahren. 1999.

Band 196 Andreas Thier / Guido Pfeifer / Philipp Grzimek (Hrsg.): Kontinuitäten und Zäsuren in der Europäischen Rechtsgeschichte. Europäisches Forum Junger Rechtshistorikerinnen und Rechtshistoriker München 22.-24. Juli 1998. 1999.

Band 197 Franz Smola: Die Fürstlich Liechtenstein'sche Kunstsammlung. Rechtsfragen zur Verbringung der Sammlung von Wien nach Vaduz in den Jahren 1944/45. 1999.

Band 198 Frank Martin Krauss: Das geteilte Eigentum im 19. und 20. Jahrhundert. Eine Untersuchung zum Fortbestand des Teilungsgedankens. 1999.

Band 199 Matthias Frey: Die spanische Aktiengesellschaft im 18. Jahrhundert und unter dem Código de Comercio von 1829. 1999.

Band 200 Alexandra Gilde: Die Stellung der Frau im Reichsstrafgesetzbuch von 1870/71 und in den Reformentwürfen bis 1919 im Urteil der bürgerlichen Frauenbewegung. Eine Analyse ausgewählter Straftatbestände. 1999.

Band 201 Malte Dießelhorst / Arne Duncker: Hans Kohlhase. Die Geschichte einer Fehde in Sachsen und Brandenburg zur Zeit der Reformation. 1999.

Band 202 Jörg Hillmann: Territorialrechtliche Auseinandersetzungen der Herzöge von Sachsen-Lauenburg vor dem Reichskammergericht im 16. Jahrhundert. 1999.

Band 203 Carsten Engler: Die Kommanditgesellschaft (KG) und die stille Gesellschaft im Allgemeinen Deutschen Handelsgesetzbuch (ADHGB) von 1861. 1999.

Band 204 Vesta Hoffmann-Steudner: Die Rechtsprechung des Reichsgerichts zu dem Scheidungsgrund des § 49 EheG (EheG 1938) in den Jahren 1938-1945. 1999.

Band 205 Michaela Thiele: Die Auflösung von Arbeitsverhältnissen aufgrund Anfechtung und außerordentlicher Kündigung nach der Rechtsprechung des Reichsarbeitsgerichts (1927-1945). 2000.

Band 206 Peter Landau / Hermann Nehlsen / Mathias Schmoeckel (Hrsg.): Karl von Amira zum Gedächtnis. 1999.

Band 207 Marcus Flinder: Die Entstehungsgeschichte des Zivilgesetzbuches der DDR. 1999.

Band 208 Boris Franz Leo Bromm: Die Entstehungsgeschichte des Berufs des Handelsvertreters. Unter besonderer Berücksichtigung der Sozialgesetzgebung in den Jahren von 1871-1933. 2000.

Band 209 Winfried C. J. Eberstein: Das Tierschutzrecht in Deutschland bis zum Erlaß des Reichs-Tierschutzgesetzes vom 24. November 1933. Unter Berücksichtigung der Entwicklung in England. 1999.

Band 210 Patrick Deller: Der „nach dem Vertrage" vorausgesetzte Gebrauch (§ 459 Absatz 1 Satz 1 BGB). Eine kaufrechtliche Untersuchung unter Berücksichtigung rechtshistorischer wie rechtsvergleichender Grundlagen. 2000.

Band 211 Eckard Freiherr von Bodenhausen: Haftung des Geschäftsherrn für Verrichtungsgehilfen im Straßen- und Schienenverkehr. Eine Analyse der Entscheidungen des Reichsgerichts zu § 831 BGB (1900-1945). 2000.

Band 212 Birte Gast: Der Allgemeine Teil und das Schuldrecht des Bürgerlichen Gesetzbuchs im Urteil von Raymond Saleilles (1855-1912). 2000.

Band 213 Hansjörg Michael Huber: Koloniale Selbstverwaltung in Deutsch-Südwestafrika. Entstehung, Kodifizierung und Umsetzung. 2000.

Band 214 Ulf Björner: Die Verfassungsgerichtsbarkeit im Norddeutschen Bund und Deutschen Reich (1867-1918). Eine rechtshistorische Untersuchung über Gerichtsbarkeit im Spannungsfeld von Politik und Recht innerhalb der von Bismarck geschaffenen deutschen Bundesstaaten. 2000.

Band 215 Mathias Freiherr von Rosenberg: Friedrich Carl von Savigny (1779-1861) im Urteil seiner Zeit. 2000.

Band 216 Reinhard Binder-Krieglstein: Österreichisches Adelsrecht 1868-1918/19. Von der Ausgestaltung des Adelsrechts der cisleithanischen Reichshälfte bis zum Adelsaufhebungsgesetz der Republik unter besonderer Berücksichtigung des adeligen Namensrechts. 2000.

Band 217 Claudia-Regine Nerius: Johannes Lehmann-Hohenberg (1851-1925). Eine Studie zur völkischen Rechts- und Justizkritik im Deutschen Kaiserreich. 2000.

Band 218 Ludger Meuten: Die Erbfolgeordnung des Sachsenspiegels und des Magdeburger Rechts. Ein Beitrag zur Geschichte des sächsisch-magdeburgischen Rechts. 2000.

Band 219 Christoph Alexander von Wilcken: Die Reformbestrebungen zum Genossenschaftsgesetz in der Frühzeit der Bundesrepublik. Die Beratungen der Sachverständigenkommission zur Überprüfung des Genossenschaftsrechts 1954 bis 1958 und der Referentenentwurf von 1962. 2000.

Band 220 Verein Junger RechtshistorikerInnen Zürich (Hrsg.): ¿Rechtsgeschichte(n)? ¿Histoire(s) du droit? ¿Storia/storie del diritto? ¿Legal Histori(es)? Europäisches Forum Junger Rechtshistorikerinnen und Rechtshistoriker Zürich 28.-30. Mai 1999. 2000.

Band 221 Hans Christian Schüler: Die Entstehungsgeschichte der Bundesnotarordnung vom 24. Februar 1961. 2000.

Band 222 Nils-Eberhard Schramm: Die Vereinigung demokratischer Juristen (1949-1999). 2000.

Band 223 Silke Anke Torp: Das Rechtsverhältnis zwischen den Eltern und ihren Kindern. Dienstleistungspflicht, Aussteuer und Ausstattung. Eine Analyse der Rechtsprechung des Reichsgerichts und des Reichsarbeitsgerichts zu den Vorschriften der §§ 1616 bis 1625 des Bürgerlichen Gesetzbuches in der Zeit von 1900 bis 1945. 2000.

Band 224 Martin Jürgen Maaß: Die Geschichte des Eigentumsvorbehalts, insbesondere im 18. und 19. Jahrhundert. 2000.

Band 225 Stefanie Langer: Rechtswissenschaftliche Itinerarien. Lebenswege namhafter europäischer Juristen vom 11. bis zum 18. Jahrhundert. 2000.

Band 226 Ulrich Schmitz: Der Unterhaltsanspruch des nichtehelichen Kindes gegen seinen Erzeuger. Die rechtsgeschichtliche und dogmatische Entwicklung im deutschen Recht. 2000.

Band 227 Sebastian Günther: Friedrich Carl von Savigny als Grundherr. 2000.

Band 228 Henning Ibs: Hermann J. Held (1890-1963). Ein Kieler Gelehrtenleben in den Fängen der Zeitläufe. 2000.

Band 229 Matthias Rücker: Wirtschaftswerbung unter dem Nationalsozialismus. Rechtliche Ausgestaltung der Werbung und Tätigkeit des Werberats der deutschen Wirtschaft. 2000.

Band 230 Hendrik Sandmann: Die Entwicklung von Begriff und Inhalt des Wirtschaftchsrechts durch die Rechtswissenschaft in der Weimarer Republik. 2000.

Band 231 Sibylle Müller: Gibt es Menschenrechte bei Samuel Pufendorf? 2000.

Band 232 Karin Olechowski-Hrdlicka: Die gemeinsamen Angelegenheiten der Österreichisch-Ungarischen Monarchie. Vorgeschichte – Ausgleich 1867 – Staatsrechtliche Kontroversen. 2001.

Band 233 Johannes Mierau: Die juristischen Abschluß- und Diplomprüfungen in der SBZ/DDR. Ein Einblick in die Juristenausbildung im Sozialismus. 2001.

Band 234 Jörg Wolff (Hrsg.): Stillstand, Erneuerung und Kontinuität. Einsprüche zur Preußenforschung. 2001.

Band 235 Friedo Schröder: Die anwaltliche Tätigkeit während der nationalsozialistischen Herrschaft. Eine Analyse der anwaltlichen Argumentation in Zivilprozessen anhand der vorhandenen Prozeßakten der Landgerichte Frankenthal, Wiesbaden, Limburg und Frankfurt und der Handakten der *jüdischen Konsulenten* des OLG-Bezirks Frankfurt. 2001.

Band 236 Der Code pénal des Königreichs Westphalen von 1813 mit dem Code pénal von 1810 im Original und in deutscher Übersetzung. Herausgegeben und mit einer Einleitung versehen von Werner Schubert. 2001.

Band 237 Klaus Richter: Deutsches Kolonialrecht in Ostafrika 1885-1891. 2001.

Band 238 Kai von Lewinski: Deutschrechtliche Systembildung im 19. Jahrhundert. 2001.

Band 239 Alexander Herzog: Sittenwidrige Rechtsgeschäfte in der höchstrichterlichen Rechtsprechung aus den Jahren 1948-1965. 2001.

Band 240 Claudia Rönnau: Die Beratungen des Wasserrechtsausschusses der Akademie für Deutsches Recht zu einem Reichswassergesetz (1934-1941). Ein Beitrag zur Dogmatik der Begriffe *Gemeingebrauch* und *Sondergebrauch* in der Zeit des Nationalsozialismus. 2001.

Band 241 Momme Rohlack: Kriegsgesellschaften (1914-1918). Arten, Rechtsformen und Funktionen in der Kriegswirtschaft des Ersten Weltkrieges. 2001.

Band 242 Rolf Geyer: Der Gedanke des Verbraucherschutzes im Reichsrecht des Kaiserreichs und der Weimarer Republik (1871-1933). Eine Studie zur Geschichte des Verbraucherrechts in Deutschland. 2001.

Band 243 Felix Lorenz Benjamin Lehmann: Der Rote Adlerorden. Entstehung und rechtliche Grundlagen (1705-1918). 2002.

Band 244 Marc Ludwig: Der Pfändungsschutz für Lohneinkommen. Die Entstehungs- und Entwicklungsgeschichte der Vorschriften zum Schutz vor Lohnpfändung in Deutschland. 2001.

Band 245 Alexander Wachter: Dorfschule zwischen Pastor und Schulmeister. Zur Säkularisierung des niederhessischen Schulwesens im 19. Jahrhundert. 2001.

Band 246 Richard Scholz: Analyse der Entstehungsbedingungen der reichsgerichtlichen Aufwertungsrechtsprechung. Untersuchung unter besonderer Berücksichtigung der konservativen Geldpolitik der Reichsbank und der Inflationspolitik der Reichsregierung. 2001.

Band 247 Judith Laeverenz: Märchen und Recht. Eine Darstellung verschiedener Ansätze zur Erfassung des rechtlichen Gehalts der Märchen. 2001.

Band 248 Christina Schenk: Bestrebungen zur einheitlichen Regelung des Strafvollzugs in Deutschland von 1870 bis 1923. 2001.

Band 249 Nils Werner: Die Prozesse gegen die Landvolkbewegung in Schleswig-Holstein 1929/32. Ein Beitrag zur Justizkritik in der späten Weimarer Republik. 2001.

Band 250 Wolfgang Walter: Das Duell in Bayern. Ein Beitrag zur bayerischen Strafrechtsgeschichte. 2002.

Band 251 Jörn Eckert / Kjell Å. Modéer (Hrsg.): Geschichte und Perspektiven des Rechts im Ostseeraum. Erster Rechtshistorikertag im Ostseeraum 8.–12. März 2000. 2001.

Band 252 Jan Könighaus: Die Inauguration der Christian-Albrechts-Universität zu Kiel 1665. Symbolgehalt und rechtliche Bedeutung des Universitätszeremoniells. 2002.

Band 253 Andreas Görgen: Rechtssprache in der Frühen Neuzeit. Eine vergleichende Untersuchung der Fremdwortverwendung in Gesetzen des 16. und 17. Jahrhunderts. 2002.

Band 254 Ralf Schäfer: Die Rechtsstellung der Haigerlocher Juden im Fürstentum Hohenzollern-Sigmaringen von 1634-1850. Eine rechtsgeschichtliche Untersuchung. 2002.

Band 255 Regine Schmalhorst: Die Tierhalterhaftung im BGB von 1896. Die Entstehung und Änderung des § 833 BGB sowie eine Analyse der Rechtsprechung des Reichsgerichts bis 1908. 2002.

Band 256 Thomas Hense: Konrad Beyerle. Sein Wirken für Wissenschaft und Politik in Kaiserreich und Weimarer Republik. 2002.

Band 257 Christian Mahlmann: Die Strafrechtswissenschaft der DDR. Klassenkampftheorie und Verbrechenslehre. 2002.

Band 258 Henning Kahmann: Die Bankiers von Jacquier & Securius 1933–1945. Eine rechtshistorische Fallstudie zur "Arisierung" eines Berliner Bankhauses. Mit einem Geleitwort von John Kornblum. 2002.

Band 259 Volker Friedrich Drecktrah: Die Gerichtsbarkeit in den Herzogtümern Bremen und Verden und in der preußischen Landdrostei Stade von 1715 bis 1879. 2002.

Band 260 Andreas Klass: Standes- oder Leistungselite? Eine Untersuchung der Karrieren der Wetzlarer Anwälte des Reichskammergerichts (1693-1806). 2002.

Band 261 Wolfgang Eder: Das italienische Tribunale Speciale per la Difesa dello Stato und der deutsche Volksgerichtshof. Ein Vergleich zwischen zwei politischen Gerichtshöfen. 2002.

Band 262 Albrecht Cordes / Bernd Kannowski (Hrsg.): Rechtsbegriffe im Mittelalter. 2002.

Band 263 Thomas Hildebrandt: Die Brandenburgischen Provinziallandtage von 1841, 1843, und 1845 anhand ausgewählter Verhandlungsgegenstände. 2002.

Band 264 Jan Finzel: Georg Adam Struve (1619–1692) als Zivilrechtler. 2003.

Band 265 Björn Carsten Frenzel: Das Selbstverständis der Justiz nach 1945. Analyse der Rolle der Justiz unter Berücksichtigung der Reden zur *Wiedereröffnung* der Bundes- und Oberlandesgerichte. 2003.

Band 266 Nils Reichhelm: Die marxistisch-leninistische Staats- und Rechtstheorie Karl Polaks. 2003.

Band 267 Raik Schneider: Altrechtliche Personenzusammenschlüsse. Ihre Entwicklung unter besonderer Berücksichtigung des Rechts des Großherzogtums Sachsen-Weimar-Eisenach sowie der Herzogtümer Sachsen-Meiningen und Sachsen-Gotha. 2003.

Band 268 Anke Meier: Die Geschichte des deutschen Konkursrechts, insbesondere die Entstehung der Reichskonkursordnung von 1877. 2003.

Band 269 Stefan Jens Jordan: Leben und Werk des Tübinger Rechtsprofessors Wilhelm Gottlieb Tafinger 1760–1813. 2003.

Band 270 Stefanie Hubig: Die historische Entwicklung des § 23 ZPO. Zum Ursprung und Fortleben des Vermögensgerichtsstandes im deutschen Prozeßrecht des 19. Jahrhunderts. 2003.

Band 271 Michael G. Perband: Der Grundsatz der freien Beweiswürdigung im Zivilprozeß (§ 286 ZPO) in der Rechtsprechung des Reichsgerichts. 2003.

Band 272 Mathias Bouveret: Die Stellung des Staatsoberhauptes in der parlamentarischen Diskussion und Staatsrechtslehre von 1848 bis 1918. 2003.

Band 273 Barbara Széchényi: Rechtliche Grundlagen bayerischer Zensur im 19. Jahrhundert. 2003.

Band 274 Sylvia Scharfenberg: Die Entstehungsgeschichte des Beurkundungsgesetzes vom 28. August 1969. 2003.

Band 275 Urte Nesemann: Die schwedische Familiengesetzgebung von 1734 bis zu den Reformgesetzen von 1915 bis 1920 und deren Einfluss auf die Gesetzgebungsprojekte der Weimarer Republik. Unter besonderer Berücksichtigung der Rechtsstellung der Frau und des unehelichen Kindes. 2003.

Band 276 Alexandra Brück: Die Polizeiordnung Herzog Christians von Braunschweig-Lüneburg vom 6. Oktober 1618. 2003.

Band 277 Torsten Landwehr: Das Kommissionsgeschäft in Rechtswissenschaft, Gesetzgebung und Rechtspraxis vom 16. bis zum Ende des 18. Jahrhunderts. 2003.

Band 278 Tassilo Wilhelm Maria Englert: Deutsche und italienische Zivilrechtsgesetzgebung von 1933–1945. Parallelen in der Rechtsetzung und gegenseitige Beeinflussung unter besonderer Berücksichtigung des Familien- und Erbrechts. 2003.

Band 279 Tobias Prang: Der Schutz der Versicherungsnehmer bei der Auslegung von Versicherungsbedingungen durch das Reichsgericht. 2003.

Band 280 Thorsten Lieb: Privileg und Verwaltungsakt. Handlungsformen der öffentlichen Gewalt im 18. und 19. Jahrhundert. 2004.

Band 281 Michael Rühling: Das Ladenschlussgesetz vom 28. November 1956. Vorgeschichte, Entstehung des Gesetzes und weitere Entwicklung. 2004.

Band 282 Kathrin Nawotki: Die schleswigsche Deichstavengerechtigkeit. Vom 17. Jahrundert bis in die Gegenwart. Eine gewohnheitsrechtliche Superfizies an nordfriesischen Deichgrundstücken und ihre Entwicklung. 2004.

Band 283 Erik Nils Voigt: Die Gesetzgebungsgeschichte der militärischen Ehrenstrafen und der Offizierehrengerichtsbarkeit im preußischen und deutschen Heer von 1806 bis 1918. 2004.

Band 284 Dorothea Riedi Hunold: Die Einführung der allgemeinen Wechselfähigkeit in der Schweiz in der zweiten Hälfte des 19. Jahrhunderts. Unter besonderer Berücksichtigung der politischen, wirtschaftlichen und sozialen Verhältnisse. 2004.

Band 285 Thomas Gergen: Pratique juridique de la paix et trêve de Dieu à partir du concile de Charroux (989–1250). Juristische Praxis der Pax und Treuga Dei ausgehend vom Konzil von Charroux (989–1250). 2004.

Band 286 Kathrin Bethkenhagen: Die Entwicklung des Luftrechts bis zum Luftverkehrsgesetz von 1922. 2004.

Band 287 Heiko Lüpkes: Die Verbrechen der Diener des Staats im Allgemeinen Landrecht für die Preußischen Staaten von 1794 und ihre Entwicklung zu den Vergehen und Verbrechen im Amte im Strafgesetzbuch für die Preußischen Staaten von 1851. 2004.

Band 288 Mirco Peter Hirsch: Von der Erbbescheinigung des Preußischen Rechts zum Erbschein des Bürgerlichen Gesetzbuchs. 2004.

Band 289 Bettina Günther: Die Behandlung der Sittlichkeitsdelikte in den Policeyordnungen und der Spruchpraxis der Reichsstädte Frankfurt am Main und Nürnberg im 15. bis 17. Jahrhundert. 2004.

Band 290 Seunghyeon Seong: Der Begriff der *nicht gehörigen Erfüllung* aus dogmengeschichtlicher und rechtsvergleichender Sicht. 2004.

Band 291 Steffen-Werner Meyer: Bemühungen um ein Reichsgesetz gegen den Büchernachdruck. Anläßlich der Wahlkapitulation Leopolds II. aus dem Jahre 1790. 2004.

Band 292 Ulrich Löffler: Instrumentalisierte Vergangenheit? Die nationalsozialistische Vergangenheit als Argumentationsfigur in der Rechtsprechung des Bundesverfassungsgerichts. 2004.

Band 293 Norbert Koch: Die Entwicklung des deutschen privaten Immissionsschutzrechts seit Beginn der Industrialisierung. Unter besonderer Berücksichtigung des Einflusses der höchstrichterlichen Rechtsprechung. 2004.

Band 294 Julius Ludwig Pfeiffer: Das Tierschutzgesetz vom 24. Juli 1972. Die Geschichte des deutschen Tierschutzrechts von 1950 bis 1972. 2004.

Band 295 Bert-Hagen Strodthoff: Die richterliche Frage- und Erörterungspflicht im deutschen Zivilprozeß in historischer Perspektive. 2004.

Band 296 Tim Kannewurf: Die Höfeordnung vom 24. April 1947. Entstehungsgeschichte und Einordnung in die Entwicklung des Anerbenrechts. 2004.

Band 297 Steffi Heine: Die Methodendiskussion nach Inkrafttreten des Bürgerlichen Gesetzbuches und die Gründung des Vereins *Recht und Wirtschaft*. 2004.

Band 298 Anne Marlene Simon-Holtorf: Geschichte des Familienwahlrechts in Frankreich (1871 bis 1945). 2004.

Band 299 Jürgen Busch: Das Germanenbild der deutschen Rechtsgeschichte. Zwischen Wissenschaft und Ideologie. Mit einem Vorwort von Herwig Wolfram. 2004.

Band 300 Jan Kohlmann: Der Marsch zu den Gräbern von Karl und Rosa. Geschichte eines Gedenktages. 2004.

Band 301 Christian Rainer Schlicht: Die kumulative Schuldübernahme in der Rechtsprechung des Reichsgerichts und in der zeitgenössischen Literatur. 2004.

Band 302 Hans Peter Glöckner: Positive Vertragsverletzung. Die Geburt eines Rechtsinstituts. 2004.

Band 303 João Manuel Azevedo Alexandrino Fernandes: Die Theorie der Interpretation des Gesetzes bei Francisco Suárez. 2005.

Band 304 René Funk: Die Wahlprüfung der volksgewählten Abgeordneten der Volksvertretungen im Frühkonstitutionalismus. Eine Untersuchung der Wahlprüfung in den Kammern der Abgeordneten des Großherzogtums Baden, des Königreichs Württemberg und des Großherzogtums Hessen. 2005.

Band 305 Carolin O'Sullivan. Die Ahndung von Rechtsbrüchen der Seeleute im mittelalterlichen hamburgischen und hansischen Seerecht (1301–1482). 2005.

Band 306 Martin Jürgens: Staat und Reich bei Ernst Rudolf Huber. Sein Leben und Werk bis 1945 aus rechtsgeschichtlicher Sicht. 2005.

Band 307 Florian G. Dürselen: Franz Beyerle (1885–1977). Leben, Ära und Werk eines Rechtshistorikers. 2005.

Band 308 Kai Bandilla: Urheberrecht im Kaiserreich. Der Weg zum Gesetz betreffend das Urheberrecht an Werken der Literatur und Tonkunst vom 19. Juni 1901. 2005.

Printed by
CPI books GmbH, Leck

Kolibri 360 GmbH
Ferdinand-Jühlke-Straße 7
99095 Erfurt, Deutschland
produktsicherheit@kolibri360.de